이형주　'인기 미드에서 가장 많이 쓰는 영단어와 예문'이라는 책의 콘셉트가 신선하고 좋았습니다. 출제 빈도 높은 기출문제로 시험공부를 하는 것이 합리적이듯, 일상생활에서 많이 쓰는 영단어와 예문으로 공부하는 접근법이 확 다가왔습니다. 영어 잘하는 한 사람의 지식에 의존하지 않고 데이터 분석을 기반으로 만들어진 이 책은 빅데이터, 인공지능 시대에 아주 잘 어울리는 책 같습니다.

곽진아　굳이 영단어를 외워야 한다면 인생에 한 번도 듣거나 말할 일 없는 영어 단어 외우느라 쓸데없이 고생하지 마세요. 이 책에서 정리한 대로 실제로 많이 쓰는 영단어 우선순위에 따라 제대로 익혀 보세요. 영단어와 예문을 익힐 때 이 책에서 제공하는 MP3와 스마트 인덱스를 이용하면 영단어뿐만 아니라 영작, 해석, 리스닝까지 같이 익힐 수 있어 강추합니다.

김혜선　영단어를 외우려고 맘먹어도 무슨 단어부터 외워야 할지 막막하고, 수많은 단어 중 어떤 것들은 꼭 외울 필요가 있을지 회의감이 들 때가 많았습니다. 이 책은 미드에서 많이 쓰는 영단어 랭킹 순으로 순서대로 익히면 되니 그런 고민도 없어지고, 공부에 의욕도 생기네요. 원어민이 꼭 시중의 많은 영어 학습서에서 가르쳐주는 회화 패턴대로만 말하지는 않으니, 단어와 함께 있는 생생한 미드 예문도 상당히 유용하고 재미있었습니다.

송경석　출퇴근 시간, 지하철에서 어느새 한글 자막과 타협하고 영혼 없이 자막만 읽고 있는 나를 발견하기를 수십 차례, 미드를 보면서 영어 공부를 한다는 것은 꿈에 가까웠어요. 단어와 표현이 생소해서 귀에 들어오지 않았고, 우연히 들린 단어도 적절한 뜻인지 일일이 사전을 찾아가며 뜻을 풀이하는 것이 좀처럼 익숙해지지 않았어요. 이 단어장은 일단 미드에 자주 나오는 순위별로 정리되어 있어요. 단어장으로 익숙해진 단어가 미드에서 나올 때 귀에 쏙 박히는 느낌이 있더군요.
미드를 자막 없이 보는 것이 버킷 리스트에 있는 사람이나 현장감 있는 영미식 영어와 가까워지고 싶은 직장인들에게 추천합니다.

이창훈　이 책 내용을 읽으면 읽을수록 영어공부를 한다기보다는 원어민 표현들을 자연스럽게 접하는 것 같은 느낌이었습니다. 단어와 표현이 자연스럽게 입에 붙듯이 머릿속에도 쉽게 들어왔습니다. 학습의 큰 부담 없이 여러 어법을 알게 되는 것도 좋았습니다. 특히 단어의 다양한 활용과 의미를 자연스럽게 배울 수 있어 진짜 좋습니다.

나도 영어 잘하면
소원이 없겠네

나도 영어 잘하면 소원이 없겠네

초판 발행 2019년 3월 11일
2쇄 발행 2019년 4월 22일

지은이 박선생 / **펴낸이** 김태헌
총괄 임규근 / **책임편집** 권형숙 / **디자인** 천승훈 / **일러스트** 이진숙
영업 문윤식, 조유미 / **마케팅** 박상용, 조승모, 박수미 / **제작** 박성우, 김정우

펴낸곳 한빛라이프 / **주소** 서울시 서대문구 연희로2길 62
전화 02-336-7129 / **팩스** 02-325-6300
등록 2013년 11월 14일 제25100-2017-000059호
ISBN 979-11-88007-24-0 14740, 979-11-88007-26-4 14740(세트)

한빛라이프는 한빛미디어(주)의 실용 브랜드로 우리의 일상을 환히 비추는 책을 펴냅니다.

이 책에 대한 의견이나 오탈자 및 잘못된 내용에 대한 수정 정보는 한빛미디어(주)의 홈페이지나 아래 이메일로
알려주십시오. 잘못된 책은 구입하신 서점에서 교환해 드립니다. 책값은 뒤표지에 표시되어 있습니다.

한빛미디어 홈페이지 www.hanbit.co.kr / 이메일 ask_life@hanbit.co.kr
페이스북 facebook.com/hanbit.pub / 인스타그램 @hanbit.pub

지금 하지 않으면 할 수 없는 일이 있습니다.
책으로 펴내고 싶은 아이디어나 원고를 메일(writer@hanbit.co.kr)로 보내주세요.
한빛라이프는 여러분의 소중한 경험과 지식을 기다리고 있습니다.

나도 영어 잘하면
소원이 없겠네

박선생 지음

HB 한빛라이프

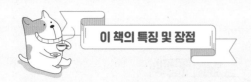

① 인기 미드 100종 데이터 분석으로 찾은 사용빈도 최상위 TOP 2,000 단어

행 레이블	합계 : 합계 : Frequency
⊟be	**2,708,369**
be	2,685,366
being	23,003
⊟I	**2,571,597**
I	1,945,527
me	342,929
my	263,465
myself	11,812
mine	7,864
⊟you	**1,737,821**
you	1,466,630
your	250,018
yourself	14,947
ya	2,557
ye	1,678
yourselves	886
thy	357
thee	334
thou	304
yous	48
youse	47
yas	15
⊟the	**1,140,158**
the	1,140,158
⊟to	**946,824**
to	946,824

시험을 보기 위해 영단어를 공부한다면 출제 빈도에 우선순위를 두어야 합니다. 그런데 일상 회화를 위해 영단어 공부를 해야 한다면 어디에 우선순위를 두어야 할까요?

이 책은 다양한 장르의 인기 미드 100종, 약 500시즌, 1만여 개의 에피소드 자막을 객관적인 데이터분석을 통해 사용빈도순에 따라 TOP 2,000단어로 정리했습니다. 미드에 자주 나오는 단어를 통해 일상 회화에서 자주 말하고 듣는 단어를 효과적으로 익힐 수 있습니다.

② 단어별 생생한 예문 2,000개

최상위 사용빈도 2,000단어가 실제로 어떻게 사용되는지 미드 속 생생한 대사를 통해 알아봅니다.

477
press
[pres]
·pressure
ⓝ압박, 압력, 스트레스

ⓥ 누르다, 압박을 가하다, 강조하다 ⓝ 언론, 신문, 기자들, 인쇄
He's under a lot of **pressure**.
그는 많은 압박(스트레스)를 받고 있어요.

478
welcome
[wélkəm]

ⓥ 환영하다, 맞이하다 ⓝ 환영 ⓘ 환영합니다
Welcome to our home. 우리 집에 오신 것을 환영합니다.

479
trouble
[trʌbl]

ⓝ 문제, 곤란, 고민, 병, 고장 ⓥ 괴롭히다, 고생하다
I'm not here to get you in **trouble**.
저는 당신을 곤란하게 하려고 여기 온 게 아니에요.

480
pain
[pein]
·painful ⓐ 고통스러운, 아픈
·painless ⓐ 고통 없는

ⓝ 통증, 고통, 아픔 ⓥ 고통을 주다
I understand that breaking up with someone can be very **painful**.
누군가와 헤어지는 것이 매우 고통스러울 수 있다는 것을 나는 이해해.

③ 단어 및 예문 MP3 제공

머릿속으로는 아는 단어인데, 잘 들리지 않거나 제대로
발음하지 못하는 경우가 종종 있습니다. MP3 파일로
원어민 발음을 듣고 따라하며 소리로 익혀보세요.
http://www.hanbit.co.kr/engwell

④ 스마트 인덱스 제공

종이책으로 다 다루지 못한 단어 뜻과
예문을 보완하기 위해 스마트 인덱스
를 제공합니다. 스마트 인덱스에는 단어별 네이버 사전,
다음 사전 링크가 포함되어 있습니다.
http://www.hanbit.co.kr/engwell

⑤ 하루 50단어씩, 주 5일 8주차 구성으로 학습 의욕 고취

TOP 2,000단어를 하루 50단어씩 주 5일, 8주에 익힐 수 있도록 구성하였습니다.

이 책의 구성

일자별 학습 단어

사용빈도 랭킹 순으로 50개의 단어가 일자
별로 정리되어 있으니 순서대로 익히세요.

품사 분류

n 명사	v 동사
a 형용사	ad 부사
prep 전치사	pron 대명사
conj 접속사	int 감탄사

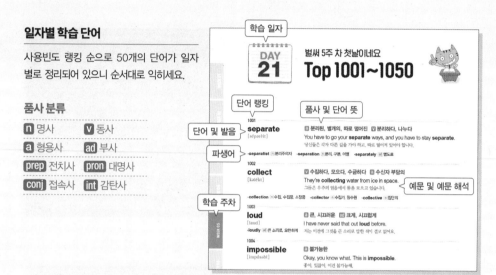

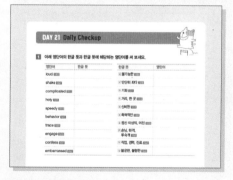

Daily Checkup

1일 학습을 마치면 그날 익힌 내용을 점검할 수 있습
니다.

'알아두면 좋은' 코너

같이 익히면 좋을 내용을 주차 마지막 페이지에서 학
습하세요.

학습 부가 자료

MP3, 스마트 인덱스 등을 활용하여 효과적으로 학습하세요.

영단어 사용빈도 랭킹 분석에 사용된
미드 100종 리스트

- 현재 가장 인기 있는 다양한 장르의 미드를 IMDB 'Most Popular TV Shows' 랭킹 기반으로 100종을 선별했습니다.
  https://www.imdb.com/search/title?title_type=tv_series&my_ratings=restrict
- 장르는 IMDB 기준이며, 해당 드라마의 현재 Netflix 한국 지역 서비스 여부를 표시해 두었습니다.

미드 명	방송연도	장르	Netflix
12 Monkeys	2015~2018	Adventure, Drama, Mystery	o
13 Reasons Why	2017~	Drama, Mystery	o
24	2001~2010	Action, Crime, Drama	x
30 Rock	2006~2013	Comedy	x
Agents of S.H.I.E.L.D.	2013~	Action, Adventure, Drama	o
Ally McBeal	1997~2002	Comedy, Dram, Fantasy	x
American Horror Story	2011~	Drama, Horror, Thriller	o
Animal Kingdom	2016~	Crime, Drama	x
Anne	2017~	Drama	o
Arrested Development	2003~	Comedy	x
Arrow	2012~	Action, Adventure, Crime	o
Band of Brothers	2001	Action, Drama, History	x
Battlestar Galactica	2004~2009	Action, Adventure, Drama	x
Better Call Saul	2015~	Crime, Drama	o
Black Mirror	2011~	Drama, Sci-Fi, Thriller	o
Breaking Bad	2008~2013	Crime, Drama, Thriller	o
Brooklyn Nine-Nine	2013~	Comedy, Crime	o
Criminal Minds	2005~	Crime, Drama, Mystery	x
Deadwood	2004~2006	Crime, Drama, History	x
Desperate Housewives	2004~2012	Comedy, Drama, Mystery	x
Dexter	2006~2013	Crime, Drama, Mystery	o
Doctor Who	2005~	Adventure, Drama, Family	x
Elementary	2012~	Crime, Drama, Mystery	o
Fargo	2014~	Crime, Drama, Thriller	x
Friends	1994~2004	Comedy, Romance	o
Game of Thrones	2011~	Action, Adventure, Drama	x
GLOW	2017~	Comedy, Drama, Sport	o
Goliath	2016~	Drama	x
Gotham	2014~	Action, Crime, Drama	o
Grey's Anatomy	2005~	Drama, Romance	o
Homeland	2011~	Crime, Drama, Mystery	o
House M.D.	2004~2012	Drama, Mystery	x
House of Cards	2013~	Drama	o
How I Met Your Mother	2005~2014	Comedy, Romance	o
It's Always Sunny in Philadelphia	2005~	Comedy	x
Jane the Virgin	2014~	Comedy	o
Killing Eve	2018~	Drama, Thriller	x
La casa de papel	2017~	Action, Crime, Mystery	o
Law & Order: Special Victims Unit	1999~	Crime, Drama, Mystery	x
Lost	2004~2010	Adventure, Drama, Fantasy	o
Lucifer	2015~	Crime, Drama, Fantasy	o
Luke Cage	2016~	Action, Crime, Drama	o
Mad Men	2007~2015	Drama	o
Modern Family	2009~	Comedy, Romance	o
Narcos	2015~	Biography, Crime, Drama	o

미드 명	방송연도	장르	Netflix
NCIS: Naval Criminal Investigative Service	2003~	Action, Comedy, Crime	o
New Girl	2011~2018	Comedy	x
Once Upon a Time	2011~2018	Adventure, Fantasy, Romance	o
Orange Is the New Black	2013~	Comedy, Crime, Drama	o
Orphan Black	2013~2017	Action, Drama, Sci-Fi	o
Outlander	2014~	Drama, Fantasy, Romance	o
Ozark	2017~	Crime, Drama, Thriller	o
Parks and Recreation	2009~2015	Comedy	x
Peaky Blinders	2013~	Crime, Drama	o
Poldark	2015~	Drama, History, Romance	x
Power	2014~	Crime, Drama	x
Preacher	2016~	Adventure, Drama, Fantasy	x
Prison Break	2005~2017	Action, Crime, Drama	o
Rick and Morty	2013~	Animation, Adventure, Comedy	o
Riverdale	2016~	Crime, Drama, Mystery	o
Rome	2005~2007	Action, Drama, History	x
Sex and the City	1998~2004	Comedy, Drama, Romance	x
Shameless	2011~	Comedy, Drama	o
Sherlock	2010~	Crime, Drama, Mystery	o
Six Feet Under	2001~2005	Comedy, Drama	x
Sons of Anarchy	2008~2014	Crime, Drama, Thriller	o
Star Wars: The Clone Wars	2008~	Animation, Action, Adventure	x
Stranger Things	2016~	Drama, Fantasy, Horror	o
Suits	2011~	Comedy, Drama	o
Supernatural	2005~	Drama, Fantasy, Horror	x
The 100	2014~	Drama, Mystery, Sci-Fi	o
The Affair	2014~	Drama	o
The Americans	2013~2018	Crime, Drama, Mystery	x
The Big Bang Theory	2007~	Comedy, Romance	x
The Blacklist	2013~	Crime, Drama, Mystery	o
The Crown	2016~	Drama, History	o
The Fall	2013~	Crime, Drama, Thriller	o
The Flash	2014~	Action, Adventure, Drama	o
The Fosters	2013~2018	Drama, Romance	x
The Handmaid's Tale	2017~	Drama, Sci-Fi	x
The Lost Room	2006	Action, Fantasy, Mystery	x
The Newsroom	2012~2014	Drama	x
The Office	2005~2013	Comedy	x
The Originals	2013~	Drama, Fantasy, Horror	o
The Sinner	2017~	Drama, Mystery, Thriller	o
The Sopranos	1999~2007	Crime, Drama	x
The Vampire Diaries	2009~2017	Drama, Fantasy, Horror	o
The Walking Dead	2010~	Drama, Horror, Thriller	o
The West Wing	1999~2006	Drama	x
The Wire	2002~2008	Crime, Drama, Thriller	x
This Is Us	2016~	Drama	x
True Detective	2014~	Crime, Drama, Mystery	x
Unforgotten	2015~	Crime, Drama, Mystery	x
UnREAL	2015~	Drama	x
Veep	2012~	Comedy	x
Vikings	2013~	Action, Adventure, Drama	o
Weeds	2005~2012	Comedy, Crime, Drama	o
Wentworth	2013~	Crime, Drama	o
Westworld	2016~	Drama, Mystery, Sci-Fi	x
Younger	2015~	Comedy, Romance	x

자주 사용하는
접두사(prefix)와 접미사(suffix)

다음의 접두사와 접미사는 영단어를 공부할 때 아주 중요합니다.
접두사와 접미사의 의미를 미리 파악해둔다면 영단어를 더 쉽고 빠르게 이해하고 외울 수 있습니다.

접두사 & 예시 단어	접두사 의미
un**fortunately**	아닌 (not)
return	다시 (again)
insane	
impossible	아닌 (not)
illegal	
irregular	
disagree	아닌 (not)
enjoy	…되게 하다 (cause to, make)
embrace	
nonsense	아닌 (not)
inspect	안에 (in, into)
overreact	너무 (too much)
mistake	잘못된 (wrongly)
subway	아래로 (under)
prepare	미리 (before)
international	사이에 (between)
forecast	미리 (before)
depress	아래로 (down), 반대의 (opposite)
transplant	가로질러 (across)
superhero	위에 (above)
semifinal	반 (half)
antibiotic	반대되는 (against)
midnight	중간의 (middle)
underestimate	아래에 (under), 충분치 못한 (not enough)

접미사 & 예시 단어	접미사 의미
car**s**	n 복수형 (more than one)
boxe**s**	
look**ed**	v 과거형 (past tense)
play**ing**	v 현재 분사형 (present participle)
small**er**	a 비교급 (comparative)
small**est**	a 최상급 (superlative)
full**y**	ad 양태, 정도, 자질 (characteristic of)
quick**ly**	
beauti**ful**	a 가득한 (full of)
light**en**	v 하게 하다 (become)
work**er**	n 하는 사람, 것 (one who)
act**or**	
dent**ist**	
music**ian**	
pay**ment**	n 동작, 결과, 상태 (condition of)
happi**ness**	n 성질, 상태 (state of)
home**less**	a 없이 (without)
real**ity**	n 성질, 상태 (state of)
safe**ty**	
understand**able**	a …수 있는 (can be done)
child**ish**	a …와 같은 (having the quality of)
terror**ism**	n 주의, 행위, 상태 (belief)
act**ion**	n 상태, 동작 (state, act)
deci**sion**	

• 접두사, 접미사, 어원 관련 추가 공부를 원하면 아래 URL을 참고하세요.
  http://bit.ly/2zoVbsC

차례

이 책의 특징 및 장점 ·· 4

이 책의 구성 ·· 6

영단어 사용빈도 랭킹 분석에 사용된 미드 100종 리스트 ············ 7

자주 사용하는 접두사[prefix]와 접미사[suffix] ···················· 9

WEEK 01 DAY 01~05 ·· 12~46
알아두면 좋은 동사의 불규칙 변화 ······························ 47

WEEK 02 DAY 06~10 ·· 50~84
알아두면 좋은 숫자 ·· 85

WEEK 03 DAY 11~15 ·· 87~121
알아두면 좋은 요일, 월 이름 ···································· 122

WEEK 04 DAY 16~20 ·· 124~158
알아두면 좋은 국가, 대륙 정보 ·································· 159

WEEK 05 DAY 21~25 ·· 162~196
알아두면 좋은 미국 주 이름, 주도 ································ 197

WEEK 06 DAY 26~30 ·· 200~234
알아두면 좋은 영어권의 흔한 사람 이름 ························ 235

WEEK 07 DAY 31~35 ·· 237~271
알아두면 좋은 신체 부위 ·· 272

WEEK 08 DAY 36~40 ·· 274~308
알아두면 좋은 감탄사 ·· 309

INDEX ·· 310

WEEK
01

DAY 01

가볍게 시작해요
Top 1~50

WEEK 02
WEEK 03
WEEK 04
WEEK 05
WEEK 06
WEEK 07
WEEK 08

1

be
[bi]
·**being** n 존재

v 이다, 있다, 존재하다
I'll **be** there for you.   너를 위해 내가 거기 있을게.

* 'll은 will[shall]의 단축형, 회화 시 will은 강한 의지를 표현하고, 축약형 'll은 단순한
   의도를 표현하는 뉘앙스 차이가 있음.

2

I
[ai]

pron 나
I don't know what's going on with her.
나는 그녀에게 무슨 일이 일어나고 있는지 모르겠어.

·**my** a 나의   ·**me** pron 나를, 나에게   ·**mine** pron 나의 것 n 광산, 지뢰   ·**myself** pron 나 자신

3

you
[ju]

pron 너, 너를, 당신, 당신들, 여러분
You are welcome.   천만에요.

·**your** a 너의, 당신의, 당신들의, 여러분의   ·**yours** pron 너의 것   ·**yourself** pron 당신 자신

4

the
[ðə]

a 그, 저
I got **the** job.   나는 그 일자리를 얻었어.

5

to
[tu]

prep …로, …까지, …에 대한, …을 위한
Why are you doing this **to** us?
우리한테 왜 이러는 거야?

6

a
[ə]

a 하나의
Do you want **a** drink?   한 잔 할래?

7

not
[nát]

ad …아니다, …않다
We're **not** done here.   우린 여기서 끝나지 않았어.

8

do
[du]
·**done** ⓐ다 끝난, 구워진
ⓥdo의 과거분사

ⓥ 하다

Do I know you? 저를 아세요?

＊ 이 문장에서 do는 조동사로, 다른 동사 앞에 쓰여 부정문이나 의문문을 만듦.

9

it
[it]
·**its** ⓐ그것의
·**itself** pron 그것 자체

pron 그것, 그것을

It's not a big deal.
별일 아니야.

10

that
[ðæ't]

ⓐ 저, 그 pron 저것, 그것 ad 그렇게

Is **that** all you got? 그게 다야?

·**those** ⓐ그것들의 pron 그것들 (that의 복수형)

11

he
[hi]

pron 그, 그 사람, 그것 ⓝ 남성, 수컷

He told me what, but not how much.
그는 나에게 무엇인지는 말했지만, 얼마나 많은지는 말하지 않았어.

·**his** ⓐpron 그의, 그 사람의, 그의 것   ·**him** pron 그를, 그에게   ·**himself** pron 그 자신

12

and
[ənd]

conj 그리고

I know, **and** I'm really sorry. 그래, 그리고 정말 미안해.

13

we
[wi]

pron 우리

Tell us what the hell **we**'re doing here.
우리가 여기서 도대체 뭘 하고 있는지 말해봐.

·**our** ⓐ우리의   ·**us** pron 우리를, 우리에게   ·**ours** pron 우리의 것   ·**ourselves** pron 우리 자신

14

have
[həv]

ⓥ 가지다, 있다, 시키다

God. You **have** no idea. 세상에, 넌 전혀 몰라.

15

of
[əv]

prep …의, …을, …으로부터, …으로

It's just one **of** the possibilities.
그것은 가능성들 중 하나일 뿐이야.

16

what
[hwət]

pron 무엇, 어떤 것 ⓐ 무슨, 어떤

What are you talking about? 무슨 얘기를 하는 거야?

WEEK 01
WEEK 02
WEEK 03
WEEK 04
WEEK 05
WEEK 06
WEEK 07
WEEK 08

17

in
[in]

prep ···안에, ···에, ···후에 ad 안에, 안으로
Come **in**. 들어와.

18

this
[ðis]

a 이 pron 이것 ad 이렇게
You're gonna eat **this**? 이거 먹을 거야?

·**these** a 이것들의
pron 이것들 (this의 복수형)

＊ 격식 있는 표현은 아니지만 일상 회화의 평서문에서 문장 끝을 살짝 올려 발음하여
의문문으로 사용하는 경우 흔함.

19

she
[ʃiː]

pron 그녀 n 여성, 암컷
Do you know what **she** means by that?
그녀가 그것으로 뭘 의미했는지 당신은 아세요?

·**her** a pron 그녀의, 그녀를, 그녀에게 ·**hers** pron 그녀의 것 ·**herself** pron 그녀 자신

20

get
[get]

v 받다, 얻다, 구하다, 시키다, 걸리다, 닿다
Whatever he wants from me, he's not going to **get** it.
그가 내게 원하는 게 무엇이든, 그는 그것을 얻지 못할 거야.

21

know
[nou]

v 알다, 깨닫다, 인식하다
I don't **know** what to say.
뭐라 해야 할지 모르겠어.

·**knowledge** n 지식, 인지
·**knowingly** ad 고의로

22

for
[fər]

prep ···을 위하여, ···에 대해, ···동안, ···때문에
I feel sorry **for** you, I really do. 정말 유감이에요. 정말이에요.

23

on
[ən]

prep ···위에, ···에, ···으로 ad 위에, 입고, 쓰고, 타고 a 작동하는
Hey, what's going **on**? 어이, 무슨 일이야?

24

they
[ðei]

pron 그들, 그것들
They told me to come down here. 그들은 나에게 여기로 내려 오라고 했어.

·**their** a 그들의, 그것들의 ·**them** pron 그들을, 그들에게 ·**theirs** pron 그들의 것 ·**themselves** pron 그들 자신

25

no
[nou]

int 아니, 안 돼 a 어떤 ···도 없는 ad 아니, 설마 n no라는 대답, 부정
No, of course not. 아니, 물론 아니지.

·**nope** int ad =no ·**nah** int ad =no

26

go
[gou]

v 가다, 떠나다

Let's **go** to my office. 제 사무실로 가시죠.

·**gone** ⓐ지나간, 죽은 ⓥgo의 과거분사

27

can
[kæn]

v 할 수 있다 **n** 통조림

Can you hurry up and get ready?
서둘러 준비할 수 있어요?

·**canned** ⓐ통조림한

28

just
[dʒʌst]

ad 단지, 방금, 딱, 좀 **a** 공정한

I **just** had a long day at work.
회사에서 좀 힘든 하루를 보냈어요.

·**justice** ⓝ정의, 재판, 판사 ·**justify** ⓥ정당화하다 ·**justification** ⓝ정당화

29

with
[wəð]

prep …와 함께

Do you want to spend time **with** him?
당신은 그와 함께 시간을 보내고 싶나요?

30

yes
[jes]

int 네, 그래, 맞아 **n** yes라는 대답, 승낙 **v** yes라고 말하다

Yes, when is it?
예, 언제인가요?

·**yeah** ⓘⓝⓐ=yes
·**yup** ⓘⓝⓐ=yes

31

will
[wíl]

v …할 것이다, …일 것이다 **n** 의지, 유언, 유언장

You can call me, and I **will** answer and I **will** be here.
네가 나한테 전화하면 내가 대답하고 여기 있을 거야.

·**willing** ⓐ기꺼이 하는 ·**willingly** ⓐⓓ기꺼이 ·**willingness** ⓝ기꺼이 하기

32

but
[bət]

conj 그러나, 하지만, …이외에 **prep** …외에 **ad** 단지

They don't know him, **but** he knows them.
그들은 그를 모르지만, 그는 그들을 안다.

33

so
[sou]

conj 그래서, …하도록 **ad** 그렇게, 정말, …도 또한

So far **so** good. 지금까지는 아주 좋다.

34

all
[ɔːl]

a 모든 **pron** 모든 것, 모두 **ad** 완전히, 몹시

I want to hit them **all**. 나는 그들 모두를 때려주고 싶어.

WEEK 01
WEEK 02
WEEK 03
WEEK 04
WEEK 05
WEEK 06
WEEK 07
WEEK 08

35

would
[wəd]

v …였을 것이다 (will의 과거), …일 것이다, …했으면 좋겠다, 하곤 했다

I **would** be, too, if I were in your shoes.
내가 네 입장이라면 나도 그럴 거야.

36

like
[laik]

v 좋아하다 prep conj …처럼, …같은

The boy I **like** doesn't **like** me back.
내가 좋아하는 소년은 나를 좋아하지 않아.

· **likely** a 할 것 같은
· **likelihood** n 가능성

37

there
[ðər]

ad 거기에, 그곳에, 거기 int 거봐

There was nothing I could do about it.
내가 그것에 대해 할 수 있는 일이 전혀 없었어.

38

think
[θiŋk]

v 생각하다

It's not what you're **thinking**. 그건 네가 생각하는 그런 게 아니야.

· **thought** n 생각 · **thoughtful** a 사려 깊은 · **thinker** n 사색가

39

about
[əbáut]

prep …에 대하여, …주위에 ad 약

Sorry if I wasn't clear **about** that.
내가 그것에 대해 명확하지 않았다면 미안해.

40

right
[rait]

a 옳은, 정확한, 오른쪽의 ad 바로, 정확히, 오른쪽으로
n 옳은 것, 권리, 오른쪽 v 바로잡다

· **righteous** a 옳은
· **rightful** a 합법적인

It's gonna be all **right**.
괜찮아질 거야.

41

here
[hiər]

ad 여기에, 여기, 이쪽, 지금 int 여기요

What are you doing **here**? 너 여기서 뭐하고 있니?

42

out
[aut]

ad 밖에, 밖으로, 없어져 prep …밖에, …에서
a 밖의, 없는 n 외부 v 나가다, 쫓아내다

No one came in or **out**. 아무도 들어오거나 나가지 않았다.

43

want
[want]
· **wanted** ⓐ …모집, 지명 수배의

ⓥ 원하다, …하고 싶다, 필요하다　ⓝ 원하는 것

I just **want** to see him.
난 그저 그가 보고 싶을 뿐이야.

44

if
[if]

ⓒⓞⓝⓙ (만약) …라면

We can stop **if** you want.
네가 원한다면 우리는 멈출 수 있어.

45

up
[ʌp]

ⓟⓡⓔⓟ ⓐⓓ 위로, 위쪽에　ⓐ 올라가는, 명랑한　ⓥ 올리다　ⓝ 상승

Get **up**. 일어나.

46

say
[sei]
· **saying** ⓝ 속담

ⓥ 말하다　ⓝ 발언권

I didn't **say** anything.
나는 아무 말도 하지 않았어.

47

good
[gud]

ⓐ 좋은, 착한, 훌륭한　ⓝ 선　ⓐⓓ 잘

That's a **good** idea. 좋은 생각이에요.

· **better** ⓐ 더 나은 (good의 비교급)　· **best** ⓐ 최상의 (good의 최상급)　· **goodness** ⓝ 선량함 ⓘⓝⓣ 저런, 어머나

48

okay
[óukéi]
· **OK** ⓘⓝⓣ = okay

ⓘⓝⓣ (동의, 승인의 뜻으로) 네, 좋아　ⓐ 좋은, 괜찮은
ⓥ 승인하다, 찬성하다　ⓝ 승인

That's **okay**. 좋아요.

49

come
[kʌm]
· **coming** ⓝ 시작, 도래

ⓥ 오다, 일어나다, 되다

It's now or never, **come** with me.
지금이 유일한 기회니 나랑 같이 가자.

50

one
[wʌn]
· **oneself** ⓟⓡⓞⓝ 자기 자신

ⓐ 하나의, 한, 1, 어떤　ⓝ 하나, 한 개, 한 사람

No **one** can get out, no **one**.
아무도 못 나갑니다, 아무도요.

WEEK 01
WEEK 02
WEEK 03
WEEK 04
WEEK 05
WEEK 06
WEEK 07
WEEK 08

1 아래 영단어의 한글 뜻과 한글 뜻에 해당하는 영단어를 써 보세요.

영단어	한글 뜻		한글 뜻	영단어
being **1**			pron 당신 자신 **3**	
yours **3**			a 다 끝난, 구워진 **8**	
knowingly **21**			v 가지다, 있다, 시키다 **14**	
just **28**			a 지나간, 죽은, v go의 과거분사 **26**	
justify **28**			a 통조림한 **27**	
likelihood **36**			n 정의, 재판, 판사 **28**	
thoughtful **38**			v 좋아하다 conj …같은 **36**	
right **40**			v 생각하다 **38**	
goodness **47**			n 속담 **46**	
oneself **50**			a 더 나은 (good의 비교급) **47**	

2 아래 영문을 해석하세요.

It's just one of the possibilities. **15**

I would be, too, if I were in your shoes. **35**

The boy I like doesn't like me back. **36**

3 아래 문장을 영작하세요.

너를 위해 내가 거기 있을게. **1**

그녀가 그것으로 뭘 의미했는지 당신은 아세요? **19**

제 사무실로 가시죠. **26**

DAY 02

차근차근 해 봐요
Top 51~100

DAY02.mp3

WEEK 01

WEEK 02

WEEK 03

WEEK 04

WEEK 05

WEEK 06

WEEK 07

WEEK 08

51

at
[æt]

prep …에, …에서
Take a look **at** this.　이것 좀 봐.

52

well
[wel]

ad 잘, 좋게 **a** 좋은 **int** 글쎄, 음, 이런, 좋아 **n** 우물
It's going **well**.　잘 돼 간다.

53

see
[si:]

v 보다, 알다, 만나다
See you soon.　곧 보자.

· **sight** **n** 시야, 시력　· **sighting** **n** 목격, 관측

54

how
[hau]

ad 어떻게, 얼마나 **n** 방법
I don't know **how** to tell you this.　너에게 이걸 어떻게 말해야 할지 모르겠어.

55

now
[nau]

ad 지금, 이제, 지금부터
I have to do right **now**.　나는 지금 당장 해야 해.

56

tell
[tel]

v 말하다, 알려주다
What did I **tell** you, huh?　내가 너에게 뭐라고 했지, 응?

· **teller** **n** 말하는 사람, 금전 출납 직원

57

gonna
[gɔ́:nə]

v …할 예정이다, 할 것이다 (=going to)
It's **gonna** give us a chance to spend some time together, you know?
우리가 함께 시간을 보낼 수 있는 기회가 될 거야.

58

look
[luk]

v 보다, 찾아 보다, …인 것 같다 **n** 보기, 표정, 외모 **int** 이봐
Don't **look** at me like that.　그런 식으로 날 보지마.

19

WEEK 01
WEEK 02
WEEK 03
WEEK 04
WEEK 05
WEEK 06
WEEK 07
WEEK 08

59

make
[meik]
· **maker** n 제조자

v 만들다, 하게 하다 n 제품
But just because you're right doesn't **make** me wrong.
하지만 네가 옳다고 해서 내가 틀리진 않아.

60

take
[teik]
· **taker** n 받는 사람

v 가지다, 걸리다, 데려다주다, 잡다, 받다, 받아들이다
Take your time. 천천히 해.

61

much
[mʌtʃ]

a 많은 ad 매우, 많이, 너무 pron 많음
There's nothing **more** to say.
더 이상 할 말이 없다.

· **more** a 더 많은, many나 much의 비교급 ad 더 · **most** a 가장 많은, 최고의, 대부분의, many나 much의 최상급 ad 가장, 대단히
· **mostly** ad 주로, 대부분

62

need
[niːd]
· **needy** a 궁핍한
· **needless** a 불필요한

v 필요로 하다, 해야 하다 n 필요, 요구
He **needs** to see you right away.
그는 당장 너를 만나야 해.

63

who
[huː]

pron 누구, 누구를
Can I ask **who** you were talking to?
당신이 누구와 얘기하고 계셨는지 제가 여쭤봐도 될까요?

· **whose** a pron 누구의, 누구의 것 · **whom** pron 누구를

64

why
[hwai]

ad 왜, 어째서
Why didn't she call me?
왜 그녀는 나한테 전화하지 않았지?

65

time
[taim]

n 시간 v 시간을 맞추다
It's **time** to go. 가야 할 시간이야.

· **timing** n 시기, 시점 · **timer** n 타이머 · **timely** a 적시의

66

from
[frəm]

prep …에서, …부터
Just remember, you're not **from** there. You're **from** here.
기억해, 넌 거기서 온 것이 아니야. 넌 여기서 왔어.

67

real
[ríːəl]

a 진짜의, 진정한, 실제의 **ad** 정말, 아주

I think you're **really**, **really** pretty.
나는 네가 정말로, 정말로 예쁘다고 생각해.

·**really** ad 진짜로, 정말   ·**realize** v 깨닫다, 인식하다, 실현하다   ·**reality** n 현실, 실제   ·**realistic** a 현실적인

68

let
[let]

v 시키다, …하게 하다, 허락하다, 놓아두다, 세를 놓다 **n** 임대

You didn't think to call and **let** me know?
나에게 전화해서 알려 줄 생각은 없었어?

69

as
[ǽz]

prep …로서, …처럼 **conj** …하는 동안, 때문에 **ad** 마찬가지로

You're just **as** mean **as** he is.
너도 그 사람만큼이나 비열해.

70

when
[hwən]

ad 언제, 그 때 **conj** …할 때, 하면 **n** 일시, 때 **pron** 언제

When was that?   그게 언제였어?

71

back
[bæk]

n 등, 등뼈, 뒤쪽 **a** 뒤쪽의 **ad** 뒤로 **v** 뒤로 물러서다, 도와주다

I'll be right **back**.   바로 올게.

72

could
[kud]

v …할 수 있었다 (can의 과거), …해도 되겠습니까? (법조동사)

I **could**'ve done that joke better.   나는 그 농담을 더 잘할 수 있었을 텐데.

73

or
[ɔ́r]

conj 또는, …도

Do you want to do this **or** not?   당신은 이것을 하기를 원하나요, 원하지 않나요?

74

thing
[θiŋ]

n 것, 물건, 일

We all want to do a good **thing**.
우리 모두는 좋은 일을 하기를 원한다.

·**thingy** a 물질적인

75

mean
[miːn]

v 의미하다, 뜻하다 **a** 비열한, 인색한 **n** 수단, 평균

That may not **mean** anything to you, but it does to me.
그것은 너에게 아무 의미 없을지 모르지만, 나에게는 의미가 있다.

·**meaning** n 의미 a 의미 있는   ·**meaningless** a 의미 없는   ·**meaningful** a 의미 있는

WEEK 01
WEEK 02
WEEK 03
WEEK 04
WEEK 05
WEEK 06
WEEK 07
WEEK 08

WEEK 01
WEEK 02
WEEK 03
WEEK 04
WEEK 05
WEEK 06
WEEK 07
WEEK 08

76

man
[mæn]

n 남자, 사람 int 아니, 이런

Sex makes **men** stupid.
섹스는 남자를 어리석게 만든다.

·**men** n man의 복수형 ·**manhood** n 성인, 남자다움 ·**manly** a 남자다운

77

where
[hwɛər]

ad 어디에, 어디로 n 장소

Where have you been? 당신은 지금까지 어디 있었어요?

78

talk
[tɔːk]

v 말하다, 이야기하다, 대화하다 n 이야기, 대화, 회담

What are you **talking** about?
무슨 말씀 하시는 거예요?

·**talkative** a 수다스러운
·**talker** n 말하는 사람

79

then
[ðen]

ad 그 이후에, 그때, 그리고, 그렇다면 a 그 당시의

Just tell her what you want her to do, and **then** she'll do it.
네가 그녀에게 원하는 것을 그냥 말해. 그러면 그녀는 그걸 할 거야.

80

find
[faind]

v 찾다, 발견하다, 깨닫다, 알다 n 발견

Maybe you could help me **find** something like that.
그런 걸 찾는 걸 어쩌면 당신이 도와주실 수도 있을 거예요.

·**findings** n 결과

81

some
[səm]

a 일부의, 약간의, 조금의, 어떤, 상당한 pron 일부, 약간

You want **some** of those?
넌 그것들 중 일부를 원하니?

82

work
[wəːrk]

v 일하다, 근무하다, 작동하다, 효과가 있다 n 일, 업무, 직장, 작품

What if it doesn't **work**?
그것이 작동하지 않으면 어떻게 될까?

·**worker** n 노동자

83

give
[giv]

v 주다, 건네주다, 베풀다

Just **give** me what I want. 그냥 내가 원하는 걸 줘.

84

guy
[gai]

n 남자, 사내, 사람, 녀석

It's hard to be one of the good **guys**.
좋은 사람들 중 하나가 되기는 어렵다.

85

call
[kɔːl]

v 부르다, 전화하다, 호출하다, 요구하다   **n** 전화 통화, 요구, 결정

Call me if you need anything.
무엇이든 필요하면 내게 전화해.

•**caller** n 전화를 거는 사람, 방문객   •**calling** n 소명, 직업

86

little
[lítl]

a 작은, 어린, 약간의, 거의 없는   **ad** 조금, 약간

I used to live here when I was a **little** girl.
내가 어린 소녀였을 때 여기에 살았다.

•**less** a 더 적은 (little의 비교급) ad 더 적게 prep …을 빼고   •**least** a 가장 적은 (little의 최상급) ad 가장 적게 n 가장 적은 것
•**lessen** v 줄다, 줄이다

87

because
[bikɔ́ːz]

conj …때문에, 왜냐하면

It's **because** we already talked about what happened.
왜냐하면 우리는 이미 일어난 일에 대해 이야기했기 때문이다.

•**cos** conj =because   •**'cause** conj =because (비격식 표현)

88

something
[sʌ́mθiŋ]

pron 어떤 것, 무엇, 중요한 것

He said he had **something** to tell me.   그는 내게 할 말이 있다고 말했다.

89

thank
[θæŋk]

v 감사하다

Thank you very much.   정말 감사합니다.

•**thanks** int 고맙습니다 n 감사   •**thankful** a 감사하는

90

by
[bai]

prep …옆에, …에 의하면, …까지

She didn't do it **by** herself, anyway.
어쨌든 그녀 혼자 그것을 한 것은 아니었어.

91

way
[wei]

n 길, 방법, 방식   **ad** 훨씬, 아주, 저쪽으로

I'm on my **way** now.
나는 지금 가고 있어.

92

life
[laif]

n 삶, 생명, 인생, 평생, 생물, 종신형

I'm talking about my **life**, my family's **life**.
저는 제 인생에 대해, 제 가족의 삶에 대해 말하고 있습니다.

•**live** v 살다, 지내다, 생활하다 a 살아있는, 생방송의   •**lives** n life의 복수형   •**living** a 살아있는 n 생활   •**lively** a 활기차게

WEEK 01
WEEK 02
WEEK 03
WEEK 04
WEEK 05
WEEK 06
WEEK 07
WEEK 08

93

should
[ʃud]

v ···해야 한다, ···할 것이다, shall의 과거

I **should**'ve listened to you.
나는 네 말을 들었어야 했어. (네 말을 들었으면 좋았을걸.)

94

die
[dai]

v 죽다, 사망하다 **n** 주사위

This is where we **die**.
여기가 우리가 죽을 곳이야.

·**dead** ⓐ죽은 ⓐd몹시 ·**death** ⓝ사망 ·**deadly** ⓐ치명적인 ⓐd극도로

95

sorry
[sɔ́ːri]

a 미안한, 유감스러운 **int** 미안해요, 뭐라구요?

I'm so **sorry**. 정말 미안해.

96

down
[daun]

ad 아래로, 아래에 **prep** 아래로, 따라 **v** 내리다, 내려가다
n 하강 **a** 작동하지 않는, 우울한

What's **down** there? 저 아래에 뭐가 있죠?

97

try
[trai]

v 노력하다, 시도하다, 재판하다 **n** 시도

I'm willing to **try** anything.
제가 뭐든지 기꺼이 해 볼게요.

·**trial** ⓝ재판, 시험

98

love
[lʌv]

n 사랑 **v** 사랑하다

Have you ever been in **love**?
당신은 사랑에 빠져 보셨어요?

·**lovely** ⓐ사랑스러운 ·**lover** ⓝ애인, 연인, 정부, 애호가 ·**luv** ⓝ(호칭으로) 당신, 여보, 자기

99

never
[névər]

ad 결코 ···않다, 한 번도 ···않다

I am **never** going to hurt you. 난 절대 널 해치지 않을 거야.

100

people
[píːpl]

n 사람들, 사람, 국민, 민족

People are different.
사람들은 다르다.

DAY 02 Daily Checkup

1 아래 영단어의 한글 뜻과 한글 뜻에 해당하는 영단어를 써 보세요.

영단어	한글 뜻	한글 뜻	영단어
sight 53		n 제조자 59	
mostly 61		a 더 많은, many나 much의 비교급 61	
realize 67		n 시기, 시점 65	
back 71		a 현실적인 67	
mean 75		n man의 복수형 76	
guy 84		a 수다스러운 78	
lessen 86		n 길, 방법 ad 훨씬 91	
death 94		n life의 복수형 92	
trial 97		v 죽다, 사망하다 94	
people 100		a 사랑스러운 98	

2 아래 영문을 해석하세요.

You're just as mean as he is. 69 _____

Just tell her what you want her to do, and then she'll do it. 79 _____

I should've listened to you. 93 _____

3 아래 문장을 영작하세요.

왜 그녀는 나한테 전화하지 않았지? 64 _____

섹스는 남자를 어리석게 만든다. 76 _____

그는 내게 할 말이 있다고 말했다. 88 _____

WEEK 01
WEEK 02
WEEK 03
WEEK 04
WEEK 05
WEEK 06
WEEK 07
WEEK 08

DAY 03

어때요, 할 만하죠
Top 101~150

101

help
[help]

ⓥ 돕다 ⓝ 도움
How may I **help** you?
무엇을 도와드릴까요?

·**helpful** ⓐ도움이 되는　·**helpless** ⓐ무력한　·**helper** ⓝ조력자

102

too
[tu:]

ⓐⓓ 너무, 또한, 매우
I love you **too**. 나도 너를 사랑해.

103

over
[óuvər]

ⓟⓡⓔⓟ …위에, …건너, …너머로　ⓐⓓ …이상, 너머, 다시, 끝이 난
This story isn't **over** yet.
이 이야기는 아직 끝나지 않았다.

·**overly** ⓐⓓ 너무

104

off
[ɔːf]

ⓟⓡⓔⓟ 떨어져, 벗어나서　ⓐⓓ 떨어져, 벗어나, 쉬고, 할인하여　ⓐ 벗어난
My stupid sister turned it **off**. 바보 같은 내 여동생이 그걸 껐어.

105

happen
[hǽpən]

ⓥ 발생하다, 일어나다, 생기다
What **happened** to him?
그에게 무슨 일이 일어났나?

·**happening** ⓝ해프닝, 사건

106

day
[dei]

ⓝ 하루, 요일, 낮
Have a nice **day**. 좋은 하루 보내세요.

·**daily** ⓐ매일의 ⓐⓓ매일 ⓝ일간지

107

sure
[ʃuər]

ⓐ 확실한, 확신하는　ⓐⓓ 확실히, 물론
I just wanted to make **sure** that you knew about it.
난 그저 네가 그것에 대해 알고 있었는지 확인하고 싶었을 뿐이야.

·**surely** ⓐⓓ확실히
·**ensure** ⓥ보장하다

WEEK 01
WEEK 02
WEEK 03
WEEK 04
WEEK 05
WEEK 06
WEEK 07
WEEK 08

108

any
[éni]

a 어떤, 어느 **ad** 전혀, 조금도 **pron** 아무것도

Do you have **any** idea how worried we were about you?

우리가 너에 대해서 얼마나 걱정했는지 알고 있니?

109

only
[óunli]

a 유일한 **ad** 오직, 단지, 겨우

It's the **only** way we'll know the truth.

그것이 우리가 진실을 알 수 있는 유일한 방법이야.

110

feel
[fi:l]

v 느끼다, 생각하다 **n** 감촉, 느낌

·**feeling** **n** 느낌, 기분

How are you **feeling** about the trial?

그 재판에 대해 어떻게 생각하니?

111

please
[pli:z]

int 제발 **v** 기쁘게 하다

·**pleasure** **n** 기쁨, 쾌락
·**pleasant** **a** 즐거운

Please don't go. I don't want you to.

제발 가지마. 나는 네가 가는 걸 원하지 않아.

112

maybe
[méibi:]

ad 어쩌면, 아마

Maybe. Or **maybe** not.

그럴 수도 있고 아닐 수도 있다.

113

wait
[weit]

v 기다리다 **n** 기다림

·**waitress** **n** 여종업원
·**waiter** **n** 종업원

Well, I don't know how long it's going to take. Just **wait**.

글쎄, 얼마나 오래 걸릴지 모르겠어. 그냥 기다려.

114

keep
[ki:p]

v 유지하다, 계속하다, 보유하다, 지키다

·**keeper** **n** 지키는 사람, 사육사

Keep moving! Get up! **Keep** moving!

계속 움직여! 일어나! 계속 움직여!

115

even
[í:vən]

ad …조차, 훨씬 **a** 평평한, 한결같은, 동일한 **v** 평평하게 하다

Even if I did know, I can't talk.

내가 안다 해도, 나는 말할 수 없어.

116

god
[gad]

n 신, 하느님

·**goddess** **n** 여신

As long as he thinks **God**'s here, he's not going anywhere.

하느님이 여기 계신다고 그가 생각하는 한 그는 아무 데도 가지 않을 것이다.

27

117

year
[jiər]
·**yearly** ⓐ연간의 ⓐd해마다

ⓝ 해, 연도, 학년, 나이

I've known her for **years**.
나는 그녀를 수년간 알고 있었다.

118

still
[stil]

ⓐd 여전히, 아직도, 그럼에도 ⓐ 정지한, 고요한 ⓥ 고요해지다

There's **still** time if we go after her now.
우리가 그녀를 지금 뒤쫓는다면, 우리에게는 아직 시간이 있어.

119

into
[ìntu]

prep 안으로, 속으로

We will look **into** it. 우리는 그것을 조사할 것이다.

120

anything
[éniθìŋ]

pron 무엇, 아무것, 무엇이든

Don't say **anything**. 아무 말도 하지 마.

121

stop
[stap]

ⓥ 멈추다, 정지하다, 중단하다, 막다 ` ⓝ 멈춤, 중단

Nothing can **stop** me! 아무것도 날 막을 수 없어!

122

hear
[hiər]
·**hearing** ⓝ청력, 청문회, 심리

ⓥ 듣다, 경청하다

That's not what I **heard**.
내가 들은 것은 그것이 아니다.

123

ask
[æsk]

ⓥ 묻다, 요청하다, 부탁하다

I'm afraid that I'm going to have to **ask** you to leave now.
죄송하지만, 당신은 지금 나가 주셔야겠습니다.

124

use
[ju:z]

ⓥ 쓰다, 사용하다 ⓝ 사용, 효용

Use your eyes, not your hands.
손이 아니라 눈을 사용해.

·**useful** ⓐ유용한 ·**useless** ⓐ쓸모없는 ·**user** ⓝ사용자

125

put
[put]

ⓥ 놓다, 두다, 넣다, 밀어넣다

Then **put** them in your car and take them.
그럼 그것들을 네 차에 넣고 가져.

WEEK 01
WEEK 02
WEEK 03
WEEK 04
WEEK 05
WEEK 06
WEEK 07
WEEK 08

126
other
[ʌðər]

a 다른 **pron** 다른 사람[것]
This is way better than the **other** one.
이것이 다른 것보다 훨씬 좋다.

127
before
[bifɔ́ːr]

prep 전에, 앞에 **conj** …하기 전에 **ad** 이전에, 앞에
It's like I never saw them **before**.
나는 전에 그들을[그것들]을 본 적이 없는 것 같아.

128
first
[fəːrst]
·**firstly** ad 첫째로

a 첫, 첫째, 처음의 **ad** 우선, 첫째로 **n** 처음, 최초의 사람[것]
First things **first**.
중요한 일부터 먼저.

129
fuck
[fʌk]
·**fucking** a 지독한 ad 지독히
·**fucker** n 멍청이, 성교하는 사람

v 성교하다, 망치다 **int** 제기랄, 우라질 **n** 성교, 도대체 (the fuck)
Have you been **fucking** him all the time you were married to me?
너는 나와 결혼한 후로 내내 그 사람과 잤니?

130
very
[véri]

ad 매우, 아주, 바로
It's **very** interesting.
그것은 매우 흥미롭다.

131
last
[læst]
·**lasting** a 지속적인

a 마지막의, 지난, 최근의 **v** 지속되다 **ad** 마지막에 **n** 마지막 사람[것]
There's one **last** thing I need you to do.
당신이 마지막으로 해주셔야 할 일이 한 가지 있습니다.

132
win
[win]
·**winner** n 승자, 우승자, 수상자

v 이기다, 우승하다, 획득하다 **n** 승리
You think I want you to **win**?
제가 당신이 이기길 원한다고 생각하세요?

133
than
[ðən]

prep …보다, …이외에는
This is even better **than** I dreamed.
이것은 내가 꿈꿨던 것보다 훨씬 낫다.

134
nothing
[nʌ́θiŋ]

pron 아무것도 (…없다, …아니다) **n** 무, 하찮은 사람[것]
I had **nothing** to do with it. 난 그것과 아무 관련이 없었다.

135

night [nait]

ⓝ 밤, 저녁, 야간

No one could sleep that **night**.

그날 밤 아무도 잠을 잘 수 없었다.

• **nightly** ⓐ 매일 밤 일어나는 ad 밤에, 밤마다

136

kid [kid]

ⓝ 아이, 어린이 ⓥ 농담하다, 놀리다, 장난하다

I'm leaving. I have to pick up my **kids**.

나는 갈게. 애들을 데리러 가야 해.

• **kiddo** ⓝ 어린이, (호칭으로) 자네, 너, 여보게 • **kiddie** ⓝ 어린아이

137

friend [frend]

ⓝ 친구

We're not **friends** anymore.

우리는 더 이상 친구가 아니다.

• **friendship** ⓝ 우정
• **friendly** ⓐ 우호적인

138

bad [bæd]

ⓐ 나쁜, 서투른, 심한, 상한 ad 몹시 (=badly)

I've got some **bad** news.

나쁜 소식이 있어.

• **worse** ⓐ 더 나쁜 (bad의 비교급) • **worst** ⓐ 최악의 (bad의 최상급) • **badly** ad 매우, 심하게

139

long [lɔːŋ]

ⓐ 긴, 오랜 ad 오래, 오랫동안 ⓥ 간절히 바라다

What took you guys so **long**?

너희들 왜 그렇게 오래 걸렸어?

• **length** ⓝ 길이

140

name [neim]

ⓝ 이름, 평판 ⓥ 명명하다

What's your **name**?

당신의 이름이 무엇인가요?

141

great [greit]

ⓐ 위대한, 많은, 엄청난, 중요한, 기쁜 ⓝ 명사, 거물

It's so **great** to see you too.

저도 당신을 만나서 너무 기뻐요.

• **greatness** ⓝ 위대함
• **greatly** ad 대단히

142

after [ǽftər]

prep …후에, …뒤에 conj …한 뒤[후]에 ad 뒤에, 나중에 ⓐ 뒤의, 나중의

She found the letter **after** he died.

그녀는 그가 죽은 후 그 편지를 발견했다.

143

again
[əgén]

ad 다시, 또

It won't happen **again**. 다신 그런 일 없을 거야.

* won't는 will not의 축약형

144

doctor
[dáktər]

- **Dr.** n =Doctor
- **doc** n =doctor

n 의사, 박사 **v** 치료하다

Is there a **doctor** here?
여기 의사 있나요?

145

start
[staːrt]

- **starter** n 개시자, 시동기

v 시작하다, 출발하다 **n** 시작, 출발

He **starts** asking some questions about you.
그는 당신에 대해 몇 가지 질문을 하기 시작해요.

146

home
[houm]

- **homeless** a 노숙자의

n 가정, 집, 주택 **a** 집의, 가정의

Will you go **home** with me tonight?
오늘 밤 나와 함께 집에 갈래?

147

new
[nuː]

- **newly** ad 새로, 최근에

a 새로운, 새, 최신의

Did she tell you any of her **new** favorite things for this year?
그녀가 올해 새롭게 좋아하는 것 중 어떤 것을 당신에게 말했나요?

148

meet
[miːt]

- **meeting** n 회의, 만남

v 만나다, 충족시키다

I'll **meet** you in my office.
내 사무실에서 널 만날게.

149

run
[rʌn]

- **runner** n 주자
- **running** n 달리기, 운영

v 달리다, 운영하다, 출마하다 **n** 달리기, 운영, 출마

You are not supposed to **run**.
당신은 뛰면 안 돼요.

150

leave
[liːv]

v 떠나다, 출발하다, 남기다, 맡기다 **n** 휴가, 허락

I'm just gonna **leave**.
난 그냥 떠날 거야.

WEEK 01
WEEK 02
WEEK 03
WEEK 04
WEEK 05
WEEK 06
WEEK 07
WEEK 08

DAY 03 Daily Checkup

1 아래 영단어의 한글 뜻과 한글 뜻에 해당하는 영단어를 써 보세요.

영단어	한글 뜻
helpless 101	
daily 106	
ensure 107	
waitress 113	
before 127	
lasting 131	
night 135	
length 139	
greatly 141	
leave 150	

한글 뜻	영단어
n 기쁨, 쾌락 111	
ad 어쩌면, 아마 112	
n 여신 116	
a 유용한 124	
ad 매우, 아주, 바로 130	
n 승자, 우승자, 수상자 132	
n 우정 137	
a 최악의 (bad의 최상급) 138	
n 이름 v 명명하다 140	
a 노숙자의 146	

2 아래 영문을 해석하세요.

I just wanted to make sure that you knew about it. 107 _____

As long as he thinks God's here, he's not going anywhere. 116 _____

_____

You are not supposed to run. 149 _____

3 아래 문장을 영작하세요.

아무것도 날 막을 수 없어! 121 _____

그것은 매우 흥미롭다. 130 _____

우리는 더 이상 친구가 아니다. 137 _____

DAY 04

아주 좋아요
Top 151~200

DAY04.mp3

WEEK 01
WEEK 02
WEEK 03
WEEK 04
WEEK 05
WEEK 06
WEEK 07
WEEK 08

151

everything
[eˈvriθiˌŋ]

`pron` 모든 것, 모두

Is **everything** okay?
모두 괜찮은가요?

152

move
[muːv]

`v` 움직이다, 옮기다, 달라지다, 이사하다, 감동시키다 `n` 행동, 조치

I can't believe I **move** back into my house tomorrow.
내일 내가 내 집으로 다시 이사하다니 믿을 수가 없어.

·**motion** `n` 운동, 움직임, 동작 ·**movement** `n` 움직임, 이동 ·**moving** `a` 움직이는, 감동적인

153

fine
[fain]

`a` 좋은, 고급의, 괜찮은 `ad` 잘, 괜찮게 `n` 벌금 `v` 벌금을 과하다

Don't worry, it's gonna be **fine**.
걱정하지 마, 괜찮을 거야.

154

believe
[bilíːv]

`v` 믿다, 신뢰하다, 생각하다

I can't **believe** this is happening.
이런 일이 일어나고 있다니 믿을 수 없어.

·**belief** `n` 믿음, 신념 ·**believer** `n` 믿는 사람 ·**believable** `a` 믿을 수 있는

155

someone
[sʌmwʌn]

`pron` 어떤 사람, 누군가, 대단한 사람

I can't ask **someone** to do that for me.
나는 누군가가 나를 위해 그것을 하도록 요청할 수 없다.

156

away
[əwéi]

`ad` 떨어져, 떨어진 곳에서, 다른 곳으로, 훨씬 `a` 자리에 없는, 떨어진 곳의 `n` 원정 경기

But I don't want to be **away** from you.
하지만 난 너와 떨어져 있고 싶지 않아.

157

ever
[évər]

ad 이전에, 지금까지, 언젠가, 언제나, 항상, 도대체
It was the worst mistake I **ever** made.
그것은 내가 이제껏 저지른 최악의 실수였어.

158

Mr.
[místər]

n 씨, 님 (남자의 성, 성명, 관직명 앞에 붙임)
Mr. Yates, thank you for coming.
예이츠 씨, 와 주셔서 감사합니다.

·**mister** n =Mr.

159

care
[kɛər]

v 돌보다, 보살피다, 상관하다, 걱정하다 n 보살핌, 조심, 걱정, 관심사
I don't **care**. 난 상관없어.

·**careful** a 주의 깊은, 조심스러운 ·**carefully** ad 신중히 ·**careless** a 부주의한

160

woman
[wúmən]

n 여자, 여성
I know what he likes in a **woman** and what he needs.
나는 그가 여자에게서 무엇을 원하고 무엇을 필요로 하는지 알아.

·**women** n woman의 복수형

161

girl
[gəːrl]

n 소녀, 여자아이, 딸
I was trying to find a missing **girl**. 저는 실종된 소녀를 찾고 있었어요.

162

place
[pleis]

n 장소, 곳, 위치, 집 v 놓다, 두다, 설치하다
I have no job, no **place** to live.
저는 직업도 없고, 살 곳도 없어요.

·**placement** n 배치

163

which
[hwitʃ]

pron 어떤 사람, 어느 것 a 어느, 어떤
Do you know **which** one it is? 그게 어떤 건지 아세요?

164

lot
[lat]

a 많은 ad 매우, 훨씬 n 많음, 다수, 부지기수
I didn't have a **lot** of time to think.
나는 생각할 시간이 별로 없었다.

·**lots** ad 매우, 훨씬 더

165

dad
[dæd]

n 아빠
How old was I when my **dad** died?
아빠가 돌아가셨을 때 내가 몇 살이었지?

·**daddy** n 아빠

166

big
[big]

a 큰, 중요한
It's quite a **big** deal, isn't it? 꽤 큰 일이에요, 그렇죠?

167

hell
[hel]

n 지옥, 제기랄, 도대체

What the **hell** are you talking about? 　도대체 무슨 말을 하는 거야?

168

stay
[stei]

v 머무르다, 유지하다, 지내다　**n** 방문, 머무름

Stay away from me! 　나에게서 떨어져!

169

mom
[mam]

n 엄마

Call your **mom** and ask.
네 엄마에게 전화해서 물어봐.

· **mommy** n 엄마
· **mum** n 엄마

170

house
[haus]

n 집, 주택　**v** 거처를 제공하다

Well, how about moving into my **house**?
그럼 내 집으로 이사 오는 게 어때?

· **housing** n 주택, 주거

171

always
[ɔ́:lweiz]

ad 항상

You know what I have to do. What we're **always** supposed to do.
내가 뭘 해야 하는지 알잖아. 우리가 항상 해야 하는 일.

172

old
[ould]

a 늙은, 낡은

How **old** do I look? 　제가 몇 살쯤 되어 보입니까?

173

kind
[kaind]

n 종류, 유형　**a** 친절한

What **kind** of business you got?
당신은 어떤 종류의 사업을 하시나요?

· **kindness** n 친절
· **kindly** ad 친절하게

174

through
[θru:]

prep 통하여, 사이로, 동안 내내, 지나, 까지
ad 지나, 내내, 직행으로　**a** 직행의

How many times do we have to go **through** this?
우리는 이것을 얼마나 많이 겪어야 하죠?

175

baby
[béibi]

n 아기, 새끼, 자기　**a** 아기용의, 어린　**v** 아기처럼 다루다

Stop being a **baby**!
아기처럼 굴지 마!

· **babe** n 아기, 자기

WEEK 01
WEEK 02
WEEK 03
WEEK 04
WEEK 05
WEEK 06
WEEK 07
WEEK 08

WEEK 01
WEEK 02
WEEK 03
WEEK 04
WEEK 05
WEEK 06
WEEK 07
WEEK 08

176

lose
[luːz]

V 잃다, 지다, 분실하다, 상실하다, 길을 잃다

I don't have anything else to **lose**. 나는 더 잃을 게 없어.

· **lost** @잃은, 패배한 ⓥlose의 과거, 과거분사 · **loss** ⓝ분실, 손실 · **loser** ⓝ패배자

177

every
[évri]

a 모든, 매, 마다

I realized that she had prepared me for **every** problem I have in my life.
나는 그녀가 내 인생의 모든 문제에 대해 나를 준비시켰다는 것을 깨달았다.

178

around
[əráund]

ad 약, 쯤 **prep** 둘레에, 주위에

Look **around**. Look at all these people.
주위를 둘러봐. 이 모든 사람들을 봐.

179

bring
[briŋ]

V 데려오다, 가져오다, 야기하다

Did you **bring** me a present? 나한테 선물 가져왔니?

180

might
[mait]

V …지도 모른다, …해도 좋다, may의 과거형 **n** 힘, 권력

You **might** want to think about looking for a job.
· **mighty** @강력한   너는 직업을 구해야겠다는 생각을 하고 싶을지도 몰라.

181

show
[ʃou]

V 보여주다, 안내하다 **n** 쇼, 전시회

Can you **show** him what you **showed** me, baby?
나한테 보여준 걸 그에게도 보여줄 수 있어, 자기야?

182

own
[oun]

a 자신의, 스스로 하는 **V** 소유하다

If it doesn't make you feel comfortable, I can do it on my **own**.
· **owner** ⓝ소유자   불편하다면, 저 혼자 할 수 있어요.
· **ownership** ⓝ소유권

183

hand
[hænd]

n 손, 도움 **V** 건네다

Come here. Let me see your **hand**.
· **handy** @편리한   이리 와. 네 손을 보여줘.
· **handful** ⓝ소수, 한 줌

184

turn
[təːrn]

V 돌다, 돌리다, 바꾸다, 되다 **n** 회전, 차례, 방향 전환, 변화

Turn and face me. 돌아서서 나를 마주 봐.
· **turner** ⓝ돌리는 사람[것], 선반공

185

wrong
[rɔ́:ŋ]
· **wrongful** [a] 나쁜, 불법의
· **wrongly** [ad] 부당하게

[a] 틀린, 잘못된, 나쁜 [ad] 틀리게, 잘못되게 [n] 나쁨, 나쁜 짓
[v] 학대하다, 오해하다

What's **wrong** with all of you?
너희들 모두 왜 그러니? (뭐가 잘못됐니?)

186

family
[fǽməli]

[n] 가족, 가정, 가문
He's from a good **family**. 그는 좋은 집안 출신이다.

187

actually
[ǽktʃuəli]
· **actual** [a] 실제의

[ad] 실제로, 사실은
I'm **actually** not very good at this.
저는 사실 이것을 잘 못해요.

188

true
[tru:]

[a] 사실의, 진짜의, 참된
It's not **true**. 그것은 사실이 아니다.

· **truth** [n] 사실, 진실   · **truly** [ad] 진심으로   · **truthful** [a] 진실한

189

cause
[kɔ:z]

[n] 원인, 이유 [v] 야기하다, 초래하다
I'm sorry. I don't want to **cause** any trouble.
죄송해요. 저는 어떤 말썽도 일으키고 싶지 않아요.

190

listen
[lísn]
· **listener** [n] 청취자, 청중

[v] 듣다, 귀 기울이다 [n] 듣기, 경청
Listen to me.
내 말 좀 들어.

191

head
[hed]

[n] 머리, 지도자 [v] 향하다, 이끌다
Put your hands on your **head**. 손을 머리 위에 올려.

192

late
[leit]

[a] 늦은, 말기의, 사망한
I didn't realize how **late** it was, okay?
얼마나 늦었는지 몰랐어, 알았지?

· **later** [ad] 나중에   · **lately** [ad] 최근에, 요즈음   · **latest** [a] 최근의, 최신의

193

else
[els]

[ad] 다른, 그 밖에
I think there's something **else** that you should know.
네가 알아야 할 또 다른 것이 있어.

WEEK 01
WEEK 02
WEEK 03
WEEK 04
WEEK 05
WEEK 06
WEEK 07
WEEK 08

194

enough
[inʌf]

a 충분한 **ad** 충분히 **pron** 충분한 수[양]

Are you saying that I'm not pretty **enough**?
내가 충분히 예쁘지 않다고 말하는 거야?

195

left
[left]

a 왼쪽의, 좌측의 **v** leave의 과거, 과거분사

Let's just move that a little to the **left**.
우리가 그걸 조금만 왼쪽으로 옮기자.

196

another
[ənʌðər]

a **pron** 다른, 또 하나

That's **another** story.
그것은 또 다른 이야기이다.

197

job
[dʒab]

n 일, 직업, 책임

How long am I gonna have to do this **job**?
이 일을 제가 얼마나 오래 해야 하죠?

198

sir
[sər]

n 님, 씨, 귀하, 선생님, 각하, 경

Yes, **sir**. I know who you are, **sir**.
네, 알겠습니다. 저는 당신이 누구신지 압니다, 선생님.

199

hold
[hould]

·**holding** **n** 보유, 소장품
·**holder** **n** 소유자

v 들다, 잡다, 쥐다, 보유하다, 기다리다, 견디다, 계속되다
n 잡기, 쥐기, 지연

Hold on a second.
잠깐만 기다려 봐.

200

minute
[mínit]

n 분, 순간 **a** 상세한

Should we give you guys a **minute**?
당신들께 잠깐 시간을 줄까요?

1 아래 영단어의 한글 뜻과 한글 뜻에 해당하는 영단어를 써 보세요.

영단어	한글 뜻
move 152	
careless 159	
lots 164	
kind 173	
every 177	
mighty 180	
ownership 182	
handy 183	
head 191	
lately 192	

한글 뜻	영단어
n 믿음, 신념 154	
ad 신중히 159	
n woman의 복수형 160	
n 아빠 165 .	
n 엄마 169	
ad 항상 171	
v 데려오다, 가져오다, 야기하다 179	
n 가족, 가정, 가문 186	
n 사실, 진실 188	
n 일, 직업, 책임 197	

2 아래 영문을 해석하세요.

How many times do we have to go through this? 174 _____

What's wrong with all of you? 185 _____

I think there's something else that you should know. 193 _____

3 아래 문장을 영작하세요.

난 상관없어. 159 _____

저는 직업도 없고, 살 곳도 없어요. 162 _____

그것은 사실이 아니다. 188 _____

WEEK 01
WEEK 02
WEEK 03
WEEK 04
WEEK 05
WEEK 06
WEEK 07
WEEK 08

DAY 05

와, 벌써 5일째예요
Top 201~250

201

nice
[nais]
·**nicely** [ad] 멋지게, 잘

[a] 멋진, 좋은
It's **nice** to meet you in person.
직접 만나서 반가워요.

202

remember
[rimémbər]

[v] 기억하다, 명심하다
I **remember** meeting you in 1987.
저는 당신을 1987년에 만난 것을 기억합니다.

203

understand
[ʌndərstǽnd]
·**understandable**
[a] 이해할 수 있는

[v] 이해하다, 알다
Do you **understand** what that means?
당신은 그것이 무엇을 의미하는지 이해하나요?

204

miss
[mis]
·**missing** [a] 없어진, 실종된

[v] 놓치다, 그리워하다, 생략하다 [n] 놓침, 실수, 아가씨 (Miss), 미스
Did I **miss** anything?
내가 놓친 게 있니?

205

shit
[ʃit]
·**shitty** [a] 싫은, 형편없는

[int] 제기랄, 빌어먹을 [n] 똥, 헛소리, 쓸모없는 것 [v] 똥 누다 [a] 형편없는
Hey, you look like **shit**, man.
이봐, 너 꼴이 말이 아니야. (정말 안 좋아 보여.)

206

kill
[kil]
·**killer** [n] 살인자
·**killing** [n] 살인 [a] 죽이는

[v] 죽이다
I would **kill** or die for you.
나는 너를 위해서 죽이거나 죽을 거야.

207

father
[fá:ðər]

[n] 아버지, 신부 (Father), 조상
I will tell you when you tell me the truth about your **father**.
네가 네 아버지에 대한 진실을 말한다면 나도 너에게 말할 거야.

208

person
[pə́:rsn]

🔟 사람, 개인

I'm a good **person** and I work hard. 저는 좋은 사람이고 열심히 일합니다.

·**personal** @개인의, 사적인 ·**personally** @개인적으로 ·**personality** 🔟성격, 개성 ·**personnel** 🔟인원, 인사과, 직원

209

mother
[mʌðər]

🔟 어머니, 수녀원장

She took care of my **mother**, too.
그녀는 내 어머니도 돌보았다.

·**motherhood** 🔟모성

210

same
[seim]

@ 같은, 동일한

It's exactly the **same**. 그것은 정확히 같습니다.

211

speak
[spi:k]

✅ 말하다, 이야기하다, 연설하다

We need to **speak** to her. 우리는 그녀에게 말해야 해.

·**speech** 🔟연설, 말투, 언어 능력 ·**speaker** 🔟연설가, 화자 ·**speechless** @말을 못하는

212

boy
[bɔi]

🔟 소년, 아이, 아들

You're still a **boy**. 너는 아직도 소년이야.

213

idea
[aidí:ə]

🔟 생각, 개념, 계획, 아이디어

I don't think that's a good **idea**.
나는 그것이 좋은 생각 같지 않아.

·**ideal** @이상적인 🔟이상

214

money
[mʌni]

🔟 돈

That is a lot of **money**. 그것은 큰 돈이다.

215

guess
[ges]

✅ 추측하다, 생각하다 🔟 추측

I **guess** I heard it before. 나는 전에 그것을 들은 것 같아.

216

case
[keis]

🔟 경우, 사건, 소송, 상자, 환자

In **case** you didn't know, my son's life is in danger.
당신이 혹시 모를까 봐 하는 말인데, 내 아들의 목숨이 위태로워.

217

course
[kɔ:rs]

🔟 과정, 강좌, 강의, 과목, 코스 @ 물론, 당연히

Of **course**. Whatever you want, it's yours.
물론이야. 네가 뭘 원하든, 그건 네 거야.

WEEK 01
WEEK 02
WEEK 03
WEEK 04
WEEK 05
WEEK 06
WEEK 07
WEEK 08

218

phone
[foun]

n 전화, 수화기 v 전화하다

Put the **phone** down. 전화기 내려놔.

219

next
[nekst]

a 다음의, 이후의 , 바로 옆의 ad 다음에, 옆에 n 다음 사람[것]

What's **next**? 다음에 할 일이 뭐죠?

220

may
[mei]

v …일지도 모른다, …해도 좋다, …이기를 빈다 n 5월 (May)

May I have a look?
제가 좀 봐도 되겠습니까?

221

son
[sʌn]

n 아들, 자손, (연하자의 호칭으로) 자네, 젊은이, 얘야

I want to take my **son** home now.
저는 지금 제 아들을 집에 데려가고 싶어요.

222

must
[mʌst]

v …해야 하다, …일 것이다 n 꼭 해야 하는 것, 필수품 a 필수 불가결한

You **must** try these. 당신은 이것을 꼭 해 보셔야 해요.

223

door
[dɔːr]

n 문

Well, if you change your mind, my **door** is always open.
글쎄, 네가 마음을 바꾸면, 내 문은 항상 열려 있어.

224

both
[bouθ]

a 양쪽의 pron 둘 다, 양쪽, 쌍방

I think we **both** know it's a little late for that.
나는 우리 둘 다 그 일이 조금 늦었다는 것을 알고 있다고 생각해.

225

room
[ruːm]

n 방, 공간, 여지

I had no idea there was a secret **room** here.
나는 여기에 비밀의 방이 있다는 것을 전혀 몰랐다.

226

end
[end]
· **ending** n 결말
· **endless** a 끝없는

n 끝, 목적, 한쪽 편 v 끝내다

But in the **end**, it's all about him.
하지만 결국, 그것은 모두 그에 대한 것이다.

227

open
[óupən]

v 열다, 개방하다, 개업하다, 시작하다
a 열린, 공개의, 개방적인, 솔직한   **n** 옥외, 야외

Open your eyes. 눈을 떠라.

·**opening** n 오프닝, 개막식, 공석   ·**opener** n 따는 기구, 개시자   ·**openly** ad 공공연히, 솔직히

228

close
[klouz]

·**closing** n 폐쇄 a 마지막의
·**closure** n 폐쇄, 종료

v 닫다, 폐업하다, 끝내다   **a** 가까운, 친한, 거의 …할 것 같은
ad 가까이   **n** 끝, 결과

Because they think I'm getting too **close** to you.
왜냐하면 그들은 내가 당신과 너무 가까워지고 있다고 생각하기 때문이에요.

229

hour
[auər]

·**hourly** a 매 시간의 ad 매 시

n 시간, 한 시간

I'll stay a couple more **hours**.
나는 몇 시간 더 머물 거야.

230

today
[tədéi]

n **ad** 오늘, 현재

Are you gonna be able to go to work **today**?
너 오늘 일하러 갈 수 있겠니?

231

hard
[ha:rd]

·**hardly** ad 거의 …아니다
·**harden** v 굳다, 굳히다

a 어려운, 힘든, 단단한, 굳은   **ad** 열심히, 세게

The end of a relationship is **hard** for anyone.
관계의 끝은 누구에게나 힘들다.

232

problem
[prábləm]

n 문제   **a** 문제의

Everybody has **problems**.
누구에게나 문제는 있다.

233

hope
[houp]

v 바라다, 희망하다, 기대하다   **n** 희망, 기대

Let's **hope** it doesn't come to that. 그 일이 그렇게 되지 않기를 바라자.

·**hopefully** ad 바라건대   ·**hopeless** a 가망 없는   ·**hopeful** a 기대하는

234

deal
[di:l]

v 다루다, 거래하다, 처리하다   **n** 거래, 합의, 대우, 일

I didn't think it'd be a big **deal**. 나는 그것이 큰일이 되리라 생각하지 않았다.

·**dealing** n 거래   ·**dealer** n 딜러, 대리인, 마약 밀매자

235

car
[kɑːr]

n 차, 승용차, 자동차

It'll be in the **car**, where you always leave it.
그것은 당신이 항상 두고 가는 차 안에 있을 거예요.

236

second
[sékənd]

a 두 번째의, 둘째의　**ad** 둘째로　**n** 초, 잠깐

I'll be with you in a **second**.　잠시 후에 너와 있을게.

·**sec** **n** 초, 잠깐　·**secondary** **a** 이차적인, 중등 학교의　·**secondly** **ad** 두 번째로

237

change
[tʃeindʒ]

v 변하다, 바꾸다, 교환하다, 갈아타다　**n** 변화, 변경, 교환, 잔돈

Hey, do you realize that we may have just **changed** our lives forever?
이봐, 우리가 방금 우리 삶을 영원히 바꿨을지도 모른다는 것을 알고 있니?

·**changer** **n** 바꾸는 사람[것]

238

lie
[lai]

v 눕다, 놓여 있다, 있다, 거짓말하다　**n** 거짓말

I **lied** to you about him, too.
나도 그에 대해 너한테 거짓말을 했어.

·**liar** **n** 거짓말쟁이

239

brother
[brʌðər]

n 형, 형제 (형제 같은 사람), 오빠, 남동생, 수도사, 친구, 형씨　**int** 맙소사

I have to take care of my **brother**.
나는 내 형[오빠, 남동생]을 돌봐야 한다.

·**bro** **n** 친구, 형, 형제, 동료　·**brotherhood** **n** 형제간, 형제애

240

play
[plei]

v 놀다, 게임하다, 연주하다, 배역을 맡다, 역할을 하다　**n** 놀이, 연극

Is that really how you want to **play** this?
그게 정말 네가 원하는 거야? (정말 그런 식으로 나올 거야?)

·**player** **n** 선수, 연주자　·**playful** **a** 장난스러운

241

check
[tʃek]

·**checker**
n 확인하는 사람, 현금 출납원

v 점검하다, 확인하다, 억누르다, 맡기다, 수표를 발행하다
n 점검, 확인, 수표, 계산서, 조사, 억제, 체크 무늬, (체스의) 장군

I just wanna **check** something.
그냥 뭔가 확인 좀 하고 싶어.

242

together
[təɡéðər]

ad 함께, 같이

You and I can never be **together** that way.
너와 나는 절대 그런 식으로 함께 있을 수 없어.

243
already
[ɔːlrédi]

`ad` 이미, 벌써

She's gotten 100 signatures **already**.
그녀는 이미 100개의 서명을 받았다.

244
mind
[maind]

`n` 마음, 생각, 정신 `v` 언짢게 여기다, 신경 쓰다, 조심하다

Out of sight, out of **mind**, right?
눈에서 멀어지면, 마음에서도 멀어져, 그렇지?

245
fun
[fʌn]
· **funny** `a` 재미있는, 이상한

`n` 재미, 장난 `a` 재미있는

Have **fun**!
재미있게 보내!

246
watch
[watʃ]
· **watcher** `n` 경비원

`v` 보다, 감시하다, 조심하다 `n` 시계, 감시, 불침번

You **watch** all of that?
너는 그걸 다 봤니?

247
walk
[wɔːk]
· **walker** `n` 걷는 사람

`v` 걷다, 산책하다 `n` 걷기, 산책

I can **walk** there all by myself.
나는 혼자서 그곳을 걸을 수 있다.

248
ago
[əgóu]

`ad` …전에

Where was she two years **ago**?
2년 전에 그녀는 어디에 있었니?

249
send
[send]
· **sender** `n` 발송자

`v` 보내다, 전하다

They're **sending** a message.
그들은 메시지를 보내고 있다.

250
question
[kwéstʃən]
· **questionable** `a` 의심스러운 · **questionnaire** `n` 설문지

`n` 질문, 의문, 문제 `v` 질문하다, 심문하다, 의심하다

I have a **question** for you. 당신에게 질문이 하나 있어요.

WEEK 01
WEEK 02
WEEK 03
WEEK 04
WEEK 05
WEEK 06
WEEK 07
WEEK 08

1 아래 영단어의 한글 뜻과 한글 뜻에 해당하는 영단어를 써 보세요.

영단어	한글 뜻
miss 204	
personal 208	
guess 215	
course 217	
hardly 231	
hopeless 233	
lie 238	
brotherhood 239	
check 241	
question 250	

한글 뜻	영단어
ⓝ 살인자 206	
ⓝ 성격, 개성 208	
ⓝ 모성 209	
ⓐ 이상적인 ⓝ 이상 213	
ⓝ 방, 공간, 여지 225	
ⓝ ⓐ 오늘, 현재 230	
ⓐ 이차적인, 중등 학교의 236	
ⓐ 함께, 같이 242	
ⓐ 이미, 벌써 243	
ⓝ 설문지 250	

2 아래 영문을 해석하세요.

Did I miss anything? 204 _____

I'll stay a couple more hours. 229 _____

Out of sight, out of mind, right? 244 _____

3 아래 문장을 영작하세요.

그녀는 내 어머니도 돌보았다. 209 _____

나는 그것이 좋은 생각 같지 않아. 213 _____

당신에게 질문이 하나 있어요. 250 _____

알아두면 좋은
동사의 불규칙 변화

- 동사의 과거, 과거분사 기본 규칙: 기본형＋ed (y로 끝나는 경우 y를 없애고 ied)
- 아래는 TOP 1000 단어 중 불규칙적으로 변하는 동사 예제
- 과거, 과거분사가 불규칙적인 동사가 많으니, 품사가 동사인 경우 과거, 과거분사를 유추하고 스마트 인덱스로 확인해 보세요.

랭킹	기본형	과거형	과거분사
1	be (am, are, is)	was, were	been
8	do	did	done
14	have	had	had
20	get	got	gotten
21	know	knew	known
26	go	went	gone
38	think	thought	thought
46	say	said	said
49	come	came	come
53	see	saw	seen
56	tell	told	told
59	make	made	made
60	take	took	taken
68	let	let	let
75	mean	meant	meant
80	find	found	found
83	give	gave	given
110	feel	felt	felt
114	keep	kept	kept
122	hear	heard	heard
125	put	put	put
132	win	won	won
148	meet	met	met
149	run	ran	run
150	leave	left	left
176	lose	lost	lost
179	bring	brought	brought
181	show	showed	shown
199	hold	held	held
203	understand	understood	understood
211	speak	spoke	spoken
238	lie	lay	lain
249	send	sent	sent
251	break	broke	broken
262	drink	drank	drunk
277	pay	paid	paid
284	fight	fought	fought

랭킹	기본형	과거형	과거분사
290	sit	sat	sat
294	hurt	hurt	hurt
300	choose	chose	chosen
307	sleep	slept	slept
309	stand	stood	stood
316	hit	hit	hit
317	drive	drove	driven
319	buy	bought	bought
330	forget	forgot	forgotten
338	eat	ate	eaten
340	cut	cut	cut
344	write	wrote	written
348	read	read	read
349	lead	led	led
351	shut	shut	shut
354	fall	fell	fallen
355	build	built	built
368	catch	caught	caught
379	spend	spent	spent
381	sell	sold	sold
389	hang	hung	hung
390	wear	wore	worn
402	throw	threw	thrown
424	become	became	become
437	teach	taught	taught
447	hide	hid	hidden
463	sing	sang	sung
468	fly	flew	flown
469	grow	grew	grown
474	blow	blew	blown
509	wake	woke	woken
514	beat	beat	beaten
523	begin	began	begun
566	ride	rode	ridden
593	bet	bet	bet
699	forgive	forgave	forgiven
710	ring	rang	rung
781	draw	drew	drawn
791	lay	laid	laid
854	dig	dug	dug
887	tear	tore	torn
960	cost	cost	cost
997	freeze	froze	frozen

WEEK
02

WEEK 01
WEEK 02
WEEK 03
WEEK 04
WEEK 05
WEEK 06
WEEK 07
WEEK 08

DAY 06

아주 잘하고 있어요
Top 251~300

251

break
[breik]

Ⓥ 깨다, 부수다, 고장나다, 어기다, 파산하다, 쉬다　ⓝ 휴식, 중단

Because of you, he just **broke** up with me.
너 때문에 그는 방금 나와 헤어졌어.

· **broken** ⓐ고장난, 부러진　· **broke** ⓐ파산한, 무일푼의　· **breaker** ⓝ파괴자, 브레이커

252

week
[wi:k]

ⓝ 주, 일주일

We're fully booked next **week**.
우리는 다음 주 예약이 꽉 찼습니다.

· **weekly**
ⓐ매주의 ⓐⓓ주마다 ⓝ주간지

253

plan
[plæn]

Ⓥ 계획하다, 구상하다　ⓝ 계획, 구상, 설계도

When the time comes, no one will be able to stop our **plan**.
때가 되면 아무도 우리의 계획을 멈출 수 없을 것이다.

· **planning** ⓝ계획, 입안
· **planner** ⓝ계획자, 설계자

254

wanna
[wánə]

Ⓥ 원하다, want to나 want a의 단축형

I **wanna** do this. I do. But not here.
이걸 하고 싶어. 정말이야. 그렇지만 여기서는 아냐.

255

pretty
[príti]

ⓐⓓ 꽤, 아주　ⓐ 예쁜, 상당한

It looks **pretty** good.　그것은 꽤 좋아 보이네요.

256

gotta
[gátə]

Ⓥ 해야 된다, have got to나 have got a의 단축형

I **gotta** go to work, but you wanna get some dinner later?
나는 일하러 가야 되는데, 나중에 저녁 먹을래?

257

whole
[houl]

ⓐ 전체의, 모든　ⓝ 전체, 전부　ⓐⓓ 완전히

I want the **whole** truth.　나는 있는 그대로의 사실을 원해.

WEEK 01
WEEK 02
WEEK 03
WEEK 04
WEEK 05
WEEK 06
WEEK 07
WEEK 08

258

face
[feis]
·**facial** ⓐ얼굴의

ⓝ 얼굴, 표정, 표면 ⓥ 마주보다, 직면하다
I can't wait to see the look on her **face**.
나는 그녀의 표정을 너무 보고 싶어.

259

child
[tʃaild]

ⓝ 아이, 어린이, 자식
I'm not a **child** any more. 나는 더는 아이가 아니야.

·**children** ⓝchild의 복수형 ·**childhood** ⓝ어린 시절 ·**childish** ⓐ유치한

260

save
[seiv]
·**savior** ⓝ구조자, 구세주

ⓥ 구하다, 절약하다, 저축하다, 저장하다
Thank you for **saving** my life.
제 생명을 구해주셔서 고마워요.

261

suppose
[səpóuz]
·**supposedly** ⓐⓓ아마, 추정상

ⓥ 생각하다, 가정하다, 추측하다, 기대하다
I **suppose** you could do that.
네가 할 수 있을 것 같아.

262

drink
[driŋk]

ⓥ 마시다, 술을 마시다 ⓝ음료, 한 잔, 음주
I am giving up **drinking**. 저는 금주 중이에요.

·**drunk** ⓐ술 취한 ⓝ술꾼 ·**drunken** ⓐ술 취한 ·**drinker** ⓝ마시는 사람, 술꾼

263

world
[wəːrld]

ⓝ 세계, 세상
Then you know exactly what my **world** is like.
그럼 넌 내 세계가 어떤지 정확하게 알겠지.

264

until
[əntíl]

ⓟⓡⓔⓟ ⓒⓞⓝⓙ …까지
Some people never learn **until** their life is on the line.
어떤 사람들은 그들의 삶이 위험에 처하지 않으면 절대 배우지 않아.

＊ 흔한 경우는 아니지만, 이 문장에서 their lives 대신 their life가 쓰인 이유는 삶을
단일 개념으로 보기 때문임.

265

clear
[kliər]

ⓐ 맑은, 밝은, 분명한, 확실한 ⓥ 치우다, 맑아지다, 분명해지다
ⓐⓓ 분명히, 떨어져서
I gotta get out of here and **clear** my head.
나는 여기서 나가 머리를 맑게 해야겠어. (머리를 식혀야겠어.)

·**clearly** ⓐⓓ분명히 ·**clearance** ⓝ제거, 간격, 승인 ·**clarify** ⓥ명확하게 하다 ·**clarity** ⓝ명쾌함

51

WEEK 01
WEEK 02
WEEK 03
WEEK 04
WEEK 05
WEEK 06
WEEK 07
WEEK 08

266

while
[hwail]
·**whilst** [conj] =while

[conj] …동안에, …에 반하여 [n] 동안, 잠시

She'll make you feel like the greatest **while** you get her whatever she needs.

그녀에게 필요한 건 뭐든지 주는 동안 그녀는 너를 최고로 느끼게 해줄 거야.

267

hello
[helóu]

[int] 안녕, 여보세요, 어이, 어머 [n] 안부

Hello. How are you? 안녕하세요. 잘 지내요?

268

without
[wiðáut]

[prep] …없이

I don't know what I'm going to do **without** it.

나는 그거 없이 뭘 해야 할지 모르겠어.

269

everyone
[évriwʌn]

[pron] 모든 사람, 모두

Everyone said it wouldn't last and it didn't.

모든 사람들이 그것이 지속되지 않을 것이라고 말했고 그것은 지속되지 않았다.

270

anyone
[éniwʌn]

[pron] 누구, 아무, 누구나, 아무도, 중요한 인물

Hello? Is **anyone** there?

여보세요? 거기 누구 있어요?

271

exactly
[igzǽktli]
·**exact** [a] 정확한, 정밀한

[ad] 정확하게, 꼭

Tell me **exactly** what happened.

정확히 무슨 일이 있었는지 말해 봐.

272

happy
[hǽpi]
·**happiness** [n] 행복, 기쁨

[a] 행복한, 기쁜

Are you **happy**?

당신은 행복한가요?

273

point
[pɔint]
·**pointless** [a] 무의미한, 무딘 ·**pointy** [a] 끝이 뾰족한 ·**pointer** [n] 가르키는 사람[것]

[n] 점, 요점, 끝, 시점, 주장, 점수, 지점 [v] 가르키다, 지적하다

That's not the **point**! 그게 요점이 아니야!

274

sound
[saund]

[n] 소리, 음 [v] 소리를 내다, …처럼 들리다 [a] 건강한, 견실한

Do you know how childish you **sound** right now?

지금 네가 얼마나 유치하게 들리는지 알아?

part
[pɑːrt]

ⁿ 부분, 일부, 부품, 지역 ᵛ 헤어지다, 떼어놓다 ᵃᵈ 어느 정도

I want to be a **part** of this family. 나는 이 가족의 일원이 되고 싶어.

· **partial** ⓐ 부분적인 · **partially** ⓐᵈ 부분적으로 · **partly** ⓐᵈ 부분적으로, 어느 정도

ready
[rédi]

ⓐ 준비된 ᵛ 준비하다 ⁿ 현찰

Now, are you **ready** to answer a few questions?
이제 당신은 몇 가지 질문에 답할 준비가 되셨습니까?

pay
[pei]

ᵛ 지불하다, 대가를 치르다 ⁿ 임금, 보수

You **pay** her $300 a week. That's $15,000 a year.
당신은 그녀에게 일주일에 300달러를 지급해요. 1년이면 15,000달러죠.

· **payment** ⁿ 지불, 지급

yet
[jet]

ᵃᵈ 아직 ᶜᵒⁿʲ 그렇지만

If you're not there **yet**, I'm willing to wait.
당신이 아직 거기 안 계시면, 저는 기꺼이 기다리겠습니다.

morning
[mɔ́ːrniŋ]

ⁿ 아침, 새벽, 오전

Why are you here at 6:00 in the **morning**?
아침 6시에 왜 여기에 있니?

sex
[seks]

ⁿ 성, 성별, 섹스

What's the **sexiest** name? 가장 섹시한 이름은 무엇인가요?

· **sexual** ⓐ 성적인, 성행위의 · **sexy** ⓐ 섹시한 · **sexuality** ⁿ 성별, 성적 취향 · **sexist** ⁿ 성차별주의자

blood
[blʌd]

ⁿ 피, 혈액, 혈통

It looks like **blood**. 그것은 피처럼 보여.

· **bleed** ⓥ 피를 흘리다 · **bloody** ⓐ 빌어먹을, 지랄 같은, 유혈의

once
[wʌns]

ᵃᵈ 한 번, 한때, 한번도 ᶜᵒⁿʲ …하자마자 ⁿ 한 번

Do you only come **once** a week?
당신은 일주일에 한 번만 오나요?

word
[wəːrd]

ⁿ 단어, 말, 약속, 가사 ᵛ 말로 표현하다

I don't believe a **word** that has come out of your mouth.
네 입에서 나온 말은 하나도 안 믿어.

WEEK 01 WEEK 02 WEEK 03 WEEK 04 WEEK 05 WEEK 06 WEEK 07 WEEK 08

WEEK 01
WEEK 02
WEEK 03
WEEK 04
WEEK 05
WEEK 06
WEEK 07
WEEK 08

284

fight
[fait]

·**fighter** n전사, 전투기

v 싸우다, 겨루다 n 싸움, 전투

Because you don't know, in your heart, what you're **fighting** for.
왜냐하면 너는 네가 무엇을 위해 싸우고 있는지 마음속으로는 알지 못하기 때문이야.

285

few
[fju:]

a 몇몇의, 약간의, 거의 없는 pron 소수, 약간

I'm coming back in a **few** days.
나는 며칠 후에 돌아올 거야.

286

worry
[wə́:ri]

v 걱정하다, 불안하게 만들다 n 걱정, 우려

Don't **worry** about it. 그것에 대해 걱정하지 마.

287

wife
[waif]

·**wives** n wife의 복수형

n 아내, 주부

I'm not taking my **wife**'s money.
나는 아내 돈을 받지 않을 거야.

288

probably
[prábəbli]

ad 아마

Yeah, it **probably** is. 그래, 아마도 그럴 거야.

·**probable** a그럴듯한, 있음직한   ·**probability** n개연성, 확률

289

office
[ɔ́:fis]

n 사무실, 사무소, 직무

Come to my **office** as soon as you're done, okay?
끝나는 대로 내 사무실로 와, 알았지?

·**official** a공적인 n공무원   ·**officially** ad공식적으로

290

sit
[sit]

·**sitter** n착석자, 베이비 시터

v 앉다, 위치하다

I just need to **sit** here for a minute.
저는 여기 잠깐 앉아 있기만 하면 돼요.

291

seem
[si:m]

·**seemingly** ad겉보기에는

v …인 것 같다, 여겨지다

You **seem** anxious.
당신은 불안해 보여요.

292

since
[sins]

prep …이후 conj …한 이후로, …때문에 ad 그 후

I have loved you **since** I was 16.
나는 16살 때부터 너를 사랑했어.

293

marry
[mǽri]

v 결혼하다, 결합시키다

How long have you been **married**?
결혼하신 지 얼마나 되셨어요?

· **marriage** n 결혼 · **married** a 기혼의 v marry의 과거, 과거분사

294

hurt
[həːrt]

v 다치다, 해치다, 아프다 **a** 다친 **n** 상처

I didn't say it to **hurt** you.
네게 상처 주려고 한 말은 아냐.

· **hurtful** a 고통을 주는, 유해한

295

matter
[mǽtər]

n 문제, 사건, 사태, 물질 **v** 중요하다

What's the **matter** with you? 무슨 문제 있어요?

296

act
[ækt]

n 행동, 행위, 법률 **v** 행동하다, 연기하다, 가장하다

He had to stop **acting** like a kid. 그는 아이처럼 행동하는 것을 그만두어야 했다.

· **action** n 행동, 조치, 소송, 전투 · **activity** n 활동 · **active** a 활동적인 · **actor** n 배우
· **activate** v 활성화시키다 · **actress** n 여배우 · **activist** n 활동가

297

many
[méni]

a 많은, 여러, 다양한 **pron** 다수

Maybe I should stop asking so **many** questions.
아마 나는 그렇게 많은 질문을 하는 것을 그만두어야 할 것 같아.

298

whatever
[hwʌtévər]

pron 무엇이든 **a** 어떤 …일지라도 **ad** 전혀, 어떻든지

I need you to do **whatever** you can to help me find her.
내가 그녀를 찾을 수 있도록 네가 할 수 있는 일이면 뭐든지 해줬으면 해.

· **whatsoever**
 a =whatever의 강조형

299

city
[síti]

n 도시, 시

There's no way you can make it to the **city** in a half hour.
당신이 30분 안에 도시로 갈 수 있는 방법은 없어요.

· **citizen** n 시민, 주민 · **civilian** n 민간인 a 일반인의 · **civil** a 시민의, 민간의 · **civilization** n 문명
· **civilize** v 문명화하다 · **citizenship** n 시민권

300

choose
[tʃuːz]

v 선택하다, 고르다, 선출하다

I've never asked you to **choose** between your kids and me.
난 너에게 네 아이들과 나 사이에서 고르라고 한 적이 결코 없어.

· **choice** n 선택, 선택권

WEEK 01
WEEK 02
WEEK 03
WEEK 04
WEEK 05
WEEK 06
WEEK 07
WEEK 08

1 아래 영단어의 한글 뜻과 한글 뜻에 해당하는 영단어를 써 보세요.

영단어	한글 뜻
broke 251	
weekly 252	
gotta 256	
whole 257	
childish 259	
until 264	
sexuality 280	
bleed 281	
probability 288	
choice 300	

한글 뜻	영단어
ⓝ 구조자, 구세주 260	
ⓥ 명확하게 하다 265	
pron 누구나, 아무도 270	
ⓝ 지불, 지급 277	
ⓝ 성 차별주의자 280	
ⓝ 아내, 주부 287	
ⓥ …인 것 같다, 여겨지다 291	
ⓝ 결혼 293	
ⓝ 여배우 296	
ⓝ 시민, 주민 299	

2 아래 영문을 해석하세요.

When the time comes, no one will be able to stop our plan. 253

I can't wait to see the look on her face. 258

What's the matter with you? 295

3 아래 문장을 영작하세요.

우리는 다음 주 예약이 꽉 찼습니다. 252

나는 이 가족의 일원이 되고 싶어. 275

당신은 불안해 보여요. 291

DAY 07

오늘도 훌륭하네요
Top 301~350

DAY07.mp3

WEEK 01

WEEK 02

WEEK 03

WEEK 04

WEEK 05

WEEK 06

WEEK 07

WEEK 08

301

month
[mʌnθ]

ⓝ 달, 개월
She hasn't said anything to anyone for **months**.
그녀는 몇 달 동안 아무에게도 아무 말도 하지 않았다.

·**monthly** ⓐ매월의 ⓝ월간지

302

school
[sku:l]

ⓝ 학교, 학부, 학파 ⓥ 훈련하다
We were supposed to walk to **school** together.
우리는 학교에 함께 걸어가기로 했었다.

303

different
[dífərənt]

ⓐ 다른, 별개의, 색다른
How is it **different**? 그게 어떻게 다른데요?

·**difference** ⓝ차이, 다름 ·**differently** ⓐd다르게 ·**differential** ⓐ차별적인 ⓝ차이
·**differ** ⓥ다르다 ·**differentiate** ⓥ구별하다, 차별하다

304

eye
[ai]

ⓝ 눈, 시각, 시력 ⓥ 쳐다보다
So close your **eyes** and count to five. 눈을 감고 다섯까지 세세요.

305

trust
[trʌst]

ⓥ 신뢰하다, 믿다 ⓝ 신뢰, 신탁, 신용, 외상
He can't **trust** you unless you **trust** him.
당신이 그를 믿지 않으면 그도 당신을 믿을 수 없어요.

·**trustee** ⓝ피신탁인, 이사

306

high
[hai]

ⓐ 높은, 고위의 ⓐd 높게, 많이 ⓝ 높은 곳, 정점
This is like **high** school all over again. 이것은 마치 다시 고등학교 같아.

·**highly** ⓐd매우, 고도로 ·**height** ⓝ높이, 키 ·**highness** ⓝ높음, 고도, 전하

307

sleep
[sli:p]

ⓥ 자다 ⓝ 잠, 수면
But you do have to **sleep**, and that's an order.
그래도 너는 자야만 해, 그건 명령이야.

·**sleepy** ⓐ졸리는
·**sleeper** ⓝ자는 사람, 침대차

WEEK 01
WEEK 02
WEEK 03
WEEK 04
WEEK 05
WEEK 06
WEEK 07
WEEK 08

308

body
[bádi]

🄝 몸, 신체, 시체, 본체, 단체

The mind is part of the **body**. 마음은 몸의 일부분이다.

309

stand
[stænd]

·**stance** 🄝 입장, 자세

🅥 서다, 서 있다, 세우다, 참다 🄝 태도, 가판대, 스탠드

I was **standing** out there alone.

나는 그곳에 혼자 서 있었다.

310

easy
[íːzi]

·**easily** 🄰🄳 쉽게, 수월하게
·**ease** 🄝 쉬움 🅥 덜어주다

🄰 쉬운, 편안한

Am I that **easy** to read?

내가 그렇게 읽기 쉬워?

311

also
[ɔ́ːlsou]

🄰🄳 또한, 게다가

I **also** like the way those guys talk.

나도 그 사람들이 말하는 방식이 마음에 들어.

312

excuse
[ikskjúːz]

🄝 변명, 이유, 핑계 🅥 용서하다

Everybody has an **excuse**. 누구에게나 변명거리는 있다.

313

reason
[ríːzn]

🄝 원인, 이유, 이성, 근거 🅥 판단하다

You always tell me everything happens for a **reason**.

모든 일에는 그 일이 일어나는 이유가 있다고 넌 항상 내게 말하지.

·**reasonable** 🄰 합리적인   ·**reasoning** 🄝 추론   ·**reasonably** 🄰🄳 상당히, 합리적으로

314

fire
[faiər]

·**firing** 🄝 발사, 해고
·**fiery** 🄰 불같은

🄝 화재, 불, 발사 🅥 발사하다, 해고하다

The night of the **fire**, I saw somebody come out.

불이 난 날 밤, 나는 누군가가 나오는 것을 보았다.

315

law
[lɔː]

·**lawyer** 🄝 변호사, 법률가
·**lawful** 🄰 합법적인

🄝 법, 법률, 법칙, 규범

When it comes to love, there really is no **law**, is there?

사랑에 관해서라면 법칙이 정말 없지 않나요?

316

hit
[hit]

·**hitter** 🄝 치는 사람, 타자

🅥 때리다, 치다, 부딪치다, 맞다 🄝 타격, 충격, 히트

He might not have realized he **hit** me.

그가 나를 때렸다는 것을 그는 깨닫지 못했을지도 모른다.

317

drive
[draiv]
·**driver** n운전자

v 운전하다, 몰다, 움직이다, 만들다 n 운전, 드라이브
Do you always drink and **drive**?
당신은 항상 음주운전을 합니까?

318

pick
[pik]
·**picky** a까다로운

v 고르다, 선택하다, 따다, 꺽다 n 고르기, 선택
I hope we **picked** something that you like.
우리가 당신이 좋아하는 것을 골랐다면 좋겠어요.

319

buy
[bai]
·**buyer** n구매자

v 사다, 얻다, 믿다 n 구입, 잘 산 물건
I wanna **buy** you some new clothes.
나는 너에게 새 옷을 사주고 싶어.

320

tonight
[tənáit]

ad 오늘 밤에 n 오늘 밤
I need to see you **tonight**. 오늘 밤 너를 만나야 해.

321

stuff
[stʌf]
·**stuffy** a답답한

n 것, 일, 물건, 물질, 재료 v 채우다
What is all this **stuff**?
이게 다 뭐야?

322

damn
[dæm]
·**dang** int a damn의 완곡 표현

int 빌어먹을, 제기랄 a 빌어먹을 v 저주하다, 악평하다 n 저주, 매도
Damn it! I can't worry about the whole **damn** world. I'm not you.
제기랄! 난 이 빌어먹을 세상을 다 걱정할 수 없어. 난 네가 아니야.

323

date
[deit]
·**dating**
n데이트(하기), 날짜 기입

n 날짜, 약속, 데이트 v 날짜를 적다, 데이트하다
We've been **dating** for four months and I think that's too soon to meet her parents.
우린 4개월 째 데이트 중인데, 그녀의 부모님을 만나기에는 너무 이른 것 같아.

324

heart
[haːrt]
·**hearted** a···한 마음을 가진
·**heartless** a무정한

n 심장, 가슴, 마음
My **heart** is kind of broken too.
제 마음도 아픕니다.

325

safe
[seif]
·**safety** n안전
·**safely** ad안전하게

a 안전한, 무사한 n 금고
Don't worry, she's **safe**.
걱정하지 마, 그녀는 안전해.

WEEK 01
WEEK 02
WEEK 03
WEEK 04
WEEK 05
WEEK 06
WEEK 07
WEEK 08

WEEK 01

WEEK 02

WEEK 03

WEEK 04

WEEK 05

WEEK 06

WEEK 07

WEEK 08

326

business
[bíznis]

n 사업, 일, 장사

You're losing your **business** and you don't care?
네 사업이 망하고 있는데, 넌 신경 쓰지 않는다고?

327

soon
[su:n]

ad 곧, 빨리

Can you please call me as **soon** as you get this?
이것을 받는 대로 제게 전화 주시겠습니까?

328

story
[stɔ́:ri]

n 이야기, 기사

I've told the **story** three times. 나는 그 이야기를 세 번 말했어.

329

alone
[əlóun]

a ad 혼자, 홀로

Leave me **alone**. 날 내버려 둬.

330

forget
[fərgét]

·**forgetful** a 잘 잊어버리는

v 잊다, 잊어버리다

Let's just **forget** about it.
그냥 잊어버리자.

331

set
[set]

·**setting** n 환경, 배경

v 놓다, 설정하다, 정하다 n 세트, 한 벌 a 정해진, 자리한

I **set** up the meeting with the guy you asked.
당신이 부탁한 사람과 회의를 준비했어요.

332

decide
[disáid]

·**decision** n 결정, 판단
·**decisive** a 결정적인, 단호한

v 결정하다, 판결하다

I haven't **decided** yet.
아직 결정하지 않았어.

333

hate
[heit]

v 싫어하다, 미워하다 n 증오

Men will want you. Women will **hate** you.
남자들은 당신을 원할 거고, 여자들은 널 싫어할 거야.

·**hatred** n 증오, 혐오   ·**hater** n 혐오자   ·**hateful** a 혐오스러운

334

figure
[fígjər]

n 수치, 인물, 형태, 숫자, 몸매, 계산, 그림 v 생각하다, 계산하다

We'll **figure** it out. 우리가 알아낼 거야.

WEEK 01
WEEK 02
WEEK 03
WEEK 04
WEEK 05
WEEK 06
WEEK 07
WEEK 08

335

under
[ʌndər]

`prep` …아래에, …미만의, …에 따르면, 중인
`ad` 아래에, 미만으로   `a` 아래의

Yes, that's why I'm **under** the table.
네, 그게 제가 테이블 아래에 있는 이유예요.

336

far
[faːr]

`ad` 멀리, 훨씬   `a` 저 쪽의, 먼

Go as **far** away from the school as possible.
학교에서 최대한 멀리 가.

·**further** `ad`(공간, 시간상으로) 더 멀리 `a`더 먼, 그 이상의 (far의 비교급)   ·**farther** `ad`(거리상으로) 더 멀리 `a`더 먼 (far의 비교급)
·**furthest** `ad`(공간 시간상으로) 가장 멀리 `a`가장 먼 (far의 최상급)

337

chance
[tʃæns]

`n` 기회, 가능성, 위험, 우연   `v` 우연히 하다, 운에 맡기다

Is this really our last **chance**?
이게 정말 우리의 마지막 기회야?

338

eat
[iːt]
·**eater** `n`먹는 사람

`v` 먹다, 식사하다

What time do you wanna **eat**?
몇 시에 먹고 싶어?

339

serious
[síəriəs]
·**seriously**
`ad`심각하게, 진지하게

`a` 심각한, 진지한, 중대한

Are you **serious**?
진심이에요?

340

cut
[kʌt]
·**cutter** `n`자르는 사람[것]

`v` 자르다, 베다, 줄이다   `n` 상처, 삭감, 못

You cannot just **cut** her out of your life.
그녀를 너의 삶에서 그냥 제외시킬 순 없어.

341

number
[nʌmbər]
·**numerous** `a`수많은, 다수의

`n` 수, 숫자, 번호   `v` 세다, 번호를 매기다

Can I at least get your phone **number** or your last name?
적어도 제가 당신의 전화번호나 이름[성]을 알 수 있을까요?

342

party
[páːrti]

`n` 파티, 정당, 단체, 당사자   `v` 파티를 하다

Fine. You can throw any kind of **party** you want.
좋아. 너는 네가 원하는 어떤 파티라도 열 수 있어.

343

sign
[sain]

V 서명하다, 계약하다, 신호를 보내다　N 조짐, 신호, 표시, 표지판, 간판

You should **sign** that.

당신은 그것에 서명해야 합니다.

·**signature** N 서명, 특징

344

write
[rait]

V 쓰다, 편지하다

Is there anything you guys want me to **write**?

제가 썼으면 하는 뭔가가 있나요?

·**written** a 서면으로 된 V write의 과거분사　·**writer** N 작가, 필자

345

answer
[ǽnsər]

V 대답하다　N 대답, 해답

You haven't **answered** my question.

넌 내 질문에 아직 대답하지 않았어.

346

each
[i:tʃ]

a 각자의　pron 각자

We don't like **each** other, but we make **each** other better.

우리는 서로를 좋아하지 않지만, 서로를 더 좋게 만든다.

347

order
[ɔ́:rdər]

V 명령하다, 주문하다　N 순서, 질서, 명령, 주문

Do you know how we **order**?

·**orderly** a 정돈된, 질서 있는

우리가 어떻게 주문하는지 아세요?

348

read
[ri:d]

V 읽다

I'm not able to **read** their minds.

·**reader** N 독자

나는 그들의 마음을 읽을 수 없어.

349

lead
[li:d]

V 이끌다, 안내하다　N 선두, 단서, 납

But if I said that to her, it would only **lead** to a fight.

·**leader** N 리더, 지도자
·**leadership** N 리더십, 지도력

하지만 내가 그녀에게 그렇게 말한다면, 그것은 싸움으로 이어질 뿐이다.

350

promise
[prámis]

V 약속하다, 가망이 있다　N 약속, 조짐

She's safe with me. I **promise**.

·**promising** a 유망한

그녀는 나와 있으면 안전해. 약속할게.

1 아래 영단어의 한글 뜻과 한글 뜻에 해당하는 영단어를 써 보세요.

영단어	한글 뜻		한글 뜻	영단어
differential 303			ⓐ 다른, 별개의, 색다른 303	
stance 309			ⓝ 높이, 키 306	
excuse 312			ⓐ 졸리는 307	
picky 318			ⓐ 쉬운, 편안한 310	
heartless 324			ⓝ 변호사, 법률가 315	
safe 325			ⓝ 운전자 317	
forget 330			ⓝ 증오, 혐오 333	
signature 343			ⓐ 심각한, 중대한 339	
order 347			ⓝ 작가, 필자 344	
leader 349			ⓥ 읽다 348	

2 아래 영문을 해석하세요.

So close your eyes and count to five. 304 _____

When it comes to love, there really is no law, is there? 315 _____

Is there anything you guys want me to write? 344 _____

3 아래 문장을 영작하세요.

그게 어떻게 다른데요? 303 _____

오늘 밤 너를 만나야 해. 320 _____

이게 정말 우리의 마지막 기회야? 337 _____

DAY 08

언어 공부는 습관이 중요해요
Top 351~400

351

shut
[ʃʌt]

Ⓥ (문을) 닫다, (눈을) 감다, (책을) 덮다, 폐쇄하다　ⓐ 닫힌, 덮인, 감긴

Shut up. I'm taking you home.
입 닥쳐. 나는 널 집에 데려갈 거야.

・**shutter** ⓝ 덧문, 셔터

352

crazy
[kréizi]

ⓐ 미친, 열광하는, 무분별한　ⓝ 괴짜, 미치광이

Don't make me feel like I'm **crazy**.
내가 미친 것처럼 느끼게 하지 마.

・**craze** ⓝ 대유행 Ⓥ 미치게 하다

353

shoot
[ʃuːt]

Ⓥ 쏘다, 발사하다, 던지다, 촬영하다, 슛하다　ⓝ 발사, 사격　ⓘⓝⓣ 제기랄

Hands up or I'll **shoot** you down!　손 들어. 아니면 널 쏠 거야!

・**shot** ⓝ 발포, 발사, 총성, 포성, 한 모금 Ⓥ shoot의 과거, 과거분사　・**shooter** ⓝ 사수, 쏘는 사람, 총

354

fall
[fɔːl]

Ⓥ 떨어지다, 내리다, 빠지다, 넘어지다, 무너지다

ⓝ 가을, 폭포, 떨어짐, 하락, 몰락

You need to decide which way you're going to **fall**.
어느 쪽으로 넘어질지[떨어질지] 네가 결정해야 해.

355

build
[bild]

Ⓥ 짓다, 건설하다, 건축하다, 만들다　ⓝ 체격

I want him out of the **building**.
나는 그가 건물 밖으로 나가길 원해.

・**building** ⓝ 건물, 빌딩, 건축
・**builder** ⓝ 건축업자

356

pull
[pul]

Ⓥ 끌다, 당기다, 뽑다　ⓝ 끌기, 당기기

Where do you want me to **pull** over?　어디서 차를 세워 드릴까요?

357

daughter
[dɔ́ːtər]

ⓝ 딸

My baby **daughter** almost died two days ago.
내 딸아이가 이틀 전에 거의 죽을 뻔했어.

358

state
[steit]
·**statement**
ⓝ성명, 진술, 명세서

ⓝ 상태, 국가, 정부, 주　ⓥ 말하다, 진술하다　ⓐ 국가의
You know I can't do that while you're in this **state**.
네가 이 상태에 있을 때 내가 그렇게 할 수 없다는 것을 너는 알잖아.

359

tomorrow
[təmɔ́:rou]

ⓐⓓ 내일　ⓝ 내일, 미래
You have a big day **tomorrow**.　내일은 너에게 중요한 날이야.

360

power
[páuər]
·**powerful** ⓐ강력한, 유력한
·**powerless** ⓐ무력한

ⓝ 힘, 권력, 정권, 전기　ⓥ 동력을 공급하다
But all they really wanted was more **power**.
하지만 그들이 정말로 원했던 것은 더 많은 권력이었다.

361

lucky
[lʌki]
·**luck** ⓝ행운, 운수

ⓐ 운이 좋은, 행운의, 다행한
God! You don't know how **lucky** you are to be chosen for this.
세상에! 당신이 이것에 선택된 게 얼마나 행운인지 모르는군요.

362

protect
[prətékt]

ⓥ 보호하다, 지키다
What makes you think I can **protect** you?
내가 널 보호할 수 있다고 생각하는 이유가 뭐야?

·**protection** ⓝ보호, 보호료　·**protective** ⓐ보호하는, 방어적인　·**protector** ⓝ보호자

363

inside
[ìnsáid]
·**insider** ⓝ내부자

ⓝ 안, 내부　ⓐ 안의, 내부의　ⓐⓓ 안으로, 안에　prep ···안에, 이내에
Come on, brother. Let's go **inside**.
어서, 형제야. 우리 안으로 들어 가자.

364

bit
[bit]

ⓝ 조금, 약간　ⓥ bite의 과거, 과거분사
This might help you understand them a little **bit**.
이게 네가 그들을 이해하는데 조금 도움을 줄지도 몰라.

365

line
[lain]
·**linear** ⓐ선으로 된

ⓝ 선, 줄, 경계　ⓥ 선을 긋다, 줄을 서다
She's obviously way out of **line**.
그녀는 분명히 도가 지나쳤다.

366

lady
[léidi]

ⓝ 부인, 여성, 여자, 숙녀, 아가씨
Lady, put that thing down.　아가씨, 그거 내려놓으세요.

·**ladies** ⓝlady의 복수형, 여성용 화장실

367

everybody
[évribàdi]

pron 모두, 모든 사람들, 누구나, 여러분

Has **everybody** lost their minds?

다들 정신 나간 거야?

368

catch
[kætʃ]

· **catchy** ⓐ외우기 쉬운
· **catcher** ⓝ포수, 잡는 사람

v 잡다, 받다, 발견하다, 걸리다, 알아채다   **n** 잡기

Am I **catching** you at a bad time?

지금 통화 괜찮으세요?

＊ 직역: 제가 당신을 안 좋은 시간에 붙잡고 있나요?

369

side
[said]

n 옆, 쪽, 편, 측, 옆면, 측면

I'm on your **side**.　나는 네 편이야.

370

game
[geim]

n 게임. 시합, 경기

What about playing the **game**?

그 게임을 하는 건 어때?

371

somebody
[sʌmbádi]

pron 누군가, 어떤 사람   **n** 대단한 사람

Somebody help me!　누가 좀 도와주세요!

372

couple
[kʌpl]

n 둘, 커플, 부부, 두 사람, 두 개

v 짝지우다, 결합하다, 결혼하다, 성교하다

I just have a **couple** of questions.

저는 단지 몇 가지 질문이 있습니다.

373

ass
[æs]

n 엉덩이, 멍청이, 바보

Don't be an **ass**.　짜증나게 굴지 마. (멍청하게 굴지 마.)

374

husband
[hʌzbənd]

n 남편

I just want to know a little more about your **husband**.

저는 단지 당신 남편에 대해 좀 더 알고 싶어요.

375

sister
[sístər]

· **sis** ⓝ=sister
· **sisterhood** ⓝ자매애

n 여동생, 누나, 언니, 자매, 수녀

Well, it's the least I could do for my little **sister**.

글쎄, 그것이 내가 내 여동생을 위해 할 수 있는 최소한의 일이야.

WEEK 01
WEEK 02
WEEK 03
WEEK 04
WEEK 05
WEEK 06
WEEK 07
WEEK 08

376

serve
[sə:rv]

Ⓥ 제공하다, 차려주다, 시중을 들다, 섬기다, 봉사하다, 복무하다, 복역하다
Ⓝ 서브

I'm gonna **serve** something that I make.　내가 만든 걸 내놓을 거야.

·**service** Ⓝ서비스, 봉사, 근무 Ⓥ정비하다　·**server** Ⓝ종업원, 서버　·**servant** Ⓝ하인, 종업원, 부하, 공무원

377

free
[fri:]

ⓐ 자유로운, 무료의, 사용 중이 아닌　Ⓥ 석방하다, 풀어 주다

I was just wondering if you're **free** for dinner tonight.

·**freedom** Ⓝ자유, 해방, 면제　당신이 오늘 저녁 식사할 시간이 있는지 궁금해서요.

378

against
[əgénst]

prep …에 반대하여, …에 대비하여, …에 불리한, …에 기대어

I'm **against** it, off the record.　저는 비공식적으로 그것에 반대합니다.

379

spend
[spend]

Ⓥ 소비하다, 지출하다, 시간을 보내다　Ⓝ 비용

Were you gonna **spend** the night with him and not tell me?

나에게 말하지 않고 그 사람과 하룻밤을 함께 보낼 작정이었니?

380

anymore
[ènimɔ́:r]

ad 더는, 이제는, 지금은

I don't even know what this is **anymore**.

이게 뭔지조차 이제 더는 모르겠어.

381

sell
[sel]

Ⓥ 팔다, 매각하다, 매도하다, 판매하다

How much would they **sell** for?　그들은 얼마에 팔까요?

·**sale** Ⓝ판매, 매매, 매출　·**sales** ⓐ판매의 Ⓝsale의 복수형　·**seller** Ⓝ판매자

382

correct
[kərékt]

ⓐ 정확한, 옳은, 알맞은　Ⓥ 바로잡다, 정정하다

I believe that's **correct**.　나는 그것이 옳다고 믿어.

·**correction** Ⓝ수정, 정정, 교정　·**correctly** ad정확하게, 바르게　·**correctional** ⓐ교정의, 처벌의

383

either
[í:ðər]

ⓐ 어느 쪽의, 어느 …도　pron 어느 쪽　ad …도 또한

Either way, I won't do anything about it.

어느 쪽이든, 나는 그것에 대해 아무것도 하지 않을 거야.

384

able
[éibl]

ⓐ 할 수 있는, 재능 있는

I just want to be **able** to do what I want to do.

·**ability** Ⓝ능력, 재능　나는 단지 내가 하고 싶은 것을 할 수 있기를 원해.
·**enable** Ⓥ가능하게 하다

385

wonder
[wʌ́ndər]

·wonderful
ⓐ멋진, 훌륭한, 놀라운

Ⓥ 궁금하다, …일지 모르겠다, 감탄하다, 놀라다   Ⓝ 경탄, 경이

I keep **wondering** if it's better to know the truth.
나는 진실을 아는 것이 더 나은 건지 계속 궁금해.

386

interest
[íntərəst]

·interesting
ⓐ흥미로운, 재미있는

Ⓝ 관심, 흥미, 이자, 이익, 이해관계   Ⓥ 관심을 끌다

I thought you weren't **interested** in me.
네가 나에게 관심이 없다고 생각했어.

387

book
[buk]

·booking Ⓝ예약

Ⓝ 책, 도서   Ⓥ 예약하다

Do you have any **books** about making friends?
친구 만들기에 관한 책이 있나요?

388

follow
[fálou]

Ⓥ 따라가다, 추종하다, 뒤를 잇다, 뒤따르다

They can use that to **follow** his money.
그의 돈을 쫓기 위해 그들은 그것을 사용할 수 있다.

·following ⓐ그 다음의, 하기의 Ⓝ팬   **·follower** Ⓝ추종자, 팔로워

389

hang
[hæŋ]

·hanger Ⓝ옷걸이

Ⓥ 걸다, 매달다, 매달리다, 교수형에 처하다

Hang on a second.
잠시만 기다려.

390

wear
[wɛər]

Ⓥ 입다, 신다, 쓰다, 끼다, 착용하다, 닳다, 해지다   Ⓝ 의복, 착용, 마모

Why on earth are you **wearing** that?
넌 도대체 왜 그걸 입고 있는 거야?

391

cool
[ku:l]

·cooler
Ⓝ(음료수용) 냉장고, 쿨러

ⓐ 시원한, 멋진, 차분한, 냉담한   Ⓥ 식다, 식히다

How do you stay so calm and **cool**?
당신은 어떻게 그렇게 차분하고 침착할 수 있나요?

392

possible
[pásəbl]

ⓐ 가능한, 있을 수 있는   Ⓝ 가능성, 후보자

How is that **possible**? 어떻게 그것이 가능하죠?

·possibly ⓐⓓ아마, 가능한 대로, 도저히   **·possibility** Ⓝ가능성

393

music
[mjú:zik]
· **musical** a 음악의 n 뮤지컬
· **musician** n 뮤지션, 음악가

n 음악, 노래

I'm actually not that into **music**.
사실 전 음악을 그렇게 좋아하지 않아요.

394

team
[ti:m]

n 팀, 단체　v 팀을 짜다

We're on the same **team**! Okay! Okay!
우린 같은 팀이야! 좋아! 좋아!

395

rest
[rest]
· **restless** a 불안한, 쉬지 않는

n 나머지, 휴식　v 쉬다

I guess I just gotta pick one of these and take the **rest** of them back.
나는 이것들 중 하나를 고르고 나머지는 반환해야겠어요.

396

such
[sətʃ]

a 그런, 그러한, ···같은　ad 매우　pron 그러한 것[사람]

A young girl shouldn't be asking **such** questions.
어린 소녀가 그런 질문을 해서는 안 돼.

397

wish
[wiʃ]

v 바라다, 원하다　n 소원, 소망

I **wish** I'd known you better.
내가 너를 더 잘 알았더라면 좋았을 텐데.

＊ I'd는 I had 또는 I would의 축약형, 이 문장에서는 I had의 축약형.

398

moment
[móumənt]

n 순간, 잠시, 때, 시기

I hope this **moment** never ends.
이 순간이 절대 끝나지 않았으면 좋겠어.

· **momentum** n 탄력, 추진력, 기세　· **momentary** a 순간적인

399

anyway
[éniwèi]

ad 어쨌든, 게다가, 그래도, 그런데

Why you need this watch so bad, **anyway**?
그런데 왜 이 시계가 그렇게 절실하게 필요한 거죠?

400

bitch
[bitʃ]

n 암캐, 년, 계집, 화냥년　v 불평하다

You son of a **bitch**!
이 개XX야!

1 아래 영단어의 한글 뜻과 한글 뜻에 해당하는 영단어를 써 보세요.

영단어	한글 뜻	한글 뜻	영단어
shutter 351		n 건물, 빌딩, 건축 355	
daughter 357		v 보호하다, 지키다 362	
statement 358		n 자매애 375	
lucky 361		n 하인, 종업원 376	
linear 365		n 자유, 해방, 면제 377	
against 378		n 수정, 정정, 교정 382	
interesting 386		n 능력, 재능 384	
possibility 392		n 책 v 예약하다 387	
moment 398		n 추종자, 팔로워 388	
bitch 400		n 나머지, 휴식 n 쉬다 395	

2 아래 영문을 해석하세요.

Hands up or I'll shoot you down! 353 _____

Has everybody lost their minds? 367 _____

Either way, I won't do anything about it. 383 _____

3 아래 문장을 영작하세요.

나는 네 편이야. 369 _____

친구 만들기에 관한 책이 있나요? 387 _____

내가 너를 더 잘 알았더라면 좋았을 텐데. 397 _____

DAY 09

당신은 정말 대단하네요
Top 401~450

WEEK 01
WEEK 02
WEEK 03
WEEK 04
WEEK 05
WEEK 06
WEEK 07
WEEK 08

DAY09.mp3

401

full
[ful]

ⓐ 가득한, 완전한, 모든, 많은, 배부른   ⓐⓓ 똑바로

I hope you're not too **full**, because dinner's almost ready.
저녁이 거의 다 되었으니 당신이 너무 배부르지 않았으면 좋겠네요.

· **fully** ⓐⓓ 완전히, 충분히

402

throw
[θrou]

ⓥ 던지다, 버리다, 파티를 열다   ⓝ 던지기, 투구, 사정 거리

Well, if you're gonna **throw** it away, I'll take it.
글쎄, 네가 그걸 버릴 거면 내가 가져갈게.

403

drop
[drap]

ⓥ 떨어지다, 떨어뜨리다, 그만두다   ⓝ 하락, 방울, 소량

Drop your weapons.   무기 버려.

404

scared
[skɛərd]

ⓐ 겁먹은, 무서워하는, 깜짝 놀란   ⓥ scare의 과거, 과거분사

Oh! Jesus, you **scared** me.   오! 맙소사, 너 때문에 놀랐잖아.

· **scare** ⓥ 겁주다, 겁먹다, 무서워하다, 놀라게 하다 ⓝ 불안, 공포   · **scary** ⓐ 무서운, 겁나는

405

important
[impɔ́ːrtənt]

ⓐ 중요한, 중대한, 유력한

This is all too **important** to make mistakes here.
여기서 실수를 하기에는 이 모든 것이 너무 중요해. (아주 중요해서 실수하면 안 돼.)

· **importance** ⓝ 중요성

406

clean
[kliːn]

ⓐ 깨끗한, 맑은   ⓥ 청소하다, 치우다, 닦다   ⓐⓓ 깨끗이, 완전히   ⓝ 청소

I'm just **cleaning** up.   저는 그냥 청소를 하고 있어요.

· **cleaner** ⓝ 청소부, 청소기, 세제   **cleaning** ⓝ 청소, 세탁

407

light
[lait]

ⓝ 빛, 광선, 조명   ⓐ 밝은, 가벼운   ⓥ 밝게 하다, 불을 붙이다

How do you travel faster than **light**?
당신은 어떻게 빛보다 더 빨리 여행하나요?

· **lighter** ⓝ 라이터, 거룻배   · **lightly** ⓐⓓ 가볍게, 약간   · **lighten** ⓥ 가볍게 해주다, 밝히다   · **enlighten** ⓥ 설명하다, 계몽하다

71

WEEK 01

WEEK 02

WEEK 03

WEEK 04

WEEK 05

WEEK 06

WEEK 07

WEEK 08

408

news
[nju:z]

n 소식, 뉴스

I got **news** for you. 너한테 알려줄 소식이 있어.

409

arm
[a:rm]

n 팔 v 무장하다

Look at your **arm**. 네 팔을 봐.

·**army** n 군대, 육군 ·**armory** n 무기고

410

perfect
[pə́:rfikt]

a 완벽한, 완전한 v 완벽하게 하다

Everything you're saying makes **perfect** sense.

·**perfectly** ad 완전히, 완벽하게   네가 하는 모든 말은 완벽하게 일리가 있어.
·**perfection** n 완전, 완벽

411

between
[bitwí:n]

prep 사이에, 중간에 ad 그 사이에

Maybe we can leave this **between** us for a few days?

이걸 며칠만 우리만 알고 있을 수 있을까요?

412

half
[hæf]

n 반, 절반, 전반 a 반의, 절반의 ad 반쯤

I've been dating him a week and a **half**.

·**halves** n half의 복수형   나는 일주일 반 동안 그와 데이트하는 중이다.

413

parent
[pέərənt]

n 부모

I just want to tell my **parents** I'm sorry.

·**parental** a 부모의   저는 단지 부모님께 죄송하다고 말하고 싶어요.

414

final
[fáinl]

a 마지막의, 최종의, 결정적인 n 결승전, 기말 시험

I am just so lucky to have been with her in her **final** moments.

그녀의 마지막 순간에 그녀와 함께 있었다는 것이 나에게는 정말 행운이다.

·**finally** ad 마침내, 마지막으로 ·**finale** n 피날레, 종국 ·**finalize** v 마무리짓다

415

record
n [rékərd] v [rikɔ́:rd]

n 기록, 음반 v 기록하다, 녹음하다

Could you, please, for the **record**, state your name?

·**recording** n 녹음, 녹화, 기록   기록을 위해 성함을 말씀해 주시겠습니까?
·**recorder** n 녹음기

＊ record는 명사일 때 1음절, 동사일 때 2음절에 강세가 있으므로 문맥에 따라 발음과 강
세 차이를 구분해 볼 것, 유사한 예로 suspect, contract, increase, insult 등의 단어
가 있음.

WEEK 01
WEEK 02
WEEK 03
WEEK 04
WEEK 05
WEEK 06
WEEK 07
WEEK 08

416

young
[jʌŋ]

a 어린, 젊은, 청년의

You know, 26 is still very **young**. 알잖아, 26세는 아직 매우 젊어.

·**youth** n 젊음, 어린 시절, 젊은이   ·**youthful** a 젊은, 젊은이의   ·**youngster** n 청소년, 아이

417

fact
[fækt]

n 사실, 실제

You have to face the **fact** that you're gonna lose her.
그녀를 잃을 거라는 사실을 너는 직시해야 해.

418

almost
[ɔ́:lmoust]

ad 거의

That's **almost** half our lives. 그것은 우리 삶의 거의 절반이야.

419

behind
[biháind]

ad 뒤에, 뒤져서   **prep** …의 뒤에   **a** 뒤의

The rest of us will be right **behind** you.
우리 중 나머지는 바로 네 뒤에 있을 거야.

420

report
[ripɔ́:rt]

v 보고하다, 신고하다, 발표하다, 보도하다   **n** 보고, 보고서, 보도

It's all there in the **report**.
그것은 모두 보고서에 있습니다.

·**reporter** n 기자, 리포터

421

beautiful
[bjú:təfəl]

a 아름다운, 멋진, 훌륭한

That's the **beauty** of this place.
그것이 이곳의 장점이죠.

·**beauty** n 아름다움, 미인, 장점

422

sense
[sens]

n 감각, 의식, 의미   **v** 느끼다, 감지하다

It just doesn't make any **sense**. 그것은 전혀 말이 안 돼요.

·**sensitive** a 민감한, 세심한, 감성적인   ·**sensor** n 감지기, 센서   ·**sensible** a 합리적인, 분별 있는
·**sensitivity** n 감수성, 민감성   ·**senseless** a 무의미한, 인사불성의

423

though
[ðou]

conj 비록 …일지라도, 그래도   **ad** 그렇지만, 하지만

I do wanna hear the end of that, **though**.
하지만 난 그것의 끝을 정말 듣고 싶어.

424

become
[bikʌm]

v …이 되다, …해지다, 적절하다, 어울리다

They **become** whatever they want.
그들은 그들이 원하는 무엇이든 됩니다.

WEEK 01

WEEK 02

WEEK 03

WEEK 04

WEEK 05

WEEK 06

WEEK 07

WEEK 08

425
control
[kəntróul]
·**controller** n 관리자, 제어 장치

v 제어하다, 지배하다, 통제하다, 조절하다 n 제어, 지배, 통제, 규제

You will soon find a great many things are out of your **control**. 너는 곧 아주 많은 것을 통제할 수 없다는 것을 알게 될 것이다.

426
sometimes
[sʌ́mtàimz]
·**sometime**
ad 언젠가, 이전에 a 이전의

ad 때때로, 가끔

Look, **sometimes** there are things you just gotta do, all right? 이봐, 가끔은 네가 그냥 해야만 하는 일들도 있는 거야, 알겠니?

427
alive
[əláiv]

a 살아 있는, 생생한, 생기 넘치는

No one knew you were **alive**. 아무도 네가 살아있는지 몰랐다.

428
patient
[péiʃənt]
·**patience** n 참을성, 끈기

n 환자 a 참을성 있는

How sick is the **patient**? 그 환자는 얼마나 아픈가요?

429
stupid
[stjúːpid]
·**stupidity** n 어리석음

a 어리석은, 멍청한 n 바보

Why? Do I look **stupid**? Not at all. 왜? 내가 멍청해 보여? 천만에.

430
agree
[əgríː]
·**agreement**
n 동의, 합의, 협정, 계약

v 동의하다, 합의가 되다, 일치하다, 승낙하다

We don't **agree** on everything, but we can **agree** on that. 우리는 모든 것에 다 동의하는 건 아니지만, 그것에는 동의할 수 있다.

431
relate
[riléit]

v 관련시키다, 연관되다, 이야기하다

How was your **relationship** with your dad? 네 아빠와의 관계는 어땠니?

·**relationship** n 관계, 연관성 ·**related** a 관련된 ·**relative** a 상대적인 n 친척 ·**relation** n 관계, 친척
·**relatively** ad 비교적, 상대적으로

432
test
[test]

n 시험, 검사, 실험, 테스트 v 시험[검사, 실험, 테스트]하다

Life was always a **test**. 인생은 항상 시험이었다.

433
secret
[síːkrit]

n 비밀, 기밀, 비결 a 비밀의, 은밀한

They knew that every family has its **secrets**.
그들은 모든 가족이 비밀을 가지고 있다는 것을 알고 있었다.

·**secretly** ad 비밀리에, 몰래 ·**secrecy** n 비밀, 은밀 ·**secretive** a 비밀스러운, 숨기는

434
town
[taun]

n 도시, 읍, 시내

It's on the other side of **town**. 그것은 시내 반대편에 있어요.

435
hot
[hat]

·**hottie** n 아주 섹시한 사람

a 더운, 뜨거운, 매운, 인기 있는

It's so **hot**! Aah!
너무 뜨거워! 아!

436
drug
[drʌg]

n 약, 약물, 마약 v 투약하다, 약을 섞다

Who gave her the **drugs**? 누가 그녀에게 약을 주었나요?

437
teach
[tiːtʃ]

·**teacher** n 교사, 선생

v 가르치다, 알려주다

If I can **teach** them, I can help them.
내가 그들을 가르칠 수 있다면, 나는 그들을 도울 수 있어.

438
white
[hwait]

a 흰, 하얀, 백인의 n 흰색, 백인

She said he was **white**. 그녀는 그가 백인이라고 말했다.

439
sweet
[swiːt]

a 달콤한, 맛좋은, 감미로운, 다정한 n 단맛, 사탕

Sweet dreams. 좋은 꿈 꿔.

·**sweetie** n 여보, 당신 (애정을 담은 호칭), 연인, 사탕

440
nobody
[nóubàdi]

pron 아무도 …않다 n 보잘 것 없는 사람

Nobody wants to do this. 아무도 이것을 하고 싶어하지 않는다.

441
dinner
[dínər]

·**dine** v 식사를 하다

n 저녁 식사, 식사, 정찬, 정식, 만찬

Dinner is on me.
저녁은 내가 살게.

WEEK 01

WEEK 02

WEEK 03

WEEK 04

WEEK 05

WEEK 06

WEEK 07

WEEK 08

442

human
[hjú:mən]

ⓐ 인간의, 인간적인 ⓝ 인간, 사람

So, are these people **human**? 그렇다면, 이 사람들은 인간일까요?

•**humanity** ⓝ인류, 인간성 •**humane** ⓐ인도적인

443

stick
[stik]

ⓥ 찌르다, 박다, 달라붙다, 붙이다, 고수하다 ⓝ 막대기, 지팡이, 스틱

We do need to **stick** together as a family on this.

•**sticky** ⓐ끈적거리는, 달라붙는 우리는 이것에 대해 가족으로서 함께할 필요가 있어.

444

learn
[lə:rn]

ⓥ 배우다, 학습하다, 알다

Where did you **learn** to do that?

•**learner** ⓝ학습자 너는 그걸 어디에서 배웠니?

445

breathe
[bri:ð]

ⓥ 호흡하다, 숨쉬다

No wonder she couldn't **breathe**.

•**breath** ⓝ호흡, 숨, 숨결 그녀가 숨을 쉴 수 없었던 것은 당연하다.

446

afraid
[əfréid]

ⓐ 두려운, 겁내는, 걱정하는, 불안한, 염려하는

The only way you're gonna do that is not to be **afraid**.

네가 그걸 할 수 있는 유일한 방법은 두려워하지 않는 거야.

447

hide
[haid]

ⓥ 숨기다, 숨다, 감추다, 은닉하다 ⓝ 은신처

I've got nothing to **hide**.

•**hidden** ⓐ숨겨진, 비밀의 나는 숨길 것이 아무것도 없어.

448

favor
[féivər]

ⓝ 호의, 친절, 은혜, 인기, 총애 ⓥ 호의를 보이다, 찬성하다, 은혜를 베풀다

Can you do me a **favor**? 부탁 하나만 들어줄래요?

•**favorite** ⓐ아주 좋아하는 ⓝ인기 있는 사람, 총아, 특히 좋아하는 것 •**favour** ⓝ=favor •**favourite** ⓐ=favorite

449

cover
[kʌvər]

ⓥ 덮다, 가리다, 다루다, 취재하다 ⓝ 덮개, 표지, 커버

I'm a mess. **Cover** your eyes.

•**coverage** ⓝ범위, 보도 나는 엉망이야. 눈을 감아.

450

base
[beis]

ⓝ 기초, 토대, 기반, 베이스 ⓥ 기초를 두다, 기지를 두다

It was **based** totally on lies. 그것은 전적으로 거짓말에 기반을 두고 있었다.

•**basically** ⓐⓓ 기본적으로, 근본적으로 •**basic** ⓐ기본적인, 기초적인 •**basis** ⓝ기초, 근거, 기준
•**bases** ⓝbasis, base의 복수형

1 아래 영단어의 한글 뜻과 한글 뜻에 해당하는 영단어를 써 보세요.

영단어	한글 뜻
drop 403	
half 412	
final 414	
reporter 420	
town 434	
hot 435	
human 442	
sticky 443	
favorite 448	
coverage 449	

한글 뜻	영단어
ⓐ 무서운, 겁나는 404	
ⓝ 팔 ⓥ 무장하다 409	
ⓝ 부모 413	
ⓐ 어린, 젊은, 청년의 416	
ⓝ 아름다움, 미인 421	
ⓐⓓ 때때로, 가끔 426	
ⓝ 관계, 친척 431	
ⓝ 교사, 선생 437	
ⓝ 호흡, 숨, 숨결 445	
ⓐ 숨겨진, 비밀의 447	

2 아래 영문을 해석하세요.

Oh! Jesus, you scared me. 404

They become whatever they want. 424

No wonder she couldn't breathe. 445

3 아래 문장을 영작하세요.

네 아빠와의 관계는 어땠니? 431

저녁은 내가 살게. 441

부탁 하나만 들어줄래요? 448

DAY 10

와, 벌써 10일째예요
Top 451~500

451

outside
[áutsáid]
•**outsider** ⓝ 외부인, 국외자

ⓐ 밖의, 외부의, 겉면의　ⓝ 밖, 바깥　ⓐⓓ 밖에, 바깥에　ⓟⓡⓔⓟ 곁에, 밖으로
Take it **outside**, open it there.
그걸 밖으로 가져가서 거기서 열어.

452

strong
[strɔːŋ]

ⓐ 강한, 강력한, 튼튼한
None of us are as **strong** as we want to be.
우리 중 누구도 우리가 원하는 만큼 강하지 않아.

•**strength** ⓝ 힘, 강점, 강도　•**strongly** ⓐⓓ 강하게, 강력히　•**strengthen** ⓥ 강화하다

453

front
[frʌnt]
•**frontier** ⓝ 국경, 경계, 최첨단

ⓝ 앞, 앞면, 앞쪽, 전선　ⓐ 앞의, 앞쪽의　ⓥ 향하다
Watch your mouth in **front** of my kids.
내 아이들 앞에서 말 조심해.

454

special
[spéʃəl]

ⓐ 특수한, 특별한, 전문의　ⓝ 특별한 것
This is a very **special** night for all of us.
이것은 우리 모두에게 매우 특별한 밤입니다.

•**specialist** ⓝ 전문가, 전문의　•**specialty** ⓝ 전문, 전공, 특제품　•**specialize** ⓥ 전문화하다, 전공하다

455

prove
[pruːv]
•**proof** ⓝ 증명, 증거, 입증

ⓥ 증명하다, 입증하다, 판명되다
I have **proof** of it. I can **prove** that everything that I know is true.
저는 그 증거를 가지고 있어요. 제가 알고 있는 모든 것이 사실임을 증명할 수 있습니다.

456

pass
[pæs]

ⓥ 통과하다, 지나가다, 나아가다, 건네주다, 합격하다　ⓝ 패스, 통과
You weren't there when we **passed**.
우리가 지나갈 때 넌 거기 없었어.

•**passage** ⓝ 통로, 복도, 통과　•**passing** ⓐ 지나가는 ⓝ 경과, 죽음

WEEK 01
WEEK 02
WEEK 03
WEEK 04
WEEK 05
WEEK 06
WEEK 07
WEEK 08

457

company
[kʌ́mpəni]

n 회사, 단체, 동료, 친구, 중대 v 동행하다

You're going to be the new face of the **company**.
당신은 회사의 새로운 얼굴이 될 거야.

·**companion** n동반자, 동행, 친구   ·**companionship** n동료애, 교제

458

explain
[ikspléin]

v 설명하다, 해명하다

You don't have to **explain**. 설명할 필요 없어요.

·**explanation** n설명, 해명

459

charge
[tʃɑːrdʒ]

n 요금, 기소, 책임, 충전 v 청구하다, 기소하다, 충전하다

There'll be no **charge**. 무료입니다.

·**charger** n충전기

460

weird
[wiərd]

a 기이한, 이상한, 기괴한, 섬뜩한

They've been acting really **weird** lately.
그들은 최근에 정말 이상하게 행동하고 있어요.

·**weirdo** n괴짜
·**weirdly** ad기이하게

461

street
[striːt]

n 거리, 도로, …가(街)

I remember a guy that used to live on this **street**.
나는 이 거리에서 살았던 한 남자를 기억한다.

462

water
[wɔ́ːtər]

n 물 v 물을 주다

I'll get you some **water**. 너에게 물 좀 갖다 줄게.

·**watery** a물의, 물이 많은

463

sing
[siŋ]

v 노래하다, 지저귀다

If I had a voice, I would **sing**. 만약 내가 목소리가 있다면, 노래를 부를 텐데.

·**song** n노래, 가곡   ·**singer** n가수

464

dog
[dɔːg]

n 개

Dogs can't take care of themselves. 개는 스스로를 돌볼 수 없다.

·**dawg** n개   ·**doggy** n개 a개의

465

surprise
[sərpráiz]

v 놀라게 하다, 놀라다 n 놀라움, 뜻밖의 일

What a pleasant **surprise**. What brings you down here?
정말 뜻밖이네요. 무슨 일로 여기까지 오셨어요?

·**surprisingly** ad놀랍게도

79

WEEK 01

WEEK 02

WEEK 03

WEEK 04

WEEK 05

WEEK 06

WEEK 07

WEEK 08

466

offer
[ɔ́ːfər]

·**offering** ⓝ제공, 제물

ⓥ 제안하다, 제공하다 ⓝ 제안, 제의

I have the following thoughts to **offer**.
저에게는 제안할 다음과 같은 생각이 있어요.

467

bye
[bai]

ⓘⓝⓣ 안녕

Okay. **Bye**. 알았어. 안녕.

468

fly
[flai]

·**flight** ⓝ비행, 항공편, 항공기
·**flyer** ⓝ조종사, 전단

ⓥ 날다, 비행하다 ⓝ 파리, 지퍼

I'll **fly** home with you. What time is your **flight**?
너와 함께 비행기를 타고 집에 갈게. 네 비행 시간은 몇 시야?

469

grow
[grou]

ⓥ 자라다, 커지다, 성장하다, 증가하다

Where'd you **grow** up? 당신은 어디서 자랐어요?

·**growth** ⓝ성장, 증가　·**grown** ⓐ성장한, 성인이 된 ⓥgrow의 과거분사

470

step
[step]

ⓝ 걸음, 계단, 단계, 스텝 ⓥ 발을 내디디다

Will you please **step** back and let us do our job?
우리 일을 할 수 있도록 한 발짝 물러서 주시겠습니까?

471

touch
[tʌtʃ]

·**touching** ⓐ감동적인
·**touchy** ⓐ과민한, 민감한

ⓥ 만지다, 접촉하다, 감동시키다 ⓝ 만지기, 촉감, 마무리

Oh, I didn't let anyone **touch** anything while you were gone.
오, 나는 네가 없는 동안 누구든 아무것도 못 만지게 했어.

472

fast
[fæst]

·**fasten** ⓥ매다, 잠그다, 고정하다

ⓐ 빠른 ⓐⓓ 빨리, 빠르게 ⓥ 단식하다 ⓝ 단식

Get out of there as **fast** as you can!
최대한 빨리 거기서 나와!

473

hospital
[háspitl]

·**hospitalize** ⓥ입원시키다

ⓝ 병원

Where's the nearest **hospital**?
가장 가까운 병원은 어디 있습니까?

474

blow
[blou]

ⓥ 불다, 바람에 날리다, 코를 풀다, 폭파하다 ⓝ 타격, 강타

I'm gonna **blow** this directly into your eyes, and trust me, you'll cry.
나는 네 눈에 이것을 직접 불 거야. 날 믿어 봐. 넌 울게 될 거야.

475

laugh
[læf]
·**laughter** n 웃음, 웃음소리

v 웃다, 비웃다 n 웃음
They were **laughing** at him.
그들은 그를 비웃고 있었다.

476

bed
[bed]

n 침대, 바닥
I said it's time for **bed**. 잘 시간이라고 했잖아.

477

press
[pres]
·**pressure**
n 압박, 압력, 스트레스

v 누르다, 압박을 가하다, 강조하다 n 언론, 신문, 기자들, 인쇄
He's under a lot of **pressure**.
그는 많은 압박[스트레스]을 받고 있어요.

478

welcome
[wélkəm]

v 환영하다, 맞이하다 n 환영 int 환영합니다
Welcome to our home. 우리 집에 오신 것을 환영합니다.

479

trouble
[trʌbl]

n 문제, 곤란, 고민, 병, 고장 v 괴롭히다, 고생하다
I'm not here to get you in **trouble**.
저는 당신을 곤란하게 하려고 여기 온 게 아니에요.

480

pain
[pein]
·**painful** a 고통스러운, 아픈
·**painless** a 고통 없는

n 통증, 고통, 아픔 v 고통을 주다
I understand that breaking up with someone can be very **painful**.
누군가와 헤어지는 것이 매우 고통스러울 수 있다는 것을 나는 이해해.

481

mistake
[mistéik]

n 실수, 잘못, 오해, 착각, 착오 v 오해하다, 잘못 판단하다
There must've been some **mistake**.
뭔가 착오가 있었음에 틀림없어.

482

expect
[ikspékt]
·**expectation** n 예상, 기대

v 예상하다, 기대하다, 생각하다
It's not at all what I **expected**.
내가 예상했던 것과는 전혀 달라요.

483

inform
[infɔ́ːrm]

v 알리다, 통지하다
You've been looking for **information** about me.
너는 나에 대한 정보를 찾고 있었잖아.

·**information** n 정보 ·**info** n 정보 (=information) ·**informant** n 정보원, 밀고자

WEEK 01
WEEK 02
WEEK 03
WEEK 04
WEEK 05
WEEK 06
WEEK 07
WEEK 08

484

black
[blæk]

a 검은, 어두운, 깜깜한, 흑인의 **n** 검은색, 어둠, 흑인
v 검게 하다, 어두워지다

Which one of these **black** dresses you gonna wear?
이 검은 드레스 중 어느 드레스를 입을 거야?

485

American
[əmérikən]

·**America**
n 미국, 아메리카 대륙

a 미국의, 아메리카의 **n** 미국인, 미국 영어

Can you say why **America** is the greatest country in the world?
왜 미국이 세계에서 가장 위대한 나라인지 당신은 말할 수 있나요?

486

honey
[hʌ́ni]

n 꿀, (호칭으로) 여보, 자기, 얘

What's the matter, **honey**? 무슨 일이야, 여보?

487

Mrs.
[mísiz]

n …부인 (기혼 여성에 대한 경칭)

Oh, I'm sorry to hear that, **Mrs.** White.
야, 유감이네요, 화이트 부인.

488

picture
[píktʃər]

n 그림, 사진, 화면, 영화 **v** 묘사하다, 상상하다

Did you take **pictures** of all of it?
당신은 그 사진 전부를 찍었나요?

489

force
[fɔːrs]

·**forcibly** **ad** 강제로

n 힘, 폭력, 물리력, 효력, 군대 **v** 강요하다

They can't **force** her to talk to you, sir.
그녀가 당신한테 말하도록 그들은 강요할 순 없습니다.

490

direct
[dirékt]

a 직접의, 직행의 **ad** 곧바로, 직행으로, 딱 부러지게
v 감독하다, 지도하다, 지시하다, 향하다

Be clear and **direct** about what you're feeling.
당신이 느끼는 것에 대해 명확하고 딱 부러지게 하세요.

·**director** **n** 책임자, 임원   ·**direction** **n** 방향, 목표, 지시   ·**directly** **ad** 곧바로, 곧장, 직접적으로
·**directory** **n** 디렉토리, 성명록

491

imagine
[imǽdʒin]

v 상상하다, 생각하다, 여기다

So far, things have been worse than I ever would've **imagined**.
지금까지, 상황은 내가 상상했던 것보다 더 나빴다.

·**image** **n** 이미지, 영상   ·**imagination** **n** 상상력, 상상, 착각   ·**imaginary** **a** 상상의

492

total
[tóutl]

ⓐ 전체의, 총, 완전한 ⓝ 합계, 총액, 전체 ⓥ 합계하다, 총계가 …이 되다

I'm **totally** good for it.

·**totally** ⓐⓓ 완전히, 전적으로   저는 그것에 전적으로 찬성합니다.

493

lock
[lak]

ⓥ 잠그다, 고정되다 ⓝ 자물쇠

Did you **lock** the door?

·**locker** ⓝ 사물함, 물품 보관함   문 잠갔니?

494

early
[ə́:rli]

ⓐ 이른, 초기의 ⓐⓓ 초기에, 일찍

How **early** do you get up?   얼마나 일찍 일어납니까? (얼마나 빨리 기상하나요?)

·**earlier** ⓐ 더 일찍 (early의 비교급) ⓐⓓ 이전에

495

ma'am
[mǽm]

ⓝ 부인 (여성을 정중히 부르는 호칭), 아주머니, 마님,
마마 (여왕, 왕족 부인에 대한 호칭)

Ma'am, can you state your name, please?

부인, 성함을 말씀해 주시겠습니까?

496

sick
[sik]

ⓐ 아픈, 병든, 메스꺼운, 신물나는 ⓝ 구토

I'm **sick** of you treating me like a little baby.

·**sickness** ⓝ 질병, 병   네가 날 어린애 취급하는 것에 질렸어.

497

list
[list]

ⓝ 목록, 명단, 리스트 ⓥ 열거하다, 작성하다

It's gonna be a long **list**.   그것은 긴 목록이 될 거야.

498

burn
[bə:rn]

ⓥ 타다, 타오르다 ⓝ 화상

I don't know if the fire is still **burning**.

·**burnt** ⓐ 불에 탄, 화상을 입은
·**burner** ⓝ 버너, 화덕   불이 아직도 타고 있는지 나는 몰라.

499

past
[pæst]

ⓐ 지나간, 지난, 과거의 ⓝ 과거 ⓐⓓ 지나서

These **past** few months, it feels like it's just getting worse and worse.

지난 몇 개월 동안, 그것은 점점 더 악화되고 있는 것처럼 느껴진다.

500

finish
[fíniʃ]

ⓥ 마치다, 끝내다, 끝나다 ⓝ 끝

I haven't **finished** yet.   나는 아직 끝나지 않았어.

1 아래 영단어의 한글 뜻과 한글 뜻에 해당하는 영단어를 써 보세요.

영단어	한글 뜻	한글 뜻	영단어
strength 452		ⓝ 전문가, 전문의 454	
front 453		ⓝ 성장, 증가 469	
prove 455		ⓥ 입원시키다 473	
company 457		ⓝ 압박, 압력 477	
surprise 465		ⓐ 고통스러운, 아픈 480	
touching 471		ⓝ 정보 483	
trouble 479		ⓝ 방향, 목표, 지시 490	
force 489		ⓐ 상상의 491	
sick 496		ⓐⓓ 완전히, 전적으로 492	
past 499		ⓝ 버너, 화덕 498	

2 아래 영문을 해석하세요.

Watch your mouth in front of my kids. 453 _____

What a pleasant surprise. What brings you down here? 465 _____

_____

I'm sick of you treating me like a little baby. 496 _____

3 아래 문장을 영작하세요.

가장 가까운 병원은 어디 있습니까? 473 _____

저는 당신을 곤란하게 하려고 여기 온 게 아니에요. 479 _____

문 잠갔니? 493 _____

알아두면 좋은
숫자

숫자(number)	기수(cardinal)	서수(ordinal)
1	one	first
2	two	second
3	three	third
4	four	fourth
5	five	fifth
6	six	sixth
7	seven	seventh
8	eight	eighth
9	nine	ninth
10	ten	tenth
11	eleven	eleventh
12	twelve	twelfth
13	thirteen	thirteenth
14	fourteen	fourteenth
15	fifteen	fifteenth
16	sixteen	sixteenth
17	seventeen	seventeenth
18	eighteen	eighteenth
19	nineteen	nineteenth
20	twenty	twentieth
21	twenty one	twenty first
30	thirty	thirtieth
40	forty	fortieth
50	fifty	fiftieth
60	sixty	sixtieth
70	seventy	seventieth
80	eighty	eightieth
90	ninety	ninetieth
100	one hundred	hundredth
500	five hundred	five hundredth
1,000	one thousand	thousandth
1,500	one thousand five hundred (또는 fifteen hundred)	one thousand five hundredth
100,000	one hundred thousand	hundred thousandth
1,000,000	one million	millionth
10,000,000	ten million	ten millionth
100,000,000	one hundred million	one hundred millionth
1,000,000,000	one billion	billionth

소수 (decimal)	소수 읽는 법
0.5	point five
0.23	point two three
0.71	point seven one
0.06	point zero six
2.95	two point nine five

분수 (fraction)	분수 읽는 법
1/3	one third
1/2	one half
2/3	two thirds
3/4	three fourths
5/6	five sixths

WEEK
03

DAY11.mp3

501

handle
[hǽndl]

Ⓥ 다루다, 처리하다, 만지다 Ⓝ 손잡이

I'm too sick to **handle** this.
나는 너무 아파서 이것을 처리할 수가 없어.

·**handler** Ⓝ 처리하는 사람

502

cry
[krai]

Ⓥ 울다, 외치다 Ⓝ 울음, 외침, 비명

I **cried** last week with my dad.
나는 지난주에 아빠와 함께 울었어.

503

rule
[ru:l]

Ⓝ 규칙, 원칙, 통치 Ⓥ 통치하다, 지배하다

We don't have to play by the **rules**.
우리는 규칙대로 할 필요는 없어.

·**ruling** Ⓝ 결정, 판결 Ⓐ 지배하는
·**ruler** Ⓝ 통치자, 자

504

dark
[da:rk]

Ⓐ 어두운, 캄캄한 Ⓝ 어둠, 암흑

It's getting **dark** soon. 곧 어두워진다.

·**darkness** Ⓝ 어둠, 암흑 ·**darken** Ⓥ 어두워지다

505

hair
[hɛər]

Ⓝ 머리카락, 털

Did you cut his **hair**?
네가 그의 머리카락을 잘랐니?

·**hairy** Ⓐ 털이 많은, 위험한

506

quite
[kwait]

ⓐⓓ 꽤, 아주, 상당히, 완전히

We've heard **quite** enough. 우리는 아주 충분히 들었어.

507

murder
[mə́:rdər]

Ⓝ 살인, 살해 Ⓥ 살인하다, 살해하다

This is a **murder** case. 이것은 살인 사건이다.

·**murderer** Ⓝ 살인자, 살해범 ·**murderous** Ⓐ 살인의, 잔인한

WEEK 01
WEEK 02
WEEK 03
WEEK 04
WEEK 05
WEEK 06
WEEK 07
WEEK 08

508

piece
[piːs]

🔟 조각, 부분, 일부, 한 개, 하나

If you close your eyes, I'm also gonna play a **piece** of music.
네가 눈을 감으면 나도 음악 한 곡을 연주할 거야.

509

wake
[weik]

Ⓥ 깨다, 일어나다, 깨우다, 일깨우다

It's time to **wake** up. 일어날 시간이에요.

510

air
[ɛər]

🔟 공기, 대기 Ⓥ 바람을 쐬다

Get some **air**. 바깥 공기 좀 쐬어라.

511

treat
[triːt]

Ⓥ 대하다, 취급하다, 다루다, 치료하다, 한턱내다 🔟 한턱, 대접

How much longer are you gonna let him **treat** you this way?
그 사람이 너를 이런 식으로 대하도록 얼마나 더 놔둘 거야?

·**treatment** 🔟치료, 대우, 처리 ·**treatable** ⓐ치료[처리]할 수 있는

512

system
[sístəm]

🔟 시스템, 제도, 체제, 체계, 장치

I've been here for 22 years, and I still can't figure out
how the **system** works.

저는 22년 동안 여기 있었는데, 아직도 그 시스템이 어떻게 작동하는지 모르겠어요.

513

certain
[sə́ːrtn]

ⓐ 확실한, 확신하는, 어떤 🅿🆁🅾🅽 일부

I'm pretty **certain** she was at the party.
나는 그녀가 파티에 있었다고 아주 확신해.

·**certainly** ⓐⓓ분명히, 확실히, 물론이지 ·**certainty** 🔟확실성, 확신

514

beat
[biːt]

Ⓥ 때리다, 이기다 🔟 맥박, 비트

I will not let you **beat** me!
네가 날 때리게 놔두지 않을 거야!

515

dude
[djuːd]

🔟 놈, 녀석, (호칭으로) 야, 인마

Who cares, **dude**? 인마, 누가 신경 써?

516

war
[wɔːr]

🔟 전쟁

Wars cost money. 전쟁에는 돈이 소요된다.

517
Jesus
[dʒíːzəs]

n 예수 **int** 세상에, 제기랄, 맙소사
Jesus, this guy's car smells. 맙소사, 이 사람 차에서 냄새가 나.

518
honor
[ánər]

n 명예, 영광, 포상 **v** 존경하다, 영예를 주다 **a** 명예의
It's a great **honor**. 대단한 영광입니다.

· **honour** **n**=honor · **honorable** **a** 훌륭한, 명예로운

519
create
[kriéit]

v 창조하다, 만들다, 만들어 내다
Your father and I, we worked hard to **create** this business.
네 아버지와 나는 이 사업을 만들기 위해 열심히 일했다.

· **creature** **n** 생물, 생명체 · **creative** **a** 창의적인 **n** 창의적인 사람 · **creation** **n** 창조, 창작
· **creator** **n** 창조자, 창작자 · **creativity** **n** 창조성, 창의성

520
message
[mésidʒ]

n 메시지 **v** 메시지를 보내다
Do you mind if I check my **messages**?
· **messenger** **n** 메신저, 전달자 제 메시지를 확인해도 될까요?

521
anybody
[énibádi]

pron 아무나, 누구든지, 아무라도
I didn't want **anybody** to be killed. 나는 아무도 죽기를 원하지 않았어.

522
top
[tap]

n 맨 위, 꼭대기, 정상 **a** 꼭대기의, 최고의 **v** 더 높다, 위에 놓다
Go to the **top** of the building.
· **topless** **a** 상반신을 드러낸 건물 꼭대기로 가.

523
begin
[bigín]

v 시작하다, 시작되다
Shall we **begin**? 우리 시작할까요?

· **beginning** **n** 시작, 처음 · **beginner** **n** 초보자, 초심자

524
unless
[ənlés]

conj …이 아닌 한, …하지 않는다면
Don't talk to me **unless** you absolutely have to, all right?
정말로 해야 하는 게 아니면 나한테 말 걸지 마, 알았지?

525
foot
[fut]

n 발
Are we on **foot** from here? 우리는 여기서부터 걸어서 가나요?

· **feet** **n** foot의 복수형, 피트 (약 12인치, 30.48cm)

WEEK 01
WEEK 02
WEEK 03
WEEK 04
WEEK 05
WEEK 06
WEEK 07
WEEK 08

WEEK 01
WEEK 02
WEEK 03
WEEK 04
WEEK 05
WEEK 06
WEEK 07
WEEK 08

526
complete
[kəmplíːt]

ⓐ 완전한, 완성된 ⓥ 완료하다, 마무리짓다

Don't worry, he is **completely** out of my life.

걱정하지 마, 그는 완전히 내 인생 밖에 있어.

·**completely** ⓐⓓ 완전히, 전적으로 ·**completion** ⓝ 완료, 완성

527
dream
[driːm]

·**dreamy** ⓐ 꿈 같은, 공상적인
·**dreamer** ⓝ 몽상가

ⓝ 꿈, 몽상, 포부 ⓥ 꿈을 꾸다, 상상하다

I've spent every night **dreaming** that you were alive so I could shoot you myself.

난 매일 밤 네가 살아있다는 꿈을 꿔왔어. 그래서 내가 널 직접 쏠 수 있게 말이야.

528
honest
[ánist]

ⓐ 정직한, 솔직한

You got to be **honest** with your family about your business.

네 사업에 대해 가족에게 솔직해야 해.

·**honestly** ⓐⓓ 솔직하게 ·**honesty** ⓝ 정직, 솔직함

529
ahead
[əhéd]

ⓐⓓ 앞에, 앞서, 미리

Someone is a step **ahead** of us on this.

누군가 이것에 대해 우리보다 한 발 앞서 있다.

530
scream
[skriːm]

ⓥ 비명을 지르다, 소리치다 ⓝ 비명

I'll start **screaming** and wake them up.

내가 소리지르기 시작해서 그들을 깨울 거야.

531
fix
[fiks]

·**fixer** ⓝ 해결사

ⓥ 고치다, 고정하다, 정하다, 해결하다 ⓝ 해결책

We have to **fix** this.

우린 이걸 고쳐야 해.

532
park
[paːrk]

·**parking** ⓝ 주차

ⓝ 공원, 경기장 ⓥ 주차하다

I think I **parked** on the other side of the building.

제가 건물 반대편에 주차한 것 같아요.

533
judge
[dʒʌdʒ]

ⓝ 판사, 심판 ⓥ 판단하다, 심사하다, 재판하다

You're in no position to **judge**. 당신은 판단할 입장이 아닙니다.

·**judgment** ⓝ 판단, 심판, 심사 ·**judgmental** ⓐ 판단의, 재판의

534

deep
[diːp]

ⓐ 깊은　ⓐ 깊이　ⓝ 깊은 곳, 대양

I want you to take some **deep** breathes.　심호흡을 하세요.

·**deeply** ⓐ 깊이, 몹시　·**depth** ⓝ 깊이

535

country
[kʌntri]

ⓝ 국가, 나라, 지역

I'm leaving the **country** in a few hours.
나는 몇 시간 후에 그 나라를 떠날 거야.

536

food
[fuːd]

ⓝ 음식, 먹이, 식량, 식품

I'll get you some **food**.　제가 당신께 음식을 좀 갖다 드릴게요.

537

dangerous
[déindʒərəs]

ⓐ 위험한

It's too **dangerous**.　그것은 너무 위험해.

·**danger** ⓝ 위험　·**endanger** ⓥ 위험에 빠뜨리다　·**dangerously** ⓐ 위험하게

538

key
[kiː]

ⓝ 열쇠, 키, 비결　ⓐ 중요한, 중대한　ⓥ 입력하다

The **keys** should be in it.　열쇠가 그 안에 있어야 해.

539

sort
[sɔːrt]

ⓝ 종류, 유형, 부류　ⓥ 분류하다, 정렬하다

I just love that **sort** of thing.
난 그냥 그런 종류의 것이 아주 좋아.

540

bar
[baːr]

ⓝ 술집, 바, 막대, 변호사직　ⓥ 막다, 빗장을 지르다

There's no way you can go to a **bar**.
네가 술집에 갈 수 있는 방법은 없어.

541

consider
[kənsídər]

ⓥ 고려하다, 여기다, 생각하다

Maybe it is time I **consider** someone else's feelings.
아마 제가 다른 사람의 감정을 고려해야 할 때인 것 같아요.

·**consideration** ⓝ 고려, 배려　·**considerable** ⓐ 상당한　·**considerate** ⓐ 사려 깊은
·**considering** prep conj …을 고려[감안]하면

542

quick
[kwik]

ⓐ 빠른, 신속한　ⓐ 빨리, 신속히

Make it **quick**. People are asking why you're here.
·**quickly** ⓐ 빨리, 신속히, 곧　빨리 해. 사람들이 네가 왜 여기 있는지 묻고 있어.

WEEK 01
WEEK 02
WEEK 03
WEEK 04
WEEK 05
WEEK 06
WEEK 07
WEEK 08

543

brain
[brein]

n 뇌, 지능, 골, 똑똑한 사람

He thought his **brain** wasn't working

그는 그의 뇌가 작동하지 않는다고 생각했다.

544

partner
[páːrtnər]

n 파트너, 동업자, 동반자, 동맹국

We are not husband and wife anymore. We're just business **partners**.

·**partnership** n파트너십, 협력   우리는 더 이상 부부가 아니야. 우리는 단지 동업자일 뿐이야.

545

return
[ritə́ːrn]

v 돌아오다, 돌려주다, 반환하다   n 귀환, 반송, 반환

She never **returned** any of my calls.

그녀는 내 전화에 한 통도 회신하지 않았어.

546

defense
[diféns]

n 방어, 수비, 변호, 방어 수단, 방어물

What **defenses** did they have?

그들은 어떤 방어 수단을 가졌습니까?

·**defend** v방어하다, 수비하다, 변호하다   ·**defendant** n피고   ·**defensive** a방어적인, 수비의   ·**defence** n=defense
·**defender** n방어자, 옹호자   ·**defenseless** a무방비의

547

definitely
[défənitli]

ad 분명히, 확실하게

This was **definitely** not agreed.

이것에 확실하게 동의하지 않았어.

·**define** v정의하다, 규정하다   ·**definition** n정의, 의미   ·**definitive** a최종적인   ·**definite** a확실한, 분명한

548

ship
[ʃip]

n 배, 선박   v 수송하다, 운송하다

Where are all the **ships**?

·**shipment** n수송   그 배들은 다 어디 있어요?

549

mess
[mes]

n 엉망진창, 혼란   v 엉망을 만들다, 더럽히다

Don't **mess** with me.

·**messy** a지저분한, 엉망인   나 건들지 마. (상관 마, 귀찮게 하지 마.)

550

wedding
[wédiŋ]

n 결혼

We're not buying the **wedding** dress.

·**wed** v결혼하다   우리는 그 웨딩드레스를 사지 않을 거야.

1 아래 영단어의 한글 뜻과 한글 뜻에 해당하는 영단어를 써 보세요.

영단어	한글 뜻		한글 뜻	영단어
handle 501			ⓝ 살인자, 살해범 507	
treat 511			ⓐ 훌륭한, 명예로운 518	
certainly 513			ⓝ 초보자, 초심자 523	
dude 515			ⓝ 발 525	
creator 519			ⓐ 정직한, 솔직한 528	
ahead 529			ⓝ 공원 ⓥ 주차하다 532	
judge 533			ⓝ 위험 537	
depth 534			ⓐ 사려 깊은 541	
defend 546			ⓐⓓ 분명히, 확실하게 547	
messy 549			ⓝ 수송 548	

2 아래 영문을 해석하세요.

I'm too sick to handle this. 501 _____

I want you to take some deep breathes. 534 _____

She never returned any of my calls. 545 _____

3 아래 문장을 영작하세요.

네가 날 때리게 놔두지 않을 거야! 514 _____

우리 시작할까요? 523 _____

제가 당신께 음식을 좀 갖다 드릴게요. 536 _____

차근차근 한 걸음씩!
Top 551~600

551

push
[puʃ]

ⓥ 밀다, 밀어붙이다, 누르다, 강요하다 ⓝ 밀기, 누르기, 독려

Don't **push** away the one person here who actually cares about you.
여기에서 널 정말로 걱정해 주는 유일한 사람을 밀어내지 마.

·**pusher** ⓝ미는 사람, 마약 밀매자 ·**pushy** ⓐ밀어붙이는

552

obviously
[ábviəsli]

ⓐⓓ 분명히, 확실히, 명백히

Of course. That's **obviously** the point.
당연하지. 그것이 확실히 요점이야.

·**obvious** ⓐ분명한, 확실한

553

track
[træk]

ⓝ 길, 자국, 선로, 트랙 ⓥ 추적하다

We'll start **tracking** them first thing tomorrow.
우리는 내일 무엇보다도 먼저 그들을 추적할 거예요.

·**tracker** ⓝ추적자

554

glad
[glæd]

ⓐ 기쁜, 고마운

I'm **glad** we feel the same way.
우리가 똑같이 느껴서 나도 기뻐.

·**gladly** ⓐⓓ 기꺼이

555

weapon
[wépən]

ⓝ 무기

If you want to save the girl, do not fire your **weapon**.
네가 그 소녀를 구하고 싶으면, 무기를 발사하지 마.

·**weaponize** ⓥ무기화하다
·**weaponry** ⓝ무기류

556

kiss
[kis]

ⓥ 키스하다, 입을 맞추다 ⓝ 키스, 입맞춤, 뽀뽀

That's the first time we've ever **kissed**.
우리가 키스한 건 이번이 처음이야. * 바로 직전 키스 후 말하는 상황임.

·**kisser** ⓝ키스하는 사람

557

voice
[vɔis]

ⓝ 목소리, 음성, 발언권 ⓥ 말로 나타내다

I just wanted to hear his **voice**, I think. 난 그저 그의 목소리를 듣고 싶었을 뿐이야.

·**vocal** ⓐ목소리의 ⓝ보컬 ·**vocalize** ⓥ발성하다, 노래하다

558

card
[kɑːrd]

🄝 카드, 명함, 카드 게임

That's what it says on the business **card**. 명함에 그렇게 적혀 있어요.

559

client
[kláiənt]

🄝 고객, 의뢰인, 클라이언트

I think you're the **client** and we should do what you want.
당신이 고객이니 우리는 당신이 원하는 것을 해야 한다고 생각해요.

560

screw
[skruː]

🄝 나사, 섹스 상대 🅥 나사로 고정하다, 섹스하다

We're **screwed**. 우린 망했어. (망쳤어, 큰일 났어.)

·**screwed** ⓐ엉망진창의, 술 취한, 속은

561

fault
[fɔːlt]

🄝 잘못, 책임, 단점, 결점, 결함, 고장

She wasn't strong enough to tell her story, and that's not her **fault**.

·**faulty** ⓐ잘못된, 불완전한

그녀는 자신의 이야기를 할 만큼 강하지 않았고, 그것은 그녀의 잘못이 아니다.

562

join
[dʒɔin]

🅥 연결하다, 합치다, 함께하다, 가입하다

As long as you're watching, why don't you **join** us?

·**joint** ⓐ공동의, 합동의 🄝관절

당신이 지켜보는 한, 우리와 함께하는 게 어때요?

563

small
[smɔːl]

ⓐ 작은, 적은, 소규모의

Our dreams are very **small**, aren't they?
우리의 꿈은 매우 작아요, 그렇죠?

564

train
[trein]

🄝 기차, 열차 🅥 훈련하다, 교육하다

Let my team and I **train** you. 우리 팀원들과 내가 너를 훈련해 줄게.

·**training** 🄝훈련, 교육 ·**trainer** 🄝트레이너, 교관, 운동화 ·**trainee** 🄝교육받는 사람

565

worth
[wəːrθ]

ⓐ …의 가치가 있는, …할 만한 🄝 가치, 값어치, 재산

I'm saying it's a question **worth** asking.
물어볼 만한 가치가 있는 질문이라고 나는 말하는 거야.

·**worthy** ⓐ자격이 있는, 가치 있는, 훌륭한 ·**worthless** ⓐ가치 없는, 쓸모없는

566

ride
[raid]

🅥 타다, 몰다, 승마하다 🄝 타기, 타고 가기

Let me give you a **ride**. Where are you going?

·**rider** 🄝타는 사람

제가 태워다 드릴게요. 어디로 가세요?

WEEK 01
WEEK 02
WEEK 03
WEEK 04
WEEK 05
WEEK 06
WEEK 07
WEEK 08

567

attend
[əténd]

v 참석하다, 다니다, 주의를 기울이다, 돌보다, 수행하다

Excuse me. Could I have your **attention**, please?
실례합니다. 제게 좀 집중해 주시겠어요?

·**attention** n 주의, 주목, 관심   ·**attendant** n 종업원, 수행원   ·**attendance** n 출석, 참석

568

bag
[bæg]

n 가방, 봉투, 봉지, 자루   **v** 봉지에 넣다

Why do you have all that stuff in your **bag**?
당신은 왜 가방에 그런 물건을 다 가지고 있어요?

569

red
[red]

a 빨간, 충혈된   **n** 빨간색, 적포도주

Your eyes are **red**.   네 눈이 빨개.

570

dance
[dæns]

v 춤추다   **n** 춤, 무용

·**dancer** n 댄서, 무용가

If she wasn't drunk all the time she'd know that I hadn't **danced** in years.
만약 그녀가 항상 술에 취해 있지 않았으면 그녀는 내가 몇 년 동안 춤을 추지 않았다는
것을 알았을 거야.

571

entire
[intáiər]

a 전체의, 완전한

·**entirely** ad 전적으로, 완전히

Is it so much to ask that for one day, one day in your **entire** life?
당신의 평생 중 하루, 단 하루를 요구하는 것이 그렇게 과한 것인가요?

572

visit
[vízit]

v 방문하다, 찾아가다   **n** 방문

You have a **visitor**, sir.   손님이 오셨습니다.

·**visitor** n 방문자, 손님   ·**visitation** n 방문권, 시찰

573

hunt
[hʌnt]

v 사냥하다, 찾다   **n** 사냥, 수색

·**hunter** n 사냥꾼
·**hunting** n 사냥, 수색

In order to do that, we have to **hunt**.
그러기 위해서는 우리는 사냥을 해야 해.

574

except
[iksépt]

prep 제외하고는, …외에는   **v** 제외하다

·**exception** n 예외
·**exceptional** a 예외적인

Everybody knew it **except** you.
너만 빼고 모두 알고 있었어.

575

study
[stʌdi]
·**student** n 학생

Ⅴ 공부하다, 검토하다 n 공부, 연구, 서재
You were always such a good **student**.
넌 항상 좋은 학생이었어.

576

none
[nʌn]

pron 아무도 …않다, 조금도 …없다
It's **none** of your business. 그건 네가 상관할 일이 아니야.

577

class
[klæs]

n 수업, 학급, 반, 계층, 계급, 등급
We have to go to **class**. 우리는 수업에 가야 한다.

·**classified** a 기밀의, 분류된 ·**classify** Ⅴ 분류하다

578

count
[kaunt]
·**countless** a 셀 수 없이 많은

Ⅴ 세다, 계산하다, 중요하다, 간주하다 n 계산, 총계, 합계
Now, I'm gonna **count** to three.
이제 내가 셋을 셀 거야.

579

dress
[dres]
·**dressing** n 드레싱
·**dresser** n 화장대, 의상 담당자

n 옷, 드레스 Ⅴ 옷을 입다
You look like you need a new **dress**.
당신은 새 옷이 필요한 것 같군요.

580

awesome
[ɔ́:səm]

a 굉장한, 아주 멋진
God, that's **awesome**. 세상에, 정말 멋지다.

·**awful** a 끔찍한, 지독한 ·**awe** n 두려움, 경외심

581

share
[ʃɛər]

Ⅴ 공유하다, 나누다 n 몫, 지분, 주식
I want to thank you all for letting me **share**.
제가 함께 나눌 수 있게 해 주셔서 여러분 모두에게 감사드리고 싶습니다.

582

boss
[bɔ:s]
·**bossy** a 우두머리 행세를 하는

n 우두머리, 상사, 상관, 보스 Ⅴ 보스가 되다, 쥐고 흔들다
Do your **bosses** know you're doing this?
상사들이 당신이 이걸 하고 있다는 걸 알고 있나요?

583

continue
[kəntínjuː]
·**continuous**
a 계속되는, 지속적인

Ⅴ 계속하다
I promise you, I will **continue** the fight.
약속할게, 나는 그 싸움을 계속할 거야.

WEEK 01
WEEK 02
WEEK 03
WEEK 04
WEEK 05
WEEK 06
WEEK 07
WEEK 08

WEEK 01
WEEK 02
WEEK 03
WEEK 04
WEEK 05
WEEK 06
WEEK 07
WEEK 08

584

smart
[sma:rt]

🅰 현명한, 깔끔한 🆅 욱신거리다

I don't like it when people are **smarter** than me.
사람들이 나보다 똑똑하다는 걸 알 때 난 그게 달갑지 않아.

585

risk
[risk]

ⓝ 위험 🆅 위태롭게 하다, 위험을 무릅쓰다

Let's take a **risk** together, shall we?
같이 위험을 무릅쓸까요?

· **risky** ⓐ위험한

586

box
[baks]

ⓝ 상자, 통 🆅 상자에 넣다, 권투를 하다

What's in the **box**?
그 상자 안에 뭐가 들어 있어?

· **boxing** ⓝ복싱, 상자 포장
· **boxer** ⓝ권투 선수

587

till
[tíl]

🄿🅁🄴🄿 …까지

So how long were you up there **till** we showed up?
우리가 나타날 때까지 거기 얼마나 있었어요?

588

apologize
[əpálədʒàiz]

🆅 사과하다, 사죄하다

I'll **apologize** in person.
나는 직접 사과할 거예요.

· **apology** ⓝ사과, 사죄

589

absolutely
[æbsəlú:tli]

🄰🄳 완전히, 전혀, 전적으로, 틀림없이, 정말로

You're **absolutely** right.
네가 전적으로 옳아.

· **absolute** ⓐ완전한, 절대적인

590

suspect
ⓝ[sʌspekt] 🆅[səspékt]

🆅 의심하다 ⓝ 용의자, 피의자 🅰 수상한

I think I found a **suspect**. 내가 용의자를 찾은 것 같아.

· **suspicious** ⓐ의심스러운, 수상한   · **suspicion** ⓝ혐의, 의혹

591

near
[niər]

🅰 가까운 🄰🄳 가까이, 거의 🆅 가까워지다

Don't come **near** me.
가까이 오지 마.

· **nearly** 🄰🄳거의

592

wall
[wɔ:l]

ⓝ 벽, 담 🆅 담으로 둘러싸다

Look at the **wall**. 벽을 봐.

593

bet
[bet]

Ⓥ 돈을 걸다, 확신하다 Ⓝ 내기, 내기 돈

I'm **betting** all my money on you're wrong.
나는 네가 틀렸다는 데 내 모든 돈을 걸겠어.

594

king
[kiŋ]

Ⓝ 왕, 국왕

She says the **king** is in danger.
그녀는 왕이 위험에 처해 있다고 말한다.

595

paper
[péipər]

Ⓝ 종이, 신문, 서류, 논문 Ⓥ 도배하다

There're some **papers** to sign.
서명할 서류가 몇 개 있다.

596

present
[préznt]

ⓐ 현재의, 참석한 Ⓝ 현재, 선물 Ⓥ 주다, 제출하다, 보여주다

You did very well. It's a **present**, you can keep it.
정말 잘했어. 그건 선물이니 가져도 돼.

·**presence** Ⓝ존재, 참석 ·**presentation** Ⓝ발표, 제출, 증정 ·**presently** ⓐ곧, 현재

597

middle
[mídl]
·**mid** ⓐ중앙의, 중간의

ⓐ 중앙의, 중간의 Ⓝ 중앙, 중간, 허리

Still, we're kind of in the **middle** of something right now.
아직도, 우린 지금 뭔가 하고 있는 중이야.

598

along
[əlɔ́:ŋ]

ⓐ 함께, 앞으로 prep ⋯을 따라, ⋯의 도중에

Are you sure you won't come **along**?
정말 너는 함께 안 갈 거야?

599

magic
[mǽdʒik]
·**magical** ⓐ황홀한, 마법의
·**magician** Ⓝ마술사

Ⓝ 마술, 마법

I don't believe in **magic** or luck.
나는 마술이나 행운을 믿지 않아.

600

operate
[ápərèit]

Ⓥ 운영하다, 작동하다, 가동하다, 영업하다, 수술하다

It's very safe when **operated** correctly.
그것은 제대로 작동하면 매우 안전합니다.

·**operation** Ⓝ운영, 수술, 작전 ·**op** Ⓝ수술, 군사 작전 ·**operator** Ⓝ운영자, 전화 교환원 ·**operative** ⓐ활동하는 Ⓝ직공

WEEK 01
WEEK 02
WEEK 03
WEEK 04
WEEK 05
WEEK 06
WEEK 07
WEEK 08

1 아래 영단어의 한글 뜻과 한글 뜻에 해당하는 영단어를 써 보세요.

영단어	한글 뜻
track 553	
voice 557	
fault 561	
joint 562	
attend 567	
entire 571	
awful 580	
suspicious 590	
present 596	
middle 597	

한글 뜻	영단어
ⓝ 무기 555	
ⓝ 훈련, 교육 564	
ⓐ 빨간, 충혈된 569	
ⓝ 사냥꾼 573	
ⓝ 학생 575	
ⓐ 기밀의, 분류된 577	
ⓥ 계속하다 583	
ⓥ 사과하다, 사죄하다 588	
ⓝ 왕, 국왕 594	
ⓝ 마술사 599	

2 아래 영문을 해석하세요.

We'll start tracking them first thing tomorrow. 553 _____

I'm saying it's a question worth asking. 565 _____

Let's take a risk together, shall we? 585 _____

3 아래 문장을 영작하세요.

너만 빼고 모두 알고 있었어. 574 _____

이제 내가 셋을 셀 거야. 578 _____

나는 마술이나 행운을 믿지 않아. 599 _____

DAY 13

영차영차 힘을 내요!
Top 601~650

DAY13.mp3

WEEK 01
WEEK 02
WEEK 03
WEEK 04
WEEK 05
WEEK 06
WEEK 07
WEEK 08

601

allow
[əláu]

·**allowance**
ⓝ용돈, 수당, 허용량

ⓥ 허락하다, 허용하다
She's **allowed** to be drunk, she's going through a break-up.
그녀는 술 취해도 돼. 그녀는 이별 중이거든.

602

somewhere
[sʌ́mhwɛər]

ⓐⓓ 어딘가에 ⓝ 어느 곳
Don't I know you from **somewhere**? 제가 당신을 어디서 뵈었던가요?

603

apartment
[əpá:rtmənt]

ⓝ 아파트
I needed to talk to you, but you weren't at your **apartment**.
당신과 얘기하고 싶었지만, 당신은 당신 아파트에 없었어요.

604

simple
[símpl]

ⓐ 단순한, 간단한, 소박한
It's not as **simple** as that. 그것은 저것처럼 그렇게 간단하지 않다.

·**simply** ⓐⓓ단순히, 간단히 ·**simplicity** ⓝ단순, 간단함, 소박함

605

freak
[fri:k]

ⓥ 놀라게 하다, 기겁하게 만들다 ⓝ 괴짜, 괴물, ···광(狂) ⓐ 별난
It **freaked** me out. 그것 때문에 나는 깜짝 놀랐다.

·**freaking** ⓐ빌어먹을 ⓐⓓ빌어먹게 ·**freaked** ⓐ충격을 받은 ·**freaky** ⓐ기이한

606

identify
[aidéntəfài]

ⓥ 확인하다, 알아보다, 식별하다, 발견하다
I think my brother **identified** the people in this photo.
내 동생이 이 사진 속의 사람들을 알아본 것 같아.

·**ID** ⓝ신분증 ⓥ식별하다 ·**identity** ⓝ신원, 신분 ·**identical** ⓐ동일한 ·**identification** ⓝ식별, 신분증

607

movie
[mú:vi]

ⓝ 영화
Do you wanna go see a **movie**? 영화 보러 갈래?

608

steal
[stiːl]

ⓥ 훔치다, 도용하다, 살며시 움직이다 ⓝ 도루

I need you to **steal** something back that was **stolen** from me.
내가 도둑맞은 물건을 네가 다시 훔쳐줬으면 해.

· **stealing** ⓝ절도, 장물
· **stealth** ⓝ몰래 함

609

land
[lænd]

ⓝ 땅, 토지 ⓥ 착륙하다

This is where I **land**. 여기가 내가 착륙한 곳이야.

610

connect
[kənékt]

ⓥ 연결하다, 접속하다, 관련짓다

Can I ask what this is in **connection** with?
이것이 무엇과 관련되어 있는지 여쭤봐도 될까요?

· **connection**
ⓝ연결, 접속, 관련성, 연줄

611

straight
[streit]

ⓐd 곧장, 똑바로 ⓐ 곧은, 똑바른 ⓝ 곧음, 이성애자

Let me just get this **straight**.
정확히 짚고 넘어갈게요. (분명히 할게요.)

· **straighten**
ⓥ똑바르게 하다, 정리하다

612

short
[ʃɔːrt]

ⓐ 짧은, 부족한, 키가 작은 ⓐd 짧게

They're **shorter** than the rest. 그것들은 나머지보다 짧다.

· **shortly** ⓐd곧 · **shorty** ⓝ키가 작은 사람 · **shortage** ⓝ부족 · **shorten** ⓥ짧게 하다, 단축하다

613

fail
[feil]

ⓥ 실패하다, 하지 못하다, 낙제하다 ⓝ 낙제

But if we **fail**, he's our last hope.
하지만 우리가 실패하면, 그는 우리의 마지막 희망이야.

· **failure**
ⓝ실패, 고장, 실패자, 실패작

614

notice
[nóutis]

ⓥ 알아차리다, 주목하다 ⓝ 알아챔, 주목, 공지, 공고문

Thank you for coming on such short **notice**.
갑작스러운 통보에도 불구하고 이렇게 와 주신 것에 감사드립니다.

· **noticeable**
ⓐ눈에 띄는, 두드러진

615

proceed
[prəsíːd]

ⓥ 진행하다, 계속하다, 나아가다

What he is saying is that we need to be very careful about
how to **proceed**.
우리가 어떻게 진행해야 하는지에 대해 매우 신중할 필요가 있다는 것을 그가 말하는 거야.

· **process** ⓝ과정, 처리, 공정 ⓥ가공하다, 처리하다 · **procedure** ⓝ절차, 과정, 방법 · **proceeding** ⓝ소송, 절차
· **processor** ⓝ프로세서, 가공업자

616

kick
[kik]

·**kicker** ⓝ차는 사람

ⓥ 차다 ⓝ 차기, 발길질

You're too old for your parents to have **kicked** you out of the house.
부모님이 집에서 쫓아내기에는 너는 너무 늙었어.

617

coffee
[kɔ́:fi]

ⓝ 커피

Can I get you some **coffee** or anything?
커피나 뭐 좀 드릴까요?

618

smell
[smel]

·**smelly**
ⓐ냄새 나는, 악취가 나는

ⓥ 냄새가 나다, 향이 나다 ⓝ 냄새, 향, 악취, 후각

You **smell** terrible.
너에게서 지독한 냄새가 나.

619

court
[kɔːrt]

ⓝ 법정, 법원, 판사, 코트, 궁정

I'm telling you this because you said you showed up in **court**.
당신이 법정에 출두한다고 말했기 때문에 제가 당신께 이것을 말하는 겁니다.

620

club
[klʌb]

ⓝ 클럽, 동호회, 동아리, 곤봉, 골프채

We're on our way to dinner at the **club**.
우리는 클럽에 저녁 식사하러 가는 중이야.

621

ground
[graund]

ⓝ 땅, 땅바닥, 지면, 토지, 구내, 근거 ⓥ 근거를 두다, 외출 금지시키다

Put your weapons on the **ground**. 무기를 땅바닥에 내려 놔.

622

amazing
[əméiziŋ]

·**amaze** ⓥ놀라게 하다

ⓐ 놀라운, 굉장한, 멋진

It's **amazing**.
놀랍군요.

623

swear
[swɛər]

ⓥ 맹세하다, 욕하다

I don't know what's going on. I **swear** to God.
하느님께 맹세코 나는 무슨 일이 일어나고 있는지 모르겠어.

624

photo
[fóutou]

ⓝ 사진

I'm just gonna take the **photo** right now.
내가 지금 바로 그 사진을 찍을게.

·**photograph** ⓝ사진 ⓥ사진을 찍다 ·**photographer** ⓝ사진사 ·**photography** ⓝ사진 촬영, 사진술

WEEK 01
WEEK 02
WEEK 03
WEEK 04
WEEK 05
WEEK 06
WEEK 07
WEEK 08

625

surgery
[sə́:rdʒəri]

🔲 수술, 외과, 수술실, 진료실

It'll be a long **surgery**. 긴 수술이 될 거예요.

·**surgeon** ⒩외과의사 ·**surgical** ⒜외과의, 수술의

626

vote
[vout]

🔲 투표, 표, 표결 🔳 투표하다, 투표로 결정하다

Shall we **vote**?

·**voter** ⒩투표자, 유권자

우리 투표할까요?

627

born
[bɔ:rn]

🔳 태어나다, 생기다 ⒜ 타고난, 천부적인

Where were you **born**?

·**birth** ⒩출생, 출산, 탄생

당신은 어디에서 태어났나요?

628

involve
[inválv]

🔳 관련시키다, 관련되다, 연루되다, 포함하다

But I'm not **involved** in whatever mess this is.

하지만 난 이게 아무리 엉망이더라도 관여하지 않아.

·**involved** ⒜관련된, 관여하는, 연루된, 몰두한 ·**involvement** ⒩관련, 관여, 연루, 몰두

629

deserve
[dizə́:rv]

🔳 …을 받을 만하다, 마땅히 …할 만하다

You don't **deserve** to be here. 넌 여기 있을 자격이 없어.

630

respect
[rispékt]

🔲 존경, 존중 🔳 존경하다, 존중하다

You don't have to like me, but you do have to **respect** me.

절 좋아할 필요는 없지만, 절 존중해야 합니다.

·**respectful** ⒜존경하는, 공손한 ·**respectable** ⒜존경할만한, 훌륭한

631

private
[práivət]

⒜ 사유의, 개인의, 사적인, 사립의, 사설의 🔲 이등병

That's a **private** family matter.

·**privacy** ⒩사생활, 프라이버시
·**privately** ⒜사적으로, 은밀히

그것은 사적인 가족 문제예요.

632

tired
[taiərd]

⒜ 피곤한, 피로한, 지친, 싫증난

Aren't you **tired**? 피곤하지 않아요?

·**tire** ⒱지치다 ⒩타이어 ·**tireless** ⒜지칠 줄 모르는

633
normal
[nɔ́ːrməl]
·normally [ad] 보통, 정상적으로

[a] 보통의, 정상적인, 평범한　[n] 보통, 정상, 평균

Normally, that wouldn't happen unless I wanted it to.
보통, 내가 원하지 않는 한 그런 일은 일어나지 않을 거야.

634
history
[hístəri]
·historical [a] 역사의, 역사상의
·historic [a] 역사적으로 중요한

[n] 역사, 이력

I'm telling you this because **history** is about to repeat itself.
역사가 곧 반복될 것이기 때문에 저는 여러분에게 이것을 말하고 있는 것입니다.

635
low
[lou]

[a] 낮은, 줄어든　[ad] 낮게, 아래로　[n] 최저치, 저기압

It's the oldest rule in business: buy **low**, sell high.
싸게 사서 비싸게 파는 것이 사업에서 가장 오래된 규칙이다.

·lower [v] 내리다, 낮추다 [a] 아래쪽의　·lowly [a] 낮은, 미천한 [ad] 낮게, 천하게

636
fair
[fɛər]
·fairly [ad] 상당히, 공정하게
·fairness [n] 공정, 공평

[a] 공정한, 공평한, 타당한, 상당한　[n] 박람회, 장날

Fair enough. You've got as much to lose as we do.
좋아요. 당신도 우리만큼 잃을 것이 많아요.

637
prison
[prízn]
·prisoner [n] 죄수, 재소자, 포로

[n] 교도소, 감옥

If anyone goes to **prison**, it's the client, not the lawyer.
누군가 감옥에 간다면 그 사람은 의뢰인이지 변호사가 아니다.

638
cold
[kould]

[a] 추운, 차가운, 식은　[n] 추위, 감기

It's too **cold**, man.　너무 추워.

639
crap
[kræp]
·crappy [a] 형편없는, 엉터리인

[n] 헛소리, 쓰레기, 똥　[v] 똥을 누다, 엉망으로 만들다

Men and women are different. Don't believe that communication **crap**.
남자와 여자는 달라. 의사소통이라는 헛소리는 믿지 마.

640
destroy
[distrɔ́i]
·destroyer [n] 파괴자, 구축함

[v] 파괴하다, 파멸시키다, 죽이다, 처분하다

It could **destroy** the city, the whole world.
그것은 도시와 전 세계를 파괴할 수도 있습니다.

641
Ms.
[miz]

[n] …씨 (혼인 여부에 상관없이 쓰이는 여성의 경칭)

How are you doing, **Ms.** Palmer?　파머 씨, 어떻게 지내셨어요?

WEEK 01
WEEK 02
WEEK 03
WEEK 04
WEEK 05
WEEK 06
WEEK 07
WEEK 08

642

table
[téibl]

n 식탁, 탁자, 테이블, 표　**v** 보류하다, 상정하다

If you don't like the way the **table** is set, then turn over the **table**.
식탁이 차려진 방식이 마음에 들지 않는다면 그 식탁을 엎으세요.

643

enjoy
[indʒɔ́i]

v 즐기다, 누리다

Enjoy the rest of your day off.　남은 휴일 잘 즐기세요.

·**joy** n 기쁨, 즐거움　·**enjoyable** a 즐거운

644

appreciate
[əprí:ʃièit]

·**appreciation**
n 감사, 이해, 감상

v 고마워하다, 인정하다, 인식하다, 감상하다

I **appreciate** that both of you are here.
두 분 다 여기 와 주셔서 감사합니다.

645

grab
[græb]

v 붙잡다, 거머쥐다, 먹다, 마시다　**n** 붙잡음

Why don't we **grab** some lunch?　우리 점심 먹는 게 어때?

646

angry
[ǽŋgri]

a 화난, 성이 난

I try to say no, but he gets so **angry** at me.

·**anger** n 화, 분노 v 화나게 하다　나는 싫다고 말하려는데, 그는 나에게 너무 화가 나 있어.

647

manage
[mǽnidʒ]

v 관리하다, 간신히 해내다, 운영하다, 다루다, 살아 내다

Why would you ever call me when the **manager**'s out of town?
매니저가 (출장 등으로) 도시를 떠나 있을 때, 왜 저한테 전화한 거예요?

·**manager** n 관리자, 경영자, 감독　·**management** n 관리, 운영, 경영

648

contact
[kántækt]

n 연락, 접촉, 교제　**v** 연락하다, 접촉시키다, 교제하다

I'll **contact** you as soon as I know anything.
제가 뭔가 알게 되면 바로 당신께 연락할게요.

649

assume
[əsú:m]

v 추정하다, 가정하다, 맡다

Don't **assume** the worst.　최악의 상황을 가정하지 마.

·**assumption** n 추정, 가정, 가설, 인수

650

mad
[mæd]

·**madness** n 광기, 격노
·**madly** ad 미친 듯이, 대단히

a 미친, 화가 난

You can't get **mad** at the person who died, you know?
죽은 사람에게 화낼 순 없잖아.

1 아래 영단어의 한글 뜻과 한글 뜻에 해당하는 영단어를 써 보세요.

영단어	한글 뜻
freak 605	
steal 608	
straight 611	
shortly 612	
court 619	
involve 628	
deserve 629	
private 631	
prison 637	
assume 649	

한글 뜻	영단어
ⓝ 아파트 603	
ⓝ 신원, 신분 606	
ⓝ 부족 612	
ⓥ 진행하다, 나아가다 615	
ⓝ 외과의사 625	
ⓝ 출생, 출산, 탄생 627	
ⓝ 역사, 이력 634	
ⓥ 즐기다, 누리다 643	
ⓥ 붙잡다 ⓝ 붙잡음 645	
ⓐ 미친, 화가 난 650	

2 아래 영문을 해석하세요.

They're shorter than the rest. 612 _____

If anyone goes to prison, it's the client, not the lawyer. 637 _____

_____

I appreciate that both of you are here. 644 _____

3 아래 문장을 영작하세요.

그것은 저것처럼 그렇게 간단하지 않다. 604 _____

당신은 어디에서 태어났나요? 627 _____

최악의 상황을 가정하지 마. 649 _____

WEEK 01
WEEK 02
WEEK 03
WEEK 04
WEEK 05
WEEK 06
WEEK 07
WEEK 08

DAY 14

날마다 즐겁고 신나게!
Top 651~700

651

joke
[dʒouk]

• **joker** ⓝ농담하는 사람, 조커

ⓝ 농담 ⓥ 농담하다

It was a **joke**.
그건 농담이었어요.

652

single
[síŋgl]

ⓐ 하나의, 유일한, 독신의, 1인용의 ⓝ 한 사람, 독신

You're putting every **single** one of us at risk.
당신은 우리 하나하나를 위험에 빠뜨리고 있습니다.

653

slow
[slou]

• **slowly** ⓐd느리게, 천천히

ⓐ 느린 ⓐd 느리게 ⓥ 천천히 가다, 둔화시키다

Slow down! Please **slow** down!
속도를 줄여! 제발 속도를 줄여!

654

accident
[ǽksidənt]

• **accidental** ⓐ우연한, 돌발적인

ⓝ 사건, 사고

I'm telling you, it wasn't an **accident**.
정말이에요, 그건 사고가 아니었어요.

655

raise
[reiz]

• **raiser** ⓝ일으키는 사람

ⓥ 올리다, 오르다, 일으키다, 제기하다, 기르다 ⓝ 인상, 상승

Come out with your hands **raised**!
손을 들고 나와!

656

mention
[ménʃən]

ⓥ 언급하다, 말하다 ⓝ 언급

Don't **mention** it. 별말씀을요.

657

future
[fjúːtʃər]

ⓝ 미래, 장래 ⓐ 미래의

They live in the past, not in the **future**, and that makes them weak and stupid.
그들은 미래가 아닌 과거에 살고 있고, 그것은 그들을 약하고 멍청하게 만든다.

658

girlfriend
[gərˈlfreˌnd]

n (여자) 애인, 여자 친구

I would love to help, but I have a **girlfriend**.
저도 돕고 싶지만, 저는 여자 친구가 있어요.

659

police
[pəlíːs]

n 경찰 **v** 치안을 유지하다

The **police** are on their way. 경찰이 가고 있습니다.

660

search
[səːrtʃ]

n 찾기, 수색, 검색 **v** 찾다, 수색하다, 검색하다

I need you to lead this **search**. 당신이 이 수색을 이끌어 줘.

661

terrible
[térəbl]

a 끔찍한, 소름 끼치는, (기분이나 몸이) 안 좋은, 형편 없는, 극심한

That's a **terrible** idea.
그것은 끔찍한 생각이다.

·**terribly** **ad** 매우, 극심하게

662

board
[bɔːrd]

n 판자, 판, 이사회, 위원회 **v** 탑승하다

You don't know how wonderful it is to have someone on **board**
that I can trust.

내가 믿을 수 있는 누군가가 (승선해) 있다는 것이 얼마나 멋진 일인지 넌 몰라.

663

TV
[tíːvíː]

n 텔레비전

So, what do we want to see on **TV**?
그래서, 우리는 TV에서 무엇을 보고 싶죠?

·**television** **n** 텔레비전

664

perhaps
[pərhǽps]

ad 아마도, 어쩌면

Perhaps you've heard of him.
아마도 넌 그에 대해 들어봤을 거야.

665

memory
[méməri]

n 기억, 기억력, 추억, 회상, 기억 장치

It's a **memory** that only you and I share.
그것은 너와 나만 아는 기억이야.

·**memorial** **a** 기념의, 추모의 **n** 기념비   ·**memorize** **v** 암기하다   ·**memorable** **a** 기억할만한

666

store
[stɔːr]

n 가게, 상점, 저장고 **v** 저장하다

I'll go to the **store** in the morning.
나는 아침에 그 가게에 갈 거야.

·**storage** **n** 저장, 보관, 저장고

WEEK 01

WEEK 02

WEEK 03

WEEK 04

WEEK 05

WEEK 06

WEEK 07

WEEK 08

667

support
[səpɔ́ːrt]

Ⓥ 지원하다, 지지하다, 후원하다, 응원하다, 부양하다 Ⓝ 지원, 지지

I appreciate your **support**. 당신의 지원에 감사드립니다.

• **supportive** ⓐ지원하는 • **supporter** ⓝ지지자, 서포터

668

buddy
[bʌ́di]

Ⓝ 친구, 짝, (호칭으로) 여보게, 자네

What's up, **buddy**? 무슨 일이야, 친구?

669

self
[self]

Ⓝ 자기, 자신, 자아

You are so **selfish**. 너는 참 이기적이구나.

• **selfish** ⓐ이기적인 • **selfless** ⓐ사심 없는 • **selves** ⓝself의 복수형

670

scene
[siːn]

Ⓝ 현장, 장면, 상황, 풍경, 추태, 소동, 야단법석

Don't make me make a **scene**.

내가 소란 피우게 하지 마.

671

guard
[gaːrd]

Ⓝ 경비원, 보초, 간수, 경계 Ⓥ 보호하다, 지키다, 경계하다

You shouldn't have run from the **guards**.

• **guardian** ⓝ수호자, 후견인   넌 경비원에게서 도망가지 말았어야 했어.

672

survive
[sərváiv]

Ⓥ 생존하다, 살아남다, 견디다

Humans can **survive** three minutes without air, three days without
water, and three weeks without food.

• **survivor** ⓝ생존자
• **survival** ⓝ생존   인간은 공기 없이 3분, 물 없이 3일, 그리고 음식 없이 3주를 살 수 있다.

673

mouth
[mauθ]

Ⓝ 입, 말투

Shut your **mouth**, or we're gonna kick your ass!

• **mouthful** ⓝ한 입, 한 모금   입 다물어, 안 그러면 우리가 네 엉덩이를 걷어차 줄 거야!

674

boyfriend
[bɔ́iˌfreˌnd]

Ⓝ (남자) 애인, 남자 친구

Stop talking to me like you're my **boyfriend**.

내 남자친구인 것처럼 말하지 마.

675

busy
[bízi]

ⓐ 바쁜, 붐비는, 통화 중인 Ⓥ 바쁘다

I'm sorry, I've been **busy**. 미안해, 난 바빴어.

676

suck

[sʌk]

·suction ⓝ흡입

ⓥ 빨다, 빨아 먹다, 엉망이다

My entire life **sucks**. 내 인생 전체가 엉망이야.

677

quiet

[kwáiət]

·quietly ⓐⓓ조용히

ⓐ 조용한 ⓝ 고요 ⓥ 진정시키다

Please be **quiet** while I'm on the phone.

제가 통화하는 동안 제발 조용히 해 주세요.

678

admit

[ædmít]

ⓥ 인정하다, 시인하다, 들어가게 하다, 입원시키다

You've never liked it. **Admit** it. 넌 그걸 좋아한 적이 없어. 인정해.

·**admission** ⓝ인정, 시인, 입장, 입원, 입학 ·**admissible** ⓐ인정되는

679

invite

[inváit]

·invitation ⓝ초대, 초청

ⓥ 초대하다

You're welcome to stay but you haven't been **invited**.

당신은 머물러도 좋지만 초대받지 못했어요.

680

president

[prézədənt]

·**presidential** ⓐ대통령의
·**presidency** ⓝ대통령직

ⓝ 대통령, 회장, 사장

The **president** won't make any decisions until he knows
what we're dealing with.

대통령은 우리가 무엇을 다루고 있는지 알기 전에는 어떤 결정도 내리지 않을 겁니다.

681

queen

[kwi:n]

ⓝ 여왕, 왕비, 황후

That's because they've never met a **queen**.

그건 그들이 여왕을 만난 적이 없기 때문이에요.

682

color

[kʌlər]

·**colour** ⓝ=color
·**colorful** ⓐ형형색색의

ⓝ 색, 색깔, 혈색, 피부색 ⓥ 채색하다

What's his favorite **color**? 그가 가장 좋아하는 색은 무엇이니?

* colour처럼 영국 영어에서 our로 끝나는 단어가 미국 영어에서는 u가 생략되고
  color처럼 or로 끝남.

683

anywhere

[énihwɛər]

ⓐⓓ 어디든, 아무데나

If you could live **anywhere** in the world, where would it be?

만약 당신이 세계 어느 곳에서나 살 수 있다면, 그곳은 어디일까요?

684

instead

[instéd]

ⓐⓓ 대신에

What are you gonna do **instead**? 대신에 너는 무엇을 할 거니?

WEEK 01
WEEK 02
WEEK 03
WEEK 04
WEEK 05
WEEK 06
WEEK 07
WEEK 08

WEEK 01
WEEK 02
WEEK 03
WEEK 04
WEEK 05
WEEK 06
WEEK 07
WEEK 08

685

yesterday
[jéstərdèi]

n 어제, 최근 ad 어저께, 최근에

The surgeon who operated on me told me **yesterday** that all was well.
나를 수술한 외과의사는 모든 게 잘 되었다고 어제 말했어.

686

request
[rikwést]

n 요청, 요구, 신청 v 요청하다, 요구하다, 신청하다

I have only one **request**. 나에게는 단 하나의 요청이 있어.

•**require** v 필요하다, 필요로 하다, 요구하다 •**requirement** n 필요, 요건, 자격

687

usually
[jú:ʒuəli]

ad 보통, 대개, 평소

That's not how we **usually** do things around here.

•**usual** a 평소의, 보통의 그것은 우리가 보통 이 근처에서 하는 일이 아니다.

688

road
[roud]

n 도로, 길

I'm gonna walk the **road**, look for the girl.
난 그 소녀를 찾아 길을 걸을 거야.

689

issue
[íʃu:]

n 주제, 문제, 쟁점, 발행 v 발행하다, 발표하다

That's not the **issue**. 그게 문제가 아니야.

690

match
[mætʃ]

n 경기, 성냥, 맞수, 한 쌍 v 어울리다

How do I know she wasn't the perfect **match** for me?

•**matching** a 어울리는 그녀가 제 천생연분이 아니었다는 것을 제가 어떻게 알 수 있을까요?

691

account
[əkáunt]

n 계좌, 장부, 설명, 근거, 고객 v 간주하다, 책임을 지다

You don't have any money in your checking **account**.
당신의 결제 계좌에 돈이 조금도 없는데요.

•**accountant** n 회계사 •**accountable** a 책임이 있는 •**accountability** n 책임, 의무

692

jump
[dʒʌmp]

v 뛰다, 점프하다, 급등하다 n 뛰기, 급등

I **jumped** out of the ship.

•**jumper** n 뛰는 사람, 점퍼, 잠바 나는 배에서 뛰어내렸다.

693

threat
[θret]

n 협박, 위협, 조짐

Are you **threatening** me? 저를 협박하는 건가요?

•**threaten** v 협박하다, 위협하다, 조짐을 보이다

WEEK 01

WEEK 02

WEEK 03

WEEK 04

WEEK 05

WEEK 06

WEEK 07

WEEK 08

694

public
[pʌblik]

ⓐ 공공의, 공적인, 대중의, 공개된 ⓝ 대중, 일반인

I mean, is it open to the **public**?

제 말은, 일반인에게도 열려 있나요?

· **publicity** ⓝ 공표, 광고 · **publicly** ⓐⓓ 공개적으로 · **publication** ⓝ 출판, 발표

695

camera
[kǽmərə]

ⓝ 카메라

There's a **camera** at eye height to the right of the door.

그 문 오른쪽의 눈높이 위치에 카메라가 있어.

696

situation
[sìtʃuéiʃən]

ⓝ 상황, 상태, 위치

I believe there's always a bit of good in any **situation**, even a bad one.

나는 어떤 상황에서든, 심지어 나쁜 상황에서도 항상 좋은 점이 있다고 믿어.

697

conversation
[kɛnvərséiʃən]

· **converse** ⓥ 대화하다

ⓝ 대화, 회화

Don't worry. We don't have to make **conversation**.

걱정하지 마. 우리는 대화할 필요가 없어.

698

attack
[ətǽk]

· **attacker** ⓝ 공격자

ⓥ 공격하다, 폭행하다 ⓝ 공격

He died of a heart **attack**.

그는 심장마비로 사망했다.

699

forgive
[fərgív]

· **forgiveness** ⓝ 용서

ⓥ 용서하다, 탕감하다

God will **forgive** me for what I must do.

하느님은 내가 해야만 할 일을 용서해 주실 것이다.

700

concern
[kənsə́:rn]

ⓥ 염려하다, 관계하다, 관계가 있다 ⓝ 우려, 관심사

There are **concerns** about your state of mind.

당신의 정신 상태에 대한 우려가 있어요.

· **concerned** ⓐ 우려하는, 관계가 있는 · concerning ⓟⓡⓔⓟ …에 관련된

1 아래 영단어의 한글 뜻과 한글 뜻에 해당하는 영단어를 써 보세요.

영단어	한글 뜻	한글 뜻	영단어
single 652		ⓝ 농담 ⓥ 농담하다 651	
mention 656		ⓝ 사건, 사고 654	
board 662		ⓐⓓ 아마도, 어쩌면 664	
storage 666		ⓐ 이기적인 669	
suction 676		ⓝ 생존 672	
admission 678		ⓝ 여왕, 왕비, 황후 681	
president 680		ⓐⓓ 대신에 684	
match 690		ⓐⓓ 보통, 대개, 평소 687	
threaten 693		ⓝ 회계사 691	
forgive 699		ⓝ 대화, 회화 697	

2 아래 영문을 해석하세요.

The police are on their way. 659 _____

Shut your mouth, or we're gonna kick your ass! 673 _____

Are you threatening me? 693 _____

3 아래 문장을 영작하세요.

당신의 지원에 감사드립니다. 667 _____

그가 가장 좋아하는 색은 무엇이니? 682 _____

그는 심장마비로 사망했다. 698 _____

WEEK 01
WEEK 02
WEEK 03
WEEK 04
WEEK 05
WEEK 06
WEEK 07
WEEK 08

701

gift
[gift]
·**gifted** ⓐ타고난 재능이 있는

ⓝ 선물, 재능 ⓝ 증정하다
The kids are looking for the **gift** bags.
아이들은 그 선물 가방을 찾고 있다.

702

ball
[bɔːl]
·**balls** ⓝ용기, 배짱

ⓝ 공, 고환, 무도회
The **ball** is in your court.
이제 네가 처리해야 될 차례야. ＊직역: 공이 네 코트에 있다.

703

floor
[flɔːr]

ⓝ 바닥, 층
I wouldn't sleep on the **floor**, though.
그래도 나는 바닥에서 자지는 않을 거야.

704

seat
[siːt]

ⓝ 자리, 좌석 ⓥ 앉히다, 앉다
Have a **seat**. 앉으세요.

705

carry
[kǽri]

ⓥ 운반하다, 나르다, 휴대하다
Let me **carry** the ball here. 내가 그 공을 여기로 옮기게 해줘.

·**carrier** ⓝ항공사, 운송인, 운반기, 매개체

706

responsible
[rispánsəbl]
·**responsibility** ⓝ책임

ⓐ 책임이 있는
We want you to know we're doing everything we can to find the person **responsible**.
저희가 책임자를 찾기 위해 할 수 있는 모든 일을 하고 있다는 것을 당신이 아셨으면 좋겠어요.

707

leg
[leg]

ⓝ 다리
Hold his **legs**! Hold his **legs** down!
그의 다리를 잡아! 그의 다리를 아래로 잡아!

115

WEEK 01
WEEK 02
WEEK 03
WEEK 04
WEEK 05
WEEK 06
WEEK 07

708

suggest
[səgdʒést]
· **suggestion** n 제안, 암시

Ⅴ 제안하다, 암시하다

I **suggest** you speak with him.
네가 그와 이야기를 나누면 좋겠어.

709

rock
[rak]
· **rocky** a 바위로 된, 험난한

n 바위, 암석, 암벽, 돌멩이, 록 (음악) Ⅴ 흔들리다, 뒤흔든다, 끝내주다

He had recently brought the **rock** home.
그는 최근에 그 돌멩이를 집으로 가져왔다.

710

ring
[riŋ]

Ⅴ 전화하다, 울리다 n 반지, 고리, 링

I'll **ring** when it's done. 끝나면 내가 전화할게.

711

chief
[tʃiːf]

a 주요한, 최고의 n 장, 우두머리, 최고위자

You're the new **chief** of surgery. 당신은 새로운 수술팀장입니다.

712

proud
[praud]
· **pride** n 자부심, 자존심
· **proudly** ad 자랑스럽게

a 자랑스러운, 자부심이 강한

You must be real **proud** of the work they're doing.
너는 그들이 하는 일을 정말 자랑스러워 해야 해.

713

command
[kəmǽnd]
· **commander** n 사령관, 중령
· **commandment** n 계명

Ⅴ 명령하다, 지시하다 n 명령, 지휘, 사령부

I am in **command** of this ship.
내가 이 배를 지휘해.

714

pregnant
[prégnənt]
· **pregnancy** n 임신

a 임신한

People are starting to notice I'm **pregnant**.
사람들이 내가 임신했다는 것을 알아차리기 시작했어.

715

earth
[əːrθ]
· **earthly** a 세속적인, 도대체

n 지구, 세상, 땅, 흙

It was her favorite place on **earth**.
그곳은 그녀가 세상에서 가장 좋아하는 장소였다.

716

neighbor
[néibər]

n 이웃, 이웃 사람 Ⅴ 인접하다

How much do we really want to know about our **neighbors**?
우리는 진정 얼마나 우리의 이웃에 대해 알고 싶은가?

· **neighborhood** n 이웃, 이웃 사람들 · **neighbour** n =neighbor · **neighbourhood** n =neighborhood

WEEK 01
WEEK 02
WEEK 03
WEEK 04
WEEK 05
WEEK 06
WEEK 07
WEEK 08

717

target
[tá:rgit]

ⓝ 목표, 표적, 대상 ⓥ 겨냥하다, 목표로 하다

Listen. I have a **target** I need to hit.
들어봐. 나는 맞춰야 할 표적[목표]이 있어.

718

group
[gru:p]

ⓝ 단체, 집단, 그룹, 무리 ⓥ 무리를 지어 모이다

They're **grouping** us all together!
그들은 우리 모두를 함께 그룹화하고 있어!

719

dear
[diər]

ⓐ 사랑하는, 소중한 ⓘⓝⓣ 어머나 ⓝ 여보, 자기

·**dearie** ⓝ사랑하는 사람, 당신

Here you are, my **dear**.
여기 있어, 자기.

720

center
[séntər]

ⓝ 중심, 중앙, 중심부, 센터 ⓥ 중앙에 놓다, 집중하다 ⓐ 중앙의

·**central** ⓐ중심의, 중앙의
·**centre** ⓝ중심, 중앙, 중심부

I must have left my phone in the day care **center**.
내 전화를 어린이집에 두고 온 게 틀림없어.

721

poor
[puər]

ⓐ 가난한, 빈약한, 불쌍한

·**poorly** ⓐⓓ저조하게 ⓐ아픈
·**poverty** ⓝ가난, 빈곤

A **poor** girl was beaten to death.
불쌍한 소녀가 두들겨 맞아 죽었다.

722

cross
[krɔ:s]

ⓥ 건너다, 횡단하다, 교차하다 ⓝ 십자, 십자가

·**crossing** ⓝ건널목, 횡단

But we've **crossed** a line, you and me.
하지만 너와 나, 우린 선을 넘었어.

723

star
[sta:r]

ⓝ 별, 스타 ⓥ 주연을 맡다

I have often wished to see those **stars** a little closer.
나는 가끔 저 별들을 조금 더 가까이서 보고 싶었어.

724

roll
[roul]

ⓥ 구르다, 굴리다, 돌다, 말다, 가다 ⓝ 통, 두루마리

·**roller** ⓝ롤러

Let's **roll** the die, shall we?
주사위를 굴려 볼까요? (주사위를 던져 봅시다.)

725

waste
[weist]

ⓥ 낭비하다 ⓝ 낭비 ⓐ 황폐한

I won't **waste** your time. Haven't I always been on your side?
당신의 시간을 낭비하지 않을게요. 저는 항상 당신 편 아니었나요?

726

mile
[mail]

·**mileage** ⓝ마일리지, 연비

ⓝ 마일 (1,609m), 먼 거리

You've been talking about it for the last five **miles**.

너는 지난 5마일 동안 그것에 대해 이야기해 왔어.

727

reach
[ri:tʃ]

ⓥ 도달하다, 닿다, 이르다, 뻗다 ⓝ 범위, 거리

Well, we've **reached** the end of our road.

글쎄요, 우리 길 끝에 다다랐어요.

728

Christmas
[krísməs]

ⓝ 크리스마스

It was the most amazing **Christmas** present.

그것은 가장 놀라운 크리스마스 선물이었다.

729

age
[eidʒ]

·**aged** ⓐ늙은, 숙성된

ⓝ 나이, 시기 ⓥ 나이를 먹다, 늙다

I saw the world the same way when I was your **age**.

나도 네 나이 때 세상을 그것과 같은 방식으로 봤어.

730

calm
[ka:m]

·**calmly** ⓐⓓ침착하게

ⓐ 침착한, 차분한, 잔잔한, 고요한 ⓥ 진정시키다, 고요해지다

ⓝ 평온, 고요

Calm down and tell me what happened.

진정하고 무슨 일이 있었는지 나에게 말해 줘.

731

plane
[plein]

ⓝ 비행기, 평면 ⓐ 평평한

I gotta go. I gotta catch a **plane**. 가야 해. 나는 비행기를 타야 해.

732

strange
[streindʒ]

·**stranger** ⓝ이방인
·**strangely** ⓐⓓ이상하게

ⓐ 이상한, 낯선

I just had a **strange** dream last night.

나는 어젯밤에 이상한 꿈을 꾸었다.

733

computer
[kəmpjú:tər]

ⓝ 컴퓨터

Did you check his **computer**? 그의 컴퓨터를 확인해 봤니?

734

accept
[æksépt]

ⓥ 받아들이다, 수락하다, 인정하다

Maybe you should **accept** that job offer.

어쩌면 당신은 그 일자리 제의를 받아들여야 합니다.

·**acceptable** ⓐ받아들일 수 있는 ·**acceptance** ⓝ수락, 승인

735

area
[ɛəriə]

n 지역, 분야, 구역, 면적

I love this **area**.
나는 이 지역을 사랑해.

736

birthday
[bə́ːrθdèi]

n 생일

Tomorrow is my daughter's **birthday**.
내일이 제 딸 생일이에요.

737

copy
[kápi]

·**copier** n 복사기, 모방자

v 복사하다, 베끼다, (무선을) 수신하다   n 사본, 한 부

Do you have a **copy** of those letters?
당신은 그 편지들의 사본을 가지고 있나요?

738

address
n [ǽdres] v [ədrés]

n 주소   v 연설하다

I think I might be at the wrong **address**.
제가 잘못된 주소에 있을지도 모르겠어요.

739

shall
[ʃæl]

v …일 것이다, …해야 한다

Do you wanna sit? **Shall** we sit?
앉고 싶으세요? 우리 앉을까요?

740

hire
[haiər]

v 고용하다, 임차하다

You **hired** him. You fire him.
당신은 그를 고용했어요. (그리고) 당신은 그를 해고하는 거죠.

741

rather
[rǽðər]

ad …보다는, 약간, 오히려

I'd **rather** die than have your help.
네 도움을 받느니 차라리 죽는 게 낫겠어.

742

trip
[trip]

n 여행, 이동

Have a safe **trip**.   안전하게 여행하세요.

743

lunch
[lʌntʃ]

n 점심   v 점심을 먹다

Excuse me, miss. I'd like to order **lunch**.
실례합니다, 아가씨. 점심을 주문하고 싶어요.

WEEK 01
WEEK 02
WEEK 03
WEEK 04
WEEK 05
WEEK 06
WEEK 07
WEEK 08

744

page
[peidʒ]
·**pager** ⓝ무선 호출기

ⓝ 페이지, 쪽, 면 ⓥ 호출하다
When you got some **pages**, I want you to show them to me first.
몇 페이지가 있으면 제게 먼저 보여 주세요.

745

bill
[bil]

ⓝ 고지서, 청구서, 계산서, 법안, 지폐 ⓥ 계산서로 청구하다
He's just paying **bills**.
그는 단지 돈을 내고 있습니다.

746

bank
[bæŋk]
·**banker** ⓝ은행가

ⓝ 은행, 둑, 제방 ⓥ 은행에 맡기다, 예금하다
I just got a call from the **bank**.
나는 방금 은행에서 온 전화를 받았다.

747

gun
[gʌn]

ⓝ 총, 대포 ⓥ 총으로 쏘다
Help me. He's got a **gun**! Help me!
도와주세요. 그는 총을 가지고 있어요! 도와주세요!

748

forever
[fərevər]

ⓐⓓ 영원히, 계속 ⓝ 오랜 시간, 영원
I feel like I haven't seen you in **forever**.
당신을 오랫동안 못 본 것 같아요.

749

sad
[sæd]

ⓐ 슬픈, 애석한
I am **sad** to hear that. 그 말을 들으니 슬프네요.

·**sadly** ⓐⓓ슬프게, 애석하게도 ·**sadness** ⓝ슬픔

750

pack
[pæk]

ⓥ 짐을 싸다, 포장하다, 채우다 ⓝ 묶음, 꾸러미, 무리
Go **pack** up your things. 가서 네 짐 싸.

·**packet** ⓝ소포, 갑, 곽, 패킷 (한 단위로 전송되는 데이터) ·**packer** ⓝ포장업자, 포장 기계

1 아래 영단어의 한글 뜻과 한글 뜻에 해당하는 영단어를 써 보세요.

영단어	한글 뜻
ball 702	
responsibility 706	
chief 711	
command 713	
neighbor 716	
roll 724	
mile 726	
accept 734	
address 738	
pack 750	

한글 뜻	영단어
ⓝ 바닥, 층 703	
ⓥ 제안하다, 암시하다 708	
ⓝ 자부심, 자존심 712	
ⓐ 임신한 714	
ⓐ 중심의, 중앙의 720	
ⓝ 가난, 빈곤 721	
ⓐ 이상한, 낯선 732	
ⓥ 고용하다, 임차하다 740	
ⓝ 여행, 이동 742	
ⓝ 총, 대포 747	

2 아래 영문을 해석하세요.

The ball is in your court. 702 _____

People are starting to notice I'm pregnant. 714 _____

I just had a strange dream last night. 732 _____

3 아래 문장을 영작하세요.

진정하고 무슨 일이 있었는지 나에게 말해 줘. 730 _____

당신은 그 편지들의 사본을 가지고 있나요? 737 _____

안전하게 여행하세요. 742 _____

알아두면 좋은
요일, 월 이름

● 요일(days of the week)

월요일	Monday
화요일	Tuesday
수요일	Wednesday
목요일	Thursday
금요일	Friday
토요일	Saturday
일요일	Sunday

● 월(months)

1월	January
2월	February
3월	March
4월	April
5월	May
6월	June
7월	July
8월	August
9월	September
10월	October
11월	November
12월	December

● 요일, 월 관련 팁

1. 월, 연도, 요일, 날짜 관련 전치사 in, on

in	months, years
on	days, dates

2. 연도는 대부분 두 자리씩 끊어 읽음

1994	nineteen ninety-four
2019	twenty nineteen
1800	eighteen hundred
2000	two thousand
1701	seventeen oh one
2001	two thousand and one

WEEK
04

WEEK 01
WEEK 02
WEEK 03
WEEK 04
WEEK 05
WEEK 06
WEEK 07
WEEK 08

DAY 16

4주 차 첫날, 상쾌하게 시작해요

Top 751~800

751

suit
[su:t]
·**suitable** ⓐ적합한

ⓝ 정장, 옷 (한 벌), 소송 ⓥ 어울리다
You know who likes this **suit**?
이 정장 누가 좋아하는지 알아?

752

lab
[læb]
·**laboratory**
ⓝ실험실, 실습실, 연구실

ⓝ 실험실, 실습실, 연구실
Do you want to see the computer **lab**?
컴퓨터 실습실을 보고 싶니?

753

general
[dʒénərəl]
·**generally** ⓐⓓ 일반적으로

ⓐ 일반적인, 보통의 ⓝ 장군
I find in **general**, people have very little understanding of who they are.
나는 일반적으로 사람들이 자신이 누구인지 거의 이해하지 못한다는 것을 안다.

754

fill
[fil]

ⓥ 채우다, 메우다
Why are your eyes all **filled** with blood?
왜 당신 눈이 피로 가득 차 있죠?

755

level
[lévəl]

ⓝ 수준, 단계, 정도 ⓐ 평평한, 대등한 ⓥ 평평하게 하다
You want next **level** pay, you gotta do next **level** work.
다음 단계의 급여를 원한다면 다음 단계의 일을 해야 해.

756

clothes
[klouz]

ⓝ 옷, 의복
Dress every day like you gonna get murdered in those **clothes**.
당신이 그 옷을 입은 채 살해당할 것처럼 매일 입으세요.

·**clothe** ⓥ옷을 입히다 ·**cloth** ⓝ옷감, 천 ·**clothing** ⓝ(집합적) 의류

757

owe
[ou]

ⓥ 빚을 지다, 신세를 지다, 의무가 있다
You **owe** me money. 너는 나에게 돈을 빚졌어.

758

strike
[straik]
·**stroke** n타격, 뇌졸중

v 치다, 때리다, 부딪치다, 파업하다 n 공습, 파업, 스트라이크
We have to **strike** back.
우리는 반격해야 해.

759

block
[blak]

v 막다, 차단하다 n 차단, 블록, 구역
It's only a couple **blocks** away. 겨우 몇 블록 떨어져 있다.

·**blocker** n방해하는 것[사람] ·**blockage** n봉쇄, 장애물 ·**blockade** n차단, 봉쇄 v봉쇄하다

760

letter
[létər]

n 편지, 글자, 증서 v 글자를 써넣다
I believe it's all in the **letter**.
나는 그것이 편지에 모두 있다고 믿습니다.

761

blame
[bleim]

v 비난하다, 탓하다 n 비난, 책임
Yes, I take my share of the **blame**.
네, 저는 제 몫의 책임을 지겠습니다.

762

tie
[tai]

v 묶다, 결부시키다, 비기다 n 넥타이, 끈, 동점
What kind of **ties** were you **tied** up with?
당신은 어떤 종류의 끈으로 묶였나요?

763

appear
[əpíər]

v 나타나다, …인 듯하다, 출석하다, 출연하다
You **appear** to have put your car key in the door lock.
너는 차 열쇠를 문 자물쇠에 끼운 것 같아.

·**appearance** n외모, 출석, 출연 ·**apparent** a분명한, 명백한 ·**apparently** ad분명히

764

crime
[kraim]
·**criminal** a범죄의 n범죄자

n 범죄
It's the perfect **crime**.
그것은 완벽한 범죄다.

765

original
[ərídʒənl]

a 원래의, 원본의, 독창적인 n 원본
It's not an **original** story. 그것은 원래의 이야기가 아니다.

·**origin** n기원, 근원, 태생 ·**originally** ad원래 ·**originate** v유래하다, 고안하다

766

idiot
[ídiət]
·**idiotic** a바보 같은

n 바보, 멍청이
You're an **idiot**. 넌 바보야.

767

technology
[teknálədʒi]

🄝 기술, 장비

Technically, there was only one winner that day.
엄밀히 말하면, 그날은 승자가 한 명뿐이었다.

· **technically** [ad] 엄밀히 말하면, 기술적으로   · **technique** [n] 기법, 기술   · **tech** [n] 기술, 공과 대학
· **technical** [a] 기술의, 기술적인   · **technician** [n] 기술자, 엔지니어

768

gentleman
[dʒéntlmən]

🄝 신사

Good morning, ladies and **gentlemen**.
안녕하세요, 신사 숙녀 여러분.

· **gentlemen**
  [n] gentleman의 복수형

769

window
[wíndou]

🄝 창문, 창

All the **windows** need to be open at all times.
모든 창문은 항상 열려 있어야 한다.

770

medical
[médikəl]

🄐 의학의, 의료의

He paid my dad's **medical** bills.   그는 내 아버지의 의료비를 지불했다.

· **med** [a] =medical   · **medicine** [n] 약, 의학, 의술   · **medic** [n] 의사, 의대생, 위생병

771

pretend
[priténd]

🅥 …인 척하다, 가장하다, 상상하다   🄐 가짜의, 상상의

I figured you were just **pretending** to be interested.
저는 당신이 단지 관심 있는 척 한다고 생각했어요.

· **pretense** [n] 가식, 핑계
· **pretentious** [a] 허세 부리는

772

fear
[fiər]

🄝 공포, 두려움   🅥 두려워하다, 우려하다

The man who **fears** losing has already lost.
지는 것을 두려워하는 사람은 이미 진 것이다.

· **fearless** [a] 겁 없는
· **fearful** [a] 무서운, 걱정하는

773

location
[loukéiʃən]

🄝 장소, 위치

They're all in the same **location**.   그들은 모두 같은 장소에 있다.

· **locate** [v] 위치하다   · **local** [a] 지역의 [n] 주민   · **locally** [ad] 장소적으로

774

doubt
[daut]

🅥 의심하다, 의문을 갖다   🄝 의심, 의문, 의혹

If you leave them any room to **doubt** you, they will.
만약 당신이 그들에게 당신을 의심할 여지를 주면, 그들은 그럴 거예요.

· **doubtful**
  [a] 의심스러운, 회의적인

775

focus
[fóukəs]

v 집중하다, 초점을 맞추다 n 초점

Focus on that. 그것에 집중해.

776

remind
[rimáind]

v 상기시키다, 생각나게 하다, 다시 알려주다

You know what this whole thing **reminds** me of, don't you?

이 모든 게 내게 뭘 생각나게 하는지 넌 알지?

·**reminder**
n 상기시키는 것, 독촉장

777

fit
[fit]

v 맞다, 적합하다 a 적합한, 건강한 n 조화, 발작

That job was never the right **fit** for me.

그 일은 결코 나에게 맞는 일이 아니었어.

·**fitness** n 건강, 운동, 적합

778

member
[mémbər]

n 회원, 구성원

Most of our **members** don't hunt these days.

대부분의 우리 회원들이 요즘에는 사냥을 하지 않아요.

·**membership**
n 회원 자격, 회원권

779

during
[djúəriŋ]

prep ···동안, ···중에

We had hoped to find some time together **during** her days off.

그녀의 휴일 동안 우리는 함께 할 시간을 갖기를 기대했어요.

780

relax
[riléks]

v 쉬다, 안심하다, 진정하다, 완화하다

All right, we need you to sit back and try to **relax**.

좋아, 앉아서 쉬려고 해 봐.

781

draw
[drɔː]

v 그리다, 끌어당기다, 뽑다 n 끌기, 추첨, 무승부

And now I must **draw** your attention back to her plan.

그리고 이제 저는 당신의 관심을 그녀의 계획으로 돌려야 합니다.

782

position
[pəzíʃən]

n 위치, 입장, 지위, 자리, 자세 v 위치를 정하다

I didn't mean to put you in a weird **position**.

당신을 이상한 입장에 처하게 하려던 건 아니었어요.

783

practice
[préktis]

n 실천, 실행, 연습, 관행, 관습 v 실천하다, 연습하다

He **practices** something more powerful than magic.

그는 마술보다 더 강력한 무언가를 연습한다.

·**practically** ad 사실상, 실제로
·**practical** a 현실적인, 실용적인

WEEK 01

WEEK 02

WEEK 03

WEEK 04

WEEK 05

WEEK 06

WEEK 07

WEEK 08

784

deliver
[dilívər]

ⓥ 배달하다, 전달하다, 데리고 가다, 출산하다

Everyone saw it get **delivered**.

모든 사람이 그것이 배달되는 것을 보았다.

·**delivery** ⓝ 배달, 전달, 출산

785

advice
[ædváis]

ⓝ 충고, 조언

I don't charge for my **advice**. 저는 제 충고에 비용을 청구하지 않아요.

·**advise** ⓥ 충고하다, 조언하다 ·**advisor** ⓝ 고문

786

science
[sáiəns]

ⓝ 과학

Magic is just **science** we don't understand yet.

마술은 우리가 아직 이해하지 못하는 과학일 뿐이다.

·**scientist** ⓝ 과학자
·**scientific** ⓐ 과학적인

787

hotel
[houtél]

ⓝ 호텔

You want to go to your **hotel** and get checked in?

호텔에 가서 체크인하실래요?

788

nervous
[nə́:rvəs]

ⓐ 불안한, 초조한, 걱정하는, 신경성의

She's pretty **nervous** about seeing her mother after all these years.

그녀는 오랜만에 그녀의 어머니를 보는 것에 대해 꽤 긴장한다.

·**nerve** ⓝ 신경, 긴장, 불안

789

smoke
[smouk]

ⓝ 연기, 흡연 ⓥ 담배 피다, 훈제하다

Sometimes it's so hard not **smoking**.

가끔 담배를 피우지 않는 것이 너무 힘들어.

·**smoky** ⓐ 연기가 나는
·**smoker** ⓝ 흡연자

790

excite
[iksáit]

ⓥ 흥분시키다, 자극하다

I don't think I've ever been so **excited** in my whole life.

내 평생 그렇게 흥분한 적은 없었던 것 같아.

·**excited** ⓐ 흥분한 ·**exciting** ⓐ 흥분시키는 ·**excitement** ⓝ 흥분

791

lay
[lei]

ⓥ 놓다, 눕다, 낳다, 섹스하다

I'm tired, and I just want to **lay** down.

나는 피곤해서 그냥 누워 있고 싶어.

WEEK 01
WEEK 02
WEEK 03
WEEK 04
WEEK 05
WEEK 06
WEEK 07
WEEK 08

792
spot
[spat]
·**spotless** ⓐ티 없는, 흠 없는

ⓝ 점, 반점, 장소　ⓥ 더럽히다, 발견하다
Who else knew about that **spot**?
또 누가 그 장소에 대해 알았을까?

793
ice
[ais]
·**icy** ⓐ얼음의

ⓝ 얼음, 빙상
I brought you some **ice**.
제가 당신에게 얼음 좀 가져왔어요.

794
space
[speis]
·**spacious** ⓐ넓은, 널찍한

ⓝ 공간, 우주, 장소　ⓥ 간격을 두다
I was waiting for the parking **space**.
나는 주차 공간을 기다리고 있었어.

795
discuss
[diskʌs]
·**discussion** ⓝ상의, 논의

ⓥ 상의하다, 논의하다, 토론하다, 이야기하다
We'll **discuss** it later.
우리 그건 나중에 얘기하자.

796
travel
[trǽvəl]
·**traveler** ⓝ여행자

ⓥ 여행하다, 이동하다　ⓝ 여행, 이동
No, we're no longer **traveling** together.
아니, 우린 더 이상 같이 여행하지 않아.

797
upset
[ʌpset]

ⓐ 화난, 속상한　ⓥ 뒤엎다　ⓝ 혼란
You just seemed pretty **upset** after your last visit.
지난 번 방문 후 당신은 정말 화가 난 것 같았어요.

798
forward
[fɔ́ːrwərd]

ⓐⓓ 앞으로　ⓐ 앞으로 가는　ⓥ 나아가게 하다, 전송하다　ⓝ 포워드
The only way to move things **forward** is to fight back.
일을 진척시키는 유일한 방법은 반격하는 것뿐이다.

799
glass
[glæs]
·**glasses** ⓝ안경

ⓝ 유리, 잔
Could I get a **glass** of water?
물 한 잔 주시겠어요?

800
hole
[houl]

ⓝ 구멍, 구덩이, 홀, 허점　ⓥ 구멍을 뚫다
There were **holes** in the ground.
땅바닥에 구멍이 있었다.

WEEK 01
WEEK 02
WEEK 03
WEEK 04
WEEK 05
WEEK 06
WEEK 07
WEEK 08

DAY 16 Daily Checkup

1 아래 영단어의 한글 뜻과 한글 뜻에 해당하는 영단어를 써 보세요.

영단어	한글 뜻
suit 751	
general 753	
owe 757	
blame 761	
apparently 763	
technician 767	
remind 776	
practice 783	
smoke 789	
discuss 795	

한글 뜻	영단어
n 타격, 뇌졸증 758	
n 범죄 764	
n 신사 768	
a 의학의, 의료의 770	
n 장소, 위치 773	
v 충고하다, 조언하다 785	
n 과학 786	
v 흥분시키다, 자극하다 790	
n 얼음, 빙상 793	
n 안경 799	

2 아래 영문을 해석하세요.

Dress every day like you gonna get murdered in those clothes. 756

If you leave them any room to doubt you, they will. 774

Who else knew about that spot? 792

3 아래 문장을 영작하세요.

너는 나에게 돈을 빚졌어. 757

넌 바보야. 766

내 평생 그렇게 흥분한 적은 없었던 것 같아. 790

130

심호흡 한번 하고 집중해 봐요
Top 801~850

DAY17.mp3

801

escape
[iskéip]

ⓥ 탈출하다, 피하다, 벗어나다　ⓝ 탈출, 도피

They want us to help them **escape**.
그들은 우리가 그들의 탈출을 돕길 원한다.

802

chase
[tʃeis]

ⓥ 뒤쫓다, 추구하다　ⓝ 추적, 추구

You need to stop **chasing** him and let him find you.
그를 쫓는 것을 멈추고 그가 너를 찾을 수 있게 해야 해.

803

type
[taip]

ⓝ 유형, 종류, 타입　ⓥ 타자 치다

Hey, do you happen to know my blood **type**?
이봐, 혹시 내 혈액형 알아?

804

across
[əkrɔ́:s]

ⓐ 건너서, 가로질러서　ⓟ 건너편에, 가로질러, 가로로, 전역에서

I'm going **across** the street to the building.
나는 길을 건너 그 건물로 갈 거야.

805

receive
[risí:v]

ⓥ 받다, 받아들이다

You should be **receiving** it shortly.　당신은 그것을 곧 받을 겁니다.

· **reception** ⓝ 수신, 접수처, 환영회　· **receipt** ⓝ 영수증, 수령　· **receptionist** ⓝ 접수원　· **receiver** ⓝ 수신기, 수화기

806

nature
[néitʃər]

ⓝ 자연, 본성, 성격

Nature doesn't care. **Nature** just is.　자연은 신경 쓰지 않아. 자연은 그냥 있어.

· **natural** ⓐ 자연의, 자연스러운, 당연한, 정상적인, 천성의　· **naturally** ⓐ 자연스럽게, 당연히

807

machine
[məʃí:n]

ⓝ 기계, 기구　ⓥ 기계로 만들다

I was about to put them in the **machine**.
· **machinery** ⓝ 기계(류), 기구　나는 그것들을 기계에 막 넣으려던 참이었다.

808

tough
[tʌf]

ⓐ 힘든, 어려운, 강한

It's been a long war, it's been a **tough** war.
그것은 오랜 전쟁이었고, 힘든 전쟁이었다.

809

field
[fi:ld]

ⓝ 들판, 밭, 분야, 현장, 경기장, 필드

I'd close my eyes and pretend I was right out there in the **field**.
난 눈을 감고 필드 위에 있는 상상을 하곤 했어.

810

access
[ǽkses]
·**accessible** ⓐ접근 가능한

ⓝ 접근 ⓥ 접근하다, 접속하다

You no longer have **access** to this patient.
당신은 이 환자에게 더는 접근할 수 없습니다.

811

cash
[kæʃ]
·**cashier** ⓝ출납원

ⓝ 현금, 돈 ⓥ 현금으로 바꾸다

Will that be **cash** or credit?
현금으로 하시겠어요, 카드로 하시겠어요?

812

truck
[trʌk]
·**trucker** ⓝ트럭 운전사

ⓝ 트럭, 화물차 ⓥ 트럭으로 나르다

Another **truck** came by with weapons.
다른 트럭이 무기를 가지고 왔다.

813

release
[rilíːs]

ⓥ 풀어주다, 석방하다, 공개하다, 발표하다 ⓝ 석방, 개봉, 출시

She hasn't been **released**, has she?
그녀는 아직 풀려나지 않았지, 그렇지?

814

uncle
[ʌŋkl]

ⓝ 삼촌, 아저씨

You smell just like my **uncle**.
넌 내 삼촌과 똑같은 냄새가 나.

815

health
[helθ]
·**healthy** ⓐ건강한, 건강에 좋은

ⓝ 건강, 보건, 의료

What do you know about being **healthy**?
당신은 건강해지는 것에 대해 무엇을 알고 있나요?

816

shop
[ʃap]
·**shopping** ⓝ쇼핑
·**shopper** ⓝ쇼핑객

ⓝ 가게, 상점 ⓥ 쇼핑하다

I've been thinking about opening a **shop** down here for a while now.
나는 한동안 여기에 가게를 여는 것에 대해 생각해 왔어.

817

trick
[trik]

Ⓥ 속이다 Ⓝ 속임수, 마술, 장난

How do I know you're not **tricking** me?

네가 날 속이는 게 아니란 걸 어떻게 알아?

•**tricky** ⓐ까다로운, 교활한, 교묘한   •**trickster** ⓝ사기꾼

818

ruin
[rú:in]

Ⓥ 망치다, 파멸시키다, 파산시키다 Ⓝ 파멸, 파산, 폐허

You've **ruined** the whole thing.

네가 모든 것을 망쳤어.

•**ruined** ⓐ파멸한, 몰락한
Ⓥruin의 과거, 과거분사

819

college
[kálidʒ]

Ⓝ 대학, 학부

Things sure have changed since I went to **college**.

내가 대학에 간 이후로 상황이 확실히 달라졌다.

820

enter
[éntər]

Ⓥ 들어가다, 진입하다, 참가하다, 기입하다

There was no sign of forced **entry**, so it was assumed that she knew the killer and let him in.

강제 침입의 흔적이 없어서, 그녀가 살인범을 알고 그를 들어오게 한 것으로 추정되었다.

•**entry** ⓝ입장, 출입, 가입
•**entrance** ⓝ입구, 입장, 입학

821

soul
[soul]

Ⓝ 영혼, 정신, 마음

People think that your **soul** or personality, whatever, leaves the body when you die.

사람들은 당신의 영혼이나 성격이, 그걸 뭐라 부르든, 당신이 죽을 때 몸을 떠난다고 생각해요.

•**soulless** ⓐ혼이 없는

822

cute
[kju:t]

ⓐ 귀여운, 멋진

I just thought he was **cute**.

나는 그저 그가 귀엽다고 생각했어.

•**cutie** ⓝ귀여운 여자

823

specific
[spisífik]

ⓐ 구체적인, 특정한, 명확한

I want to be very, very **specific** here.

저는 여기서 매우 매우 구체적이었으면 좋겠습니다.

•**specifically** ⓐd구체적으로, 명확하게   •**species** ⓝ종, 종류   •**spec** ⓝ명세, 설명서
•**specify** Ⓥ명시하다   •**specification** ⓝ명세, 설명서

824

detail
[ditéil]

Ⓝ 상세, 세부사항 Ⓥ 상세히 알리다, 열거하다

I'll be in touch with the **details**.

자세한 사항은 제가 연락드릴게요.

•**detailed** ⓐ상세한

WEEK 01
WEEK 02
WEEK 03
WEEK 04
WEEK 05
WEEK 06
WEEK 07
WEEK 08

825

commit
[kəmít]

·**commitment**
ⓝ약속, 전념, 헌신

ⓥ 저지르다, 범하다, 약속하다, 전념하다
The time has come for you to pay for every crime you've **committed**.
네가 저지른 모든 죄에 대한 대가를 치러야 할 때가 왔다.

826

neither
[níːðər]

ⓟⓡⓞⓝ 어느 쪽도 …아니다 ⓐⓓ …도 또한 …아니다
Neither of you ever cared about her.
너희 둘 다 그녀에 대해 신경 쓰지 않았어.

827

form
[fɔːrm]

ⓝ 형태, 형성, 종류, 서식, 양식 ⓥ 형성하다
There are some **forms** to fill out. 작성해야 할 양식이 몇 가지 있습니다.

·**formal** ⓐ공식적인, 정식의 ·**formation** ⓝ형성, 대형 ·**formality** ⓝ격식, 형식적 의례

828

prepare
[pripέər]

·**preparation** ⓝ준비, 대비

ⓥ 준비하다, 대비하다
I just need to make sure that I'm **prepared** for tomorrow.
나는 내일에 대한 준비가 되었는지 확실히 해야만 해.

829

Christ
[kraist]

·**Christian**
ⓐ기독교의 ⓝ기독교도

ⓝ 그리스도 ⓘⓝⓣ 제기랄
Oh, we do not joke about our Lord Jesus **Christ**.
오, 우리는 우리 주 예수 그리스도에 대해 농담을 하지 않습니다.

830

post
[poust]

·**posting** ⓝ배치, 포스팅
·**postal** ⓐ우편의

ⓝ 우편(물), 직책, 기둥 ⓥ 발송하다, 붙이다, 올리다, 게시하다
ⓟⓡⓔⓟ …의 후에, 뒤에

It was **posted** a month ago and already has almost half a million hits.
그것은 한 달 전에 게시되었고, 이미 거의 50만 건의 조회가 발생했다.

831

mail
[meil]

ⓝ 우편, 우편물, 이메일 ⓥ 우편으로 부치다, 이메일을 보내다
It came in the **mail** today. 그것은 오늘 우편으로 왔어요.

832

blue
[bluː]

ⓐ 파란, 푸른, 우울한 ⓝ 파란색
Is it red or **blue**? 그것은 빨간색인가요, 파란색인가요?

833

belong
[bilɔ́ːŋ]

·**belonging** ⓝ소유물, 소지품

ⓥ 속하다, 소속하다, 제자리에 있다
These lands **belong** to my son now.
이 땅은 이제 내 아들 것이다.

834

solve
[salv]

·**solution** n해결책, 해답

v 해결하다, 풀다

But we know that none of it matters if we cannot **solve** our most pressing problem. 그러나 우리가 가장 시급한 문제를 해결할 수 없다면 아무것도 중요하지 않다는 것을 우리는 알고 있다.

835

peace
[pi:s]

·**peaceful** a평화로운, 평화적인

n 평화

This is for my **peace** of mind. 이것은 내 마음의 평화를 위한 것이야.

836

dirty
[dá:rti]

·**dirt** n먼지, 흙, 때, 추문

a 더러운, 지저분한 v 더럽히다

She asked you to do her **dirty** work for her and you agreed.
그녀는 당신에게 그녀의 지저분한 일을 해달라고 부탁했고 당신은 동의했어.

837

video
[vídiòu]

n 비디오, 녹화, 영상 v 녹화하다, 촬영하다

Doesn't matter. **Video** gives me her location.
상관없어요. 비디오로 그녀 위치를 알 수 있어요.

838

piss
[pis]

v 오줌을 누다 n 오줌 int 제기랄

I was really **pissed** off the way you left the other day.
지난번에 네가 그런 식으로 떠나서 정말 화났어.

839

gay
[gei]

n 게이, 동성애자 a 게이인, 동성애자인

Except now, he's straight and you're **gay**. 지금만 빼면, 그는 이성애자고 넌 게이야.

840

fish
[fiʃ]

·**fishing** n낚시, 어업
·**fishy** a수상한, 물고기의

n 물고기 v 낚시하다

Want some **fish**? Take a break. Eat some **fish**.
생선 좀 먹을래? 좀 쉬고, 생선 좀 먹어.

841

shoe
[ʃu:]

n 신, 신발, 구두

If I was in your **shoes**, I probably would've done that too.
내가 네 입장이었다면 나도 아마 그랬을 거야.

842

impress
[imprés]

v 인상을 주다, 감동을 주다

I just wanted to tell you how **impressed** I was.
내가 얼마나 감명받았는지 너에게 말하고 싶었을 뿐이야.

·**impressive** a인상적인, 감동적인 ·**impression** n인상, 감동

843

west
[west]

·**western**
ⓐ서양의, 서쪽의, 서부의

ⓝ 서쪽, 서부 ⓐ 서쪽의 ⓐⓓ 서쪽에

We cannot go **west** without his ships.
우리는 그의 배 없이는 서쪽으로 갈 수 없어요.

844

note
[nout]

·**noted** ⓐ유명한

ⓝ 노트, 메모, 쪽지, 주석, 지폐 ⓥ 적어두다, 주의하다, 주를 달다

What did the **note** say?
메모에 뭐라고 쓰여 있어?

845

experience
[ikspíəriəns]

ⓝ 경험, 경력 ⓥ 경험하다, 겪다

I'm not sure you've ever **experienced** anything real your entire life.
당신이 평생 당신의 삶에서 진정한 것을 경험했는지 저는 모르겠네요.

846

add
[æd]

·**addition** ⓝ추가, 덧셈
·**additional** ⓐ추가의

ⓥ 더하다, 덧붙이다

That way you don't lose any **additional** money.
그렇게 하면 당신은 더는 돈을 잃지 않아요.

847

paint
[peint]

·**painter** ⓝ화가, 도장공
·**painting** ⓝ그림, 화법

ⓥ 그리다, 페인트를 칠하다 ⓝ 페인트, 물감

Do you happen to remember who it was that **painted** your house?
당신 집을 페인트칠한 사람이 누군지 혹시 기억하나요?

848

weak
[wi:k]

·**weakness** ⓝ약점, 약함
·**weaken** ⓥ약화시키다

ⓐ 약한, 힘이 없는

As long as there's people, there's always a **weak** spot.
사람들이 있는 한, 항상 약점이 있어.

＊ 뒤에 오는 주어가 복수인 경우 there are, 단수인 경우 there is가 문법상 맞지만, 구어
에서는 주어가 복수인 경우에도 there is를 쓰는 경우가 있음.

849

organization
[ɔ̀rgən-izéiʃən]

ⓝ 조직, 단체, 기관, 기구, 구성

I don't think the **organization** is gonna be supporting us.
그 단체가 우리를 지지할 것 같지 않아요.

·**organ** ⓝ장기, 기관   ·**organize** ⓥ조직하다, 구성하다   ·**organic** ⓐ유기적인, 유기농의   ·**organism** ⓝ유기체, 생물

850

settle
[sétl]

·**settlement** ⓝ합의, 해결, 정착

ⓥ 해결하다, 합의를 보다, 정착하다, 결정하다

You need to **settle** this case.
너는 이 사건을 해결해야 돼.

1 아래 영단어의 한글 뜻과 한글 뜻에 해당하는 영단어를 써 보세요.

영단어	한글 뜻
chase 802	
receipt 805	
release 813	
trick 817	
specifically 823	
commitment 825	
belong 833	
impressive 842	
organization 849	
settle 850	

한글 뜻	영단어
ⓥ 받다, 받아들이다 805	
ⓐ 접근 가능한 810	
ⓝ 삼촌, 아저씨 814	
ⓝ 가게 ⓥ 쇼핑하다 816	
ⓝ 영혼, 정신, 마음 821	
ⓥ 준비하다, 대비하다 828	
ⓥ 해결하다, 풀다 834	
ⓝ 물고기 ⓥ 낚시하다 840	
ⓝ 추가, 덧셈 846	
ⓥ 조직하다, 구성하다 849	

2 아래 영문을 해석하세요.

You need to stop chasing him and let him find you. 802

Neither of you ever cared about her. 826

Do you happen to remember who it was that painted your house? 847

3 아래 문장을 영작하세요.

현금으로 하시겠어요, 카드로 하시겠어요? 811

작성해야 할 양식이 몇 가지 있습니다. 827

그것은 빨간색인가요, 파란색인가요? 832

DAY 18

나날이 발전하고 있어요
Top 851~900

851

finger
[fíŋɡər]

ⓝ 손가락

I don't see no ring on this **finger**.
이 손가락에 아무 반지도 안 보이잖아.

852

bell
[bel]

ⓝ 벨, 종, 초인종

Does this ring a **bell**?
이거 기억나요? (이거 들어본 적 있어요?)

853

convince
[kənvíns]

·**convincing** ⓐ 설득력 있는

ⓥ 설득하다, 납득시키다, 확신시키다

Perhaps I have chosen the wrong way to **convince** you.
아마 내가 널 설득하는 방법을 잘못 선택한 것 같아.

854

dig
[dig]

·**digger** ⓝ 파는 사람, 채굴기

ⓥ 파다, 캐다, 발굴하다

Before you know it, we'll be **digging** into each other's pasts.
곧[네가 알기도 전에], 우리는 서로의 과거를 파고들 거야.

855

monster
[mánstər]

·**monstrous** ⓐ 거대한, 기괴한

ⓝ 괴물, 괴수

I didn't say you were a **monster**.
나는 네가 괴물이라고 말하지 않았어.

856

innocent
[ínəsənt]

·**innocence** ⓝ 결백, 무죄, 순수

ⓐ 결백한, 무죄의, 순수한

I finally convinced them I was **innocent**.
나는 마침내 그들에게 내가 무죄라고 납득시켰다.

857

plus
[plʌs]

ⓝ 이점, 플러스 ⓐ 이상의, 플러스의 ⓒⓞⓝⓙ 게다가, 더욱이

He just broke up with her. **Plus** he's not my type.
그는 그녀와 방금 헤어졌어. 게다가 그는 내 타입이 아니야.

858

hero
[híərou]
·**heroic** ⓐ영웅의

ⓝ 영웅

I don't need a **hero** if I can be a **hero**.
내가 영웅이 될 수 있다면 나는 영웅이 필요 없어.

859

confirm
[kənfə́:rm]
·**confirmation** ⓝ확인

ⓥ 확인하다, 확정하다

I just wanted to **confirm** that you're not coming to my wedding.
네가 내 결혼식에 안 오는지 확인하고 싶었을 뿐이야.

860

tape
[teip]

ⓝ 테이프 ⓥ 녹음하다, 녹화하다, 테이프로 붙이다

Is there a reason you're listening to **tapes** as old as you are?
당신만큼이나 오래된 테이프를 듣는 이유가 있나요?

861

throat
[θrout]

ⓝ 목구멍, 목

I'm gonna cut your fucking **throat**.
나는 네 놈 목을 베어버릴 거야.

862

file
[fail]

ⓝ 파일, 서류철

I've read your **file**.
저는 당신의 파일을 읽었어요.

863

social
[sóuʃəl]

ⓐ 사회의, 사회적인, 사교적인 ⓝ 친목회

I don't really have much of a **social** life.
저는 정말 사교활동을 별로 하지 않아요.

·**society** ⓝ사회, 집단 ·**socially** ⓐd사회적으로, 사교적으로 ·**socialize** ⓥ사귀다, 교제하다, 사회화시키다
·**sociology** ⓝ사회학

864

terror
[térər]

ⓝ 공포, 테러

A couple of those countries are partners of ours in the war on **terror**.
그중 몇몇 국가는 테러와의 전쟁에서 우리의 동반자다.

·**terrified** ⓐ무서워하는 ·**terrific** ⓐ굉장한 ·**terrorist** ⓝ테러리스트 ·**terrify** ⓥ무섭게 하다
·**terrorism** ⓝ테러리즘 ·**terrorize** ⓥ무서워하게 하다

865

especially
[ispéʃəli]

ⓐd 특히

It's a scary world out there, **especially** for a single mom.
세상은 무서운 곳이야, 특히 싱글맘에게는 말이야.

WEEK 01
WEEK 02
WEEK 03
WEEK 04
WEEK 05
WEEK 06
WEEK 07
WEEK 08

866

product
[prádʌkt]

n 상품, 제품, 생산물

You can see here that the **product** loss was very little.
여기 보시면 제품 손실이 매우 적었다는 것을 알 수 있습니다.

·**produce** v 생산하다, 낳다 n 생산물, 농산물　·**producer** n 생산자, 제작자　·**production** n 생산, 제작
·**productive** a 생산적인

867

green
[griːn]

a 녹색의, 푸른, 덜 익은　n 녹색, 잔디밭, 그린

But you already know that her favorite color is **green**.
그러나 당신은 이미 그녀가 가장 좋아하는 색깔이 녹색이라는 것을 알고 있잖아요.

868

ghost
[goust]

n 유령, 귀신

I don't believe in **ghosts**, all right?　나는 유령을 믿지 않아, 알겠니?

869

boat
[bout]

n 보트, 배

What was he doing by himself on a **boat** at night?
그는 밤에 보트에서 혼자 무엇을 하고 있었지?

870

text
[tekst]

n 텍스트, 본문, 글, 문서, 문자　v 문자를 보내다

We'll **text** you time and place.　우리가 당신에게 시간과 장소를 문자로 알려줄게요.

871

cat
[kæt]

n 고양이

You all think maybe this have something to do with those **cats**?
당신들 모두는 어쩌면 이게 그 고양이들과 관련이 있다고 생각하나요?

872

damage
[dǽmidʒ]

n 손상, 피해　v 손상시키다, 피해를 입히다

Does he have brain **damage** or something?
그에게 뇌 손상 같은 게 있나요?

·**damages** n 손해액, 배상금

873

bullshit
[buˈlʃiˌt]

n 헛소리, 허튼소리　v 허튼소리를 하다

I didn't buy any of that **bullshit** you said in my office.
나는 네가 내 사무실에서 말한 그 헛소리를 전혀 믿지 않았어.

874

fake
[feik]

a 가짜의, 위조의, 거짓된　v 위조하다, 날조하다
n 모조품, 위조품, 사기꾼

That's why she has a **fake** identity and keeps a gun.
그래서 그녀가 가짜 신분과 총을 가지고 있는 것이야.

875

enemy
[énəmi]

n 적, 적국, 적군

You're public **enemy** number one. 넌 공공의 적 일 순위야.

876

north
[nɔ:rθ]

·**northern** a 북쪽의, 북향의

n 북쪽, 북부 a 북쪽의 ad 북쪽에

It's about two miles **north**.

북쪽으로 2마일 정도 떨어져 있어요.

877

remain
[riméin]

·**remainder** n 나머지

v 남다, 여전히 …이다

Please **remain** in your seats.

자리에 앉아 계십시오.

878

whoever
[hu:évər]

pron 누구든

We need your help to find **whoever** did this.

누가 이런 짓을 했는지 알아내기 위해 당신의 도움이 필요해요.

879

congratulate
[kəngrǽtʃulèit]

v 축하하다

Congratulations. I hope you two are happy together.

축하해요. 두 분이 함께 행복하시길 바랍니다.

·**congratulations** n 축하 int 축하합니다. ·**congrats** n int = congratulations

880

disappear
[dìsəpíər]

·**disappearance**
n 사라짐, 실종

v 사라지다, 실종되다

If they think I was you, you need to **disappear** for a little while.

그들이 나를 너라고 생각한다면, 너는 잠깐 사라져야 해.

881

gold
[gould]

·**golden** a 금의, 금빛의

n 금, 금색 a 금의, 금으로 만든, 금빛의

Gold won't bring you happiness.

금이 너에게 행복을 가져다주지는 않을 거야.

882

recently
[rí:sntli]

·**recent** a 최근의

ad 최근에

Has anybody seen her **recently**?

최근에 그녀를 본 사람 있어요?

883

engine
[éndʒin]

n 엔진, 기관차

When do the **engineers** arrive? 그 엔지니어들은 언제 도착합니까?

·**engineer** n 기술자, 엔지니어 ·**engineering** n 공학

WEEK 01
WEEK 02
WEEK 03
WEEK 04
WEEK 05
WEEK 06
WEEK 07
WEEK 08

884

double
[dʌbl]

ⓐ 두 배의, 이중의　ⓝ 두 배　ⓥ 두 배로 되다
We'll have to **double** those numbers to get her attention.
그녀의 관심을 끌려면 그 숫자들을 두 배로 늘려야 할 거야.

885

credit
[krédit]

・**credible** ⓐ 믿을 수 있는
・**credibility** ⓝ 신용, 신뢰성

ⓝ 신용, 신용도, 신용 거래, 학점, 칭찬　ⓥ 신용하다, 학점을 주다
Here's some fake IDs, a couple of **credit** cards.
여기 가짜 신분증과 신용카드 두어 장이 있다.

886

horse
[hɔːrs]

ⓝ 말, 경마
Tell them to prepare the **horses**.
말을 준비하라고 그들에게 말해.

887

tear
ⓥ [tɛər] ⓝ [tiər]

ⓥ 찢다, 뜯다　ⓝ 눈물
She cries a lot. She's always in **tears**.
그녀는 많이 울어. 항상 눈물을 흘리지.

888

master
[mǽstər]

ⓝ 주인, 대가, 거장, 교사　ⓥ 숙달하다, 억누르다　ⓐ 주요한
That's my **master** plan.
그게 내 마스터 플랜[종합 계획]이야.

889

bathroom
[bǽθrùːm]

ⓝ 욕실, 화장실, 목욕탕
I can't wait to hear the rest, but I have to go to the **bathroom**.
나머지를 정말 듣고 싶은데, 나는 화장실에 가야 해.

890

quit
[kwit]

・**quitter** ⓝ 포기하는 사람

ⓥ 그만두다, 끊다, 떠나다
I **quit** my job for this.
나는 이것 때문에 직장을 그만두었다.

891

heavy
[hévi]

・**heavily** ⓐⓓ 심하게, 무겁게

ⓐ 무거운, 중대한
Someone hit him with something **heavy**.
누군가가 무거운 뭔가로 그를 때렸다.

892

bunch
[bʌntʃ]

ⓝ 송이, 다발, 묶음, 많음
She probably owed him a **bunch** of cash or something.
그녀는 아마 그에게 현금 같은 걸 많이 빚진 모양이에요.

893
include
[inklúːd]
· **inclusive** ⓐ 일체를 포함한

ⓥ 포함하다, 함유하다
You haven't **included** him in the business at all.
당신은 그를 그 사업에 전혀 참여시키지 않았어요.

894
offend
[əfénd]

ⓥ 불쾌하게 하다, 위배되다
I wouldn't want to **offend** you in any way.
저는 어떤 식으로든 당신을 불쾌하게 하고 싶지 않아요.

· **offense** ⓝ 위반, 범죄 · **offender** ⓝ 범죄자 · **offensive** ⓐ 모욕적인, 불쾌한, 공격적인 ⓝ 공세 · **offence** ⓝ 위반, 범죄

895
angel
[éindʒəl]

ⓝ 천사
Can you tell me what the angry **angel** looked like?
그 화난 천사가 어떻게 생겼는지 나에게 말해줄 수 있니?

896
comfortable
[kʌmfərtəbl]
· **comfort**
ⓝ 편안함, 위로 ⓥ 위로하다

ⓐ 편한, 편안한, 쾌적한
I don't feel **comfortable** sending my girls out of the building.
저는 제 딸들을 건물 밖으로 내보내는 게 불편해요.

897
bother
[báðər]

ⓥ 괴롭히다, 귀찮게 하다, 신경 쓰다 ⓝ 귀찮은 일
I'm sorry to **bother** you at work.
근무 중에 방해해서 죄송합니다.

898
suffer
[sʌfər]
· **suffering**
ⓝ 고통 ⓐ 고통을 겪는

ⓥ 고통받다, 시달리다, 겪다
Only God and I know the pain I've been **suffering**.
신과 나만이 내가 겪는 고통을 안다.

899
print
[print]
· **printer** ⓝ 프린터

ⓥ 인쇄하다, 발행하다 ⓝ 인쇄물, 활자체
It's usually **printed** right there.
그것은 보통 바로 저기서 인쇄돼요.

900
crash
[kræʃ]

ⓥ 충돌하다, 부수다, 추락하다, 붕괴하다, 굉음을 내다, 무너지다
ⓝ 사고, 충돌, 추락, 굉음
If he lives, everything that you have built will come **crashing** down.
그가 살아 있다면, 당신이 만든 모든 것이 무너질 것이다.

DAY 18 Daily Checkup

1 아래 영단어의 한글 뜻과 한글 뜻에 해당하는 영단어를 써 보세요.

영단어	한글 뜻		한글 뜻	영단어
convince 853			n 괴물, 괴수 855	
innocent 856			n 목구멍, 목 861	
social 863			n 사회학 863	
terrorist 864			ad 특히 865	
productive 866			n 적, 적국, 적군 875	
bullshit 873			v 축하하다 879	
northern 876			ad 최근에 882	
bathroom 889			v 찢다, 뜯다 n 눈물 887	
offensive 894			a 무거운, 중대한 891	
crash 900			n 천사 895	

2 아래 영문을 해석하세요.

Does this ring a bell? 852 _____

We'll text you time and place. 870 _____

I can't wait to hear the rest, but I have to go to the bathroom. 889

_____

3 아래 문장을 영작하세요.

축하해요. 두 분이 함께 행복하시길 바랍니다. 879 _____

그 엔지니어들은 언제 도착합니까? 883 _____

근무 중에 방해해서 죄송합니다. 897 _____

DAY 19

점점 기적 같은 일이 일어나요
Top 901~950

DAY19.mp3

901
bore
[bɔːr]
·**bored** ⓐ 지루한, 따분한
·**boredom** ⓝ 지루함

ⓥ **지루하게 하다**
If you feel safe enough to be **bored**, you're lucky.
네가 지루할 정도로 안전하다고 느낀다면, 넌 운이 좋은 거야.

902
soft
[sɔːft]
·**softly** ⓐⓓ 부드럽게
·**soften** ⓥ 부드러워지다

ⓐ **부드러운, 연한, 약한, 나약한**
It's very nice to see a **softer** side of you.
당신의 더 부드러운 면을 보게 되어 정말 좋아요.

903
recognize
[rékəgnàiz]
·**recognition** ⓝ 인식, 인정

ⓥ **알다, 인식하다, 인지하다, 인정하다**
I'm pretty certain I **recognize** her.
그녀를 알아볼 거라고 나는 확신해.

904
nurse
[nəːrs]
·**nursery** ⓝ 육아실, 유치원

ⓝ **간호사** ⓥ **간호하다, 수유하다**
I should quit my job and **nurse** her back to health.
나는 일을 그만두고 그녀가 건강해지도록 간호해야 한다.

905
interview
[íntərvjùː]

ⓝ **면접, 면담, 인터뷰** ⓥ **면접을 보다, 면담을 하다, 인터뷰를 하다**
I must advise you this **interview** is being recorded.
저는 이 인터뷰가 녹화되고 있다는 것을 알려드려야 합니다.

906
island
[áilənd]

ⓝ **섬**
We're not the only people on this **island**, and we all know it!
우리가 이 섬에 있는 유일한 사람이 아니고, 우리 모두는 그걸 알고 있어!

907
stable
[stéibl]
·**stabilize** ⓥ 안정시키다
·**stability** ⓝ 안정, 안정성

ⓐ **안정된, 안정적인** ⓝ **마구간**
A few minutes later he was **stable** enough for surgery.
몇 분 후 그는 수술을 받을 수 있을 정도로 안정되었다.

908

warn
[wɔːrn]
· **warning** n 경고, 주의

v 경고하다, 주의하다, 충고하다

I have to **warn** you, though, they didn't sound too happy.
하지만 나는 당신에게 경고하는데, 그들은 별로 기뻐하지 않는 것 같았어요.

909

cancer
[kǽnsər]

n 암

It has to do with his sister who died of **cancer**.
그것은 암으로 죽은 그의 여동생과 관련이 있다.

910

sudden
[sʌdn]
· **suddenly** ad 갑자기

a 갑작스러운

It was so **sudden**.
그것은 너무 갑작스러웠어.

911

fool
[fuːl]
· **foolish** a 바보 같은

n 바보   v 속이다, 바보짓을 하다

I felt like a **fool**.
나는 바보처럼 느껴졌어.

912

cheer
[tʃiər]
· **cheerful** a 쾌활한

v 환호하다, 응원하다, 기운 내다   n 환호, 건배

Please don't **cheer** me up anymore.
제발 더는 저를 응원하지 마세요.

913

bury
[béri]
· **burial** n 매장

v 묻다, 매장하다

If you **bury** it, someone's going to find it.
네가 그걸 묻으면, 누군가 찾을 거야.

914

church
[tʃəːrtʃ]

n 교회, 예배, 성당

It's been a month since I've gone to **church**.
교회에 나간지 한 달이 되었어.

915

major
[méidʒər]
· **majority** n 다수, 대다수

a 주요한, 전공의   n 소령, 성인

There are some **major** issues between you and him.
당신과 그 사이에는 몇 가지 중요한 문제가 있다.

916

guilty
[gílti]
· **guilt** n 죄책감, 유죄

a 유죄의, 죄책감이 드는

Whether they're innocent or **guilty**, I don't decide.
그들이 무죄인지 유죄인지는 내가 결정하지 않아.

917

price
[prais]

n 가격, 물가, 대가　v 가격을 매기다

Two for the **price** of one.

·**priceless** a 값을 매길 수 없는　두 개를 하나의 가격으로 드려요.

918

arrest
[ərést]

v 체포하다, 저지하다　n 체포, 저지, 정지

Am I under **arrest** here, or am I not?

제가 지금 체포되는 건가요, 아니면 체포되지 않는 건가요?

919

English
[íŋgliʃ]

n 영어, 영국인　a 영어의, 영국의, 영국 사람의

I know that you speak **English**.

·**England** n 영국　네가 영어를 할 줄 아는 걸 나는 알아.

920

tree
[tri:]

n 나무

What kind of **trees** are those?　그것들은 어떤 종류의 나무인가요?

921

claim
[kleim]

v 주장하다, 요구하다, 차지하다　n 주장, 요구, 청구

She **claims** she had a sexual relationship with you.

그녀는 당신과 성관계를 가졌다고 주장합니다.

922

bone
[boun]

n 뼈

Be careful not to break my **bones**!　내 뼈가 부러지지 않게 조심해!

923

race
[reis]

n 경주, 경쟁, 인종, 레이스　v 경쟁하다, 질주하다

As soon as he's willing to support this **race**, I'll talk to him.

그가 이 경쟁[레이스]을 지지하려고 하는 즉시, 나는 그에게 말할 거야.

·**racist** n 인종 차별주의자　·**racial** a 인종의, 민족의　·**racism** n 인종 차별

924

according
[əkɔ́:rdiŋ]

ad …에 따라서, …에 의하면

According to word on the street, he nearly killed you last week.

소문에 따르면, 그는 지난주에 너를 거의 죽일 뻔했어.

·**accord**
n 합의, 일치　v 일치하다

925

intend
[inténd]

v 의도하다, 의미하다

What are your **intentions**?　당신의 의도가 무엇입니까?

·**intention** n 의도, 의사　·**intent** n 의도 a 열중하는　·**intentional** a 의도적인

WEEK 01
WEEK 02
WEEK 03
WEEK 04
WEEK 05
WEEK 06
WEEK 07
WEEK 08

926

beg
[beg]
·**beggar** ⓝ거지

Ⓥ 간청하다, 구걸하다, 부탁하다

I'm not gonna **beg** for my life.
난 내 목숨을 구걸하지 않을 거야.

927

dump
[dʌmp]

Ⓥ 버리다, 덤핑하다, 애인을 차버리다   ⓝ 쓰레기 더미

You should **dump** him. You deserve better.
너는 그를 차 버려야 해. 너는 더 나은 대접을 받을 자격이 있어.

928

size
[saiz]

ⓝ 크기, 규모, 치수

What **size** is this?   이것은 사이즈가 어떻게 되죠?

929

feed
[fi:d]
·**feeding** ⓝ수유, 사육

Ⓥ 먹이를 주다, 음식을 먹이다, 공급하다   ⓝ 먹이, 사료, 수유

Someone's got to **feed** the cat.
누군가가 고양이에게 먹이를 주어야 해.

930

assist
[əsíst]
·**assistant** ⓝ조수 ⓐ부, 조
·**assistance** ⓝ지원, 도움, 원조

Ⓥ 돕다, 원조하다, 조수를 하다   ⓝ 원조, 어시스트

I fired your **assistant** ten minutes after I fired you.
내가 너를 해고한 지 10분 후에 네 조수를 해고했어.

931

bear
[bɛər]

Ⓥ 참다, 견디다, 낳다, 지니다   ⓝ 곰

I'd **bear** in mind that you might be spending quite a lot of time with these women.
당신이 이 여자들과 꽤 많은 시간을 보내고 있을 수도 있다는 것을 제가 명심할게요.

932

respond
[rispánd]

Ⓥ 대답하다, 응답하다, 반응하다

I'm expecting a **response** tomorrow and my fingers are crossed it'll be a yes.
나는 내일 들을 응답을 기다리고 있는데, 그 대답이 예스이기를 빌고 있어.

·**response** ⓝ대답, 응답, 반응   ·**responder** ⓝ응답기   ·**responsive** ⓐ응답하는, 반응하는

933

south
[sauθ]
·**southern** ⓐ남쪽의, 남향의

ⓝ 남쪽, 남부   ⓐ 남쪽의   ⓐⓓ 남쪽에

We have to head **south**.
우린 남쪽으로 가야 해.

934

smile
[smail]

ⓥ 웃다, 미소 짓다　ⓝ 웃음, 미소
Thank you for trying to make me **smile**.
내가 미소 짓게 애써줘서 고마워.

935

taste
[teist]

ⓝ 맛, 미각　ⓥ 맛보다, 맛을 느끼다
He likes the **taste** of it.　그는 그 맛을 좋아해.

·**tasty** ⓐ맛있는　·**tasteful** ⓐ고상한

936

success
[səksés]

ⓝ 성공, 성과, 성공작, 성공한 사람
You are smart, pretty, and **successful**.
당신은 똑똑하고, 예쁘고, 성공했어.

·**successful** ⓐ성공한, 성공적인　·**succeed** ⓥ성공하다　·**successor** ⓝ후임자, 상속자

937

art
[a:rt]
·**artist** ⓝ예술가
·**artistic** ⓐ예술의

ⓝ 예술, 미술, 예술품, 기술
Do you have any interest in **art**?
당신은 예술에 관심이 있나요?

938

horror
[hɔ́:rər]

ⓝ 공포, 호러
That's **horrible**.　그건 끔찍하다.

·**horrible** ⓐ끔찍한, 소름끼치는　·**horrify** ⓥ소름끼치게 하다　·**horribly** ⓐⓓ끔찍하게　·**horrific** ⓐ끔찍한

939

hungry
[hʌ́ŋgri]
·**hunger** ⓝ기아, 굶주림

ⓐ 배고픈, 굶주린
Who's **hungry**?
누구 배고프니?

940

within
[wiðín]

ⓟⓡⓔⓟ 이내에, 안에
All three died **within** two weeks.　세 명 모두 2주 안에 죽었다.

941

cook
[kuk]
·**cooker** ⓝ요리 도구

ⓥ 요리하다　ⓝ 요리사
Are we supposed to **cook** for them?
우리가 그들을 위해 요리를 해야 하나요?

942

beer
[biər]

ⓝ 맥주
There's **beer** in the cooler.　냉장고에 맥주가 있어요.

943

knife
[naif]

·**knives** ⓝknife의 복수형

ⓝ 칼, 나이프 ⓥ 칼로 찌르다

Will you arrest him now for the **knife**?
당신은 지금 그 칼 때문에 그를 체포할 건가요?

944

option
[ápʃən]

·**optional** ⓐ선택 가능한

ⓝ 옵션, 선택, 선택권, 선택 과목

I don't see any other **options**.
저에게 다른 옵션은 보이지 않네요.

945

celebrate
[séləbrèit]

·**celebrity** ⓝ유명인, 명성
·**celebration** ⓝ축하, 축하 행사

ⓥ 기념하다, 축하하다, 찬양하다

I don't **celebrate** my birthday, but thank you.
저는 제 생일을 축하하지는 않지만, 감사합니다.

946

physical
[fízikəl]

ⓐ 육체의, 신체의, 물질의, 물리의 ⓝ 신체검사

The good news is there's nothing **physically** wrong with him.
좋은 소식은 그에게 아무런 신체적 문제가 없다는 거야.

·**physically** ⓐⓓ물리적으로, 신체적으로 ·**physics** ⓝ물리학 ·**physicist** ⓝ물리학자

947

hook
[huk]

ⓝ 고리, 갈고리, 바늘, 훅 ⓥ 갈고리로 걸다, 낚다

Don't you have any friends that you can **hook** me up with?
너는 내게 연결해 줄 친구가 아무도 없어?

948

weekend
[wiˈkeˌnd]

ⓝ 주말

Look, we learned a valuable lesson over the **weekend**.
이봐, 우리는 주말에 귀중한 교훈을 배웠어.

949

term
[təːrm]

·**terms** ⓝ조건

ⓝ 용어, 말, 기간, 임기, 학기 ⓥ 일컫다

I don't like the **term** 'normal'.
나는 '보통[정상]'이라는 말을 안 좋아해.

950

yell
[jel]

ⓥ 고함 치다, 소리 지르다 ⓝ 고함, 외침

Stop **yelling** at me!
나한테 소리 지르지 마! (나한테 소리 좀 그만 질러.)

1 아래 영단어의 한글 뜻과 한글 뜻에 해당하는 영단어를 써 보세요.

영단어	한글 뜻
recognize 903	
nursery 904	
cheer 912	
majority 915	
arrest 918	
race 923	
feed 929	
tasty 935	
celebrity 945	
terms 949	

한글 뜻	영단어
n 섬 906	
n 경고, 주의 908	
a 바보같은 911	
v 묻다, 매장하다 913	
n 뼈 922	
v 의도하다, 의미하다 925	
v 성공하다 936	
n 공포, 호러 938	
prep 이내에, 안에 940	
n 물리학 946	

2 아래 영문을 해석하세요.

I must advise you this interview is being recorded. 905 _____

It has to do with his sister who died of cancer. 909 _____

The good news is there's nothing physically wrong with him. 946 _____

3 아래 문장을 영작하세요.

네가 그걸 물으면, 누군가 찾을 거야. 913 _____

그것들은 어떤 종류의 나무인가요? 920 _____

나한테 소리 지르지 마! (나한테 소리 좀 그만 질러.) 950 _____

DAY 20

벌써 절반 가까이 이루었네요
Top 951~1000

WEEK 01
WEEK 02
WEEK 03
WEEK 04
WEEK 05
WEEK 06
WEEK 07
WEEK 08

951

hurry
[hə́:ri]

Ⅴ 서두르다, 급히 하다, 재촉하다　ⁿ 급함, 서두름
For God's sakes, **hurry**! Come on!
제발, 서둘러! 어서!

952

spell
[spel]
·spelling ⁿ철자, 맞춤법

Ⅴ 철자하다, 철자를 말하다, 철자를 쓰다
How do you **spell** 'freedom'?
'자유'의 철자는 어떻게 되나요?

953

twice
[twais]

ad 두 번, 두 배로
Okay, I've checked **twice**.　네, 제가 두 번 확인했어요.

954

exist
[igzíst]
·existence ⁿ존재

Ⅴ 있다, 존재하다, 살아가다
What you want does not **exist**.
네가 원하는 것은 존재하지 않아.

955

barely
[béərli]
·bare ⓐ벌거벗은

ad 간신히, 겨우, 거의 …아니게
My son is marrying a woman he **barely** knows.
내 아들은 거의 알지도 못하는 여자와 결혼하려고 한다.

956

emotion
[imóuʃən]

ⁿ 감정, 정서
We're both **emotional**, though, in completely different ways.
우리 둘 다 감정적이긴 하지만, 완전히 다른 방식으로 감정적이죠.

·emotional ⓐ감정의, 감정적인　·emotionally ad 감정적으로, 정서적으로

957

afternoon
[æ̀ftərnúːn]

ⁿ 오후
Let's discuss this in our office this **afternoon**.
오늘 오후에 우리 사무실에서 이것에 대해 논의하자.

152

WEEK 01
WEEK 02
WEEK 03
WEEK 04
WEEK 05
WEEK 06
WEEK 07
WEEK 08

958

whether
[hwéðər]

conj …인지, …이든 아니든

It doesn't matter **whether** the attack is real or fake.
그 공격이 진짜인지 가짜인지는 중요하지 않아. (상관없어.)

959

extra
[ékstrə]

a 추가의, 여분의 **n** 추가 요금, 단역 배우

Santa's gonna bring you **extra** presents this year.
산타가 올해 너에게 선물을 더 가져올 거야.

960

cost
[kɔ:st]

n 값, 비용, 경비, 손실 **v** (값이나 비용이) 들다, 희생시키다

Do you have any idea how much this is **costing** me?
이게 얼마나 많은 비용이 드는지 당신은 알고 있나요?

961

bird
[bə:rd]

n 새

You realize that's not a real **bird**, right? 그게 진짜 새가 아니라는 걸 알지?

962

radio
[réidiòu]

n 라디오, 무전 **v** 무전을 보내다

Turn off your **radio**. 라디오를 꺼.

963

poison
[pɔ́izn]

n 독, 독약 **v** 독살하다

They're trying to **poison** me again.
그들은 저를 다시 독살하려 하고 있어요.

·**poisoning** **n**중독, 독살
·**poisonous** **a**유독한, 독성의

964

fantastic
[fæntǽstik]

a 환상적인, 굉장한

That's **fantastic**. Is it here? Can I see it?
환상적이네요. 그게 여기 있나요? 제가 그것을 볼 수 있나요?

·**fantasy** **n**공상, 상상 ·**fantasize** **v**공상하다, 환상을 갖다

965

station
[stéiʃən]

n 역, 정거장, (관청·시설 등의) 서, 본부, 국, 소, 방송국 **v** 배치하다

Is this the parking lot for the police **station**? 여기가 경찰서 주차장이에요?

966

psycho
[sáikou]

n 정신병자

Yeah. Maybe he's not a **psycho**. 네. 어쩌면 그는 정신병자가 아닐 수도 있어요.

·**psychotic** **a**정신병의 **n**정신병 환자 ·**psychic** **n**영매, 무당 **a**심령의 ·**psychological** **a**정신의, 심리의, 심리학의
·**psychology** **n**심리학, 심리 ·**psychologist** **n**심리학자, 정신분석의

967

wood
[wud]
·**wooden** ⓐ나무로 된
·**woody** ⓐ나무의, 수목이 많은

ⓝ 나무, 목재, 숲

I'm in the middle of the **woods**.
나는 숲 한가운데 있다.

968

penny
[péni]

ⓝ 페니, 푼돈

We haven't lost a single **penny**.
우리는 한 푼도 잃지 않았어.

969

wound
[wu:nd]
·**wounded** ⓐ부상을 입은

ⓝ 상처, 부상   ⓥ 상처를 입히다, 부상을 입히다

There's no **wound**.
상처가 없어요.

970

arrive
[əráiv]
·**arrival** ⓝ도착

ⓥ 도착하다

Do you know what he said to her before we **arrived**?
우리가 도착하기 전에 그가 그녀에게 뭐라고 했는지 아세요?

971

shirt
[ʃə:rt]

ⓝ 셔츠

I can't go if I don't have a **shirt**.   셔츠가 없으면 저는 못 가요.

972

bus
[bʌs]

ⓝ 버스

She found it late last night at a **bus** station.
그녀는 그것을 어젯밤 늦게 버스 정류장[터미널]에서 발견했다.

＊ 일반적으로 bus station은 bus stop보다 규모가 큰 복합 노선의 정류장[터미널]으로, 흔히 티켓을 살 수 있는 카운터가 있음.

973

schedule
[skédʒu:l]

ⓝ 일정, 스케줄   ⓥ 일정을 잡다

The meeting is **scheduled** for 1:00 a.m. tomorrow.
회의는 내일 오전 1시에 예정되어 있다.

974

dollar
[dálər]

ⓝ 달러

You paid a million **dollars** to be able to fire me any time you want?
절 언제든 해고할 수 있게 하려고 100만 달러를 썼다고요?

975

animal
[ǽnəməl]

ⓝ 동물, 짐승   ⓐ 동물의

Does he have any **animals** in there?   그는 거기에 동물을 갖고 있나요?

976

argue
[á:rgju:]

·**argument**
n 논쟁, 언쟁, 주장, 논거

v 논쟁하다, 다투다, 주장하다

A lot of people **argue** with their parents.
많은 사람들이 부모님과 다툰다.

977

neck
[nek]

n 목

Oh, dear, look at your **neck**.
오, 이런, 네 목 좀 봐.

978

super
[sú:pər]

a 대단한, 최고의 ad 특별히, 매우, 극도로 n 슈퍼마켓

But it looks like you're **super** busy.
하지만 당신은 매우 바쁜 것 같네요.

979

apart
[əpá:rt]

ad 떨어져, 따로, …은 제쳐놓고

If everything else is falling **apart** around us, we got to be strong for each other.
만약 우리 주변의 다른 모든 것들이 무너진다면, 우리는 서로를 위해 강해져야 해.

980

divorce
[divɔ́:rs]

n 이혼, 분리 v 이혼하다

She's no longer my wife. We're **divorced**.
그녀는 더는 내 아내가 아니야. 우리는 이혼했어.

981

huge
[hju:dʒ]

a 거대한, 막대한

I've made a **huge** mistake.
저는 큰 실수를 했어요.

982

difficult
[dífikʌlt]

·**difficulty** n 어려움, 곤란

a 어려운, 힘든, 곤란한

Everything is **difficult** before it is easy.
모든 것이 쉽기 전에는 어렵다.

983

remove
[rimú:v]

·**removal** n 제거

v 제거하다, 없애다, 치우다, 해고하다

The organ was so badly damaged, we had to **remove** it.
장기가 너무 심하게 손상되어서 우리는 그것을 제거해야만 했다.

WEEK 01
WEEK 02
WEEK 03
WEEK 04
WEEK 05
WEEK 06
WEEK 07
WEEK 08

984

employ

[implɔ́i]

v 고용하다, 이용하다

I'm not asking for favours, I'm asking for **employment**.

저는 호의를 구하는 것이 아니라, 직장을 구하는 것입니다.

·**employee** n 종업원 ·**employer** n 고용주 ·**employment** n 취업, 고용

985

skin

[skin]

n 피부, 껍질, 허물, 가죽 **v** 가죽을 벗기다

You have such lovely **skin**. 당신 피부가 참 예쁘네요.

986

desk

[desk]

n 책상, 데스크, 접수처

Please move all the **desks** to the side and take a seat on the floor.

모든 책상을 옆으로 옮기고 바닥에 앉으세요.

987

fat

[fæt]

a 살찐, 뚱뚱한, 두툼한 **n** 지방, 비계

Do you still love me even though I am **fat**?

·**fatty** a 지방의 n 뚱보

내가 뚱뚱해도 너는 여전히 나를 사랑하니?

988

result

[rizʌ́lt]

n 결과 **v** 결과로 발생하다

I don't want the details. I just want **results**.

나는 세부 사항을 원하지 않아. 나는 단지 결과를 원해.

989

object

[ábdʒikt]

n 물건, 목표, 대상 **v** 반대하다

I've no **objection** to his being here. 나는 그가 여기 있는 것에 반대하지 않아.

·**objection** n 반대, 이의 ·**objective** n 목적, 목표 a 객관적인

990

condition

[kəndíʃən]

n 상태, 조건, 질환, 환경 **v** 조절하다

·**conditioner**

n 유연제, 컨디셔너

Everything is in great **condition**.

모든 것이 좋은 상태예요.

991

theory

[θíːəri]

n 이론, 가설

Well, that's the obvious **theory**.

·**theoretical** a 이론적인

글쎄, 그것은 명백한 이론이야.

992

rich

[ritʃ]

a 부유한, 부자의, 풍부한

Why does a **rich** kid sell drugs?

·**enrich** v 부유하게 하다

왜 부유한 아이가 마약을 팔까?

corner
[kɔ́:rnər]

ⁿ 모서리, 모퉁이, 구석, 궁지 ᵛ 궁지에 몰아넣다

I'm sure the shop on the **corner** is open.
모퉁이에 있는 가게가 분명히 열려 있을 거예요.

political
[pəlítikəl]
·**politics** ⁿ정치
·**politician** ⁿ정치인

ᵃ 정치적인, 정당의

We may have a **political** difference on this.
우리는 이것에 대해 정치적인 차이가 있을지도 몰라.

emergency
[imə́:rdʒənsi]

ⁿ 비상사태, 위급

911. What is your **emergency**?
911입니다. 어떤 위급 상황인가요?

grand
[grænd]

ᵃ 웅장한, 위대한 ⁿ 1,000달러

Okay, 3 **grand**. Final offer.
좋아, 3천 달러. 최종 제안이야.

freeze
[fri:z]

ᵛ 얼다, 얼리다, 냉동하다, 멈추다 ⁿ 결빙, 동결

Freeze! Don't move! Identify yourself!
꼼짝 마! 움직이지 마! 정체를 밝혀!

·**frozen** ⓐ얼어 붙은, 냉동된   ·**freezing** ⓐ몹시 추운, 영하의   ·**freezer** ⓝ냉동고

mission
[míʃən]
·**missionary** ⓝ선교사

ⁿ 임무, 선교, 미션, 사절단

He completed the **mission** after all.
그는 결국 그 임무를 완수했어.

ticket
[tíkit]

ⁿ 표, 티켓, 입장권, 승차권, 딱지 ᵛ 표를 발행하다, 딱지를 떼다

I've never been caught, not even a parking **ticket**.
나는 주차위반 딱지도 걸린 적이 결코 없어.

gas
[gæs]

ⁿ 기체, 가스, 휘발유

That poison **gas** could kill thousands.
그 독가스는 수천 명을 죽일 수도 있다.

WEEK 01
WEEK 02
WEEK 03
WEEK 04
WEEK 05
WEEK 06
WEEK 07
WEEK 09

DAY 20 Daily Checkup

1 아래 영단어의 한글 뜻과 한글 뜻에 해당하는 영단어를 써 보세요.

영단어	한글 뜻		한글 뜻	영단어
existence 954		n	철자, 맞춤법 952	
poison 963		n	감정, 정서 956	
station 965		n	공상, 상상 964	
psychic 966		n	심리학, 심리 966	
wound 969		n	도착 970	
argue 976		n	목 977	
divorce 980		a	어려운, 힘든, 곤란한 982	
employee 984		a	이론적인 991	
objection 989		n	정치 994	
freeze 997		n	비상사태, 위급 995	

2 아래 영문을 해석하세요.

Do you know what he said to her before we arrived? 970

I don't want the details. I just want results. 988

I'm sure the shop on the corner is open. 993

3 아래 문장을 영작하세요.

그 공격이 진짜인지 가짜인지는 중요하지 않아. (상관없어.) 958

여기가 경찰서 주차장이에요? 965

그녀는 더는 내 아내가 아니야. 우리는 이혼했어. 980

국가.mp3

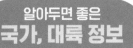
알아두면 좋은
국가, 대륙 정보

• 국가의 형용사형에는 대부분 '[국가] 언어, [국가] 사람'이라는 명사 뜻도 있으니 참고하세요.
ex **English** ⓝ영어, 영국인 ⓐ영어의, 영국의, 영국 사람의

country(국가)	adjective(형용사형)	capital(수도)
United States of America(USA)	American	Washington D.C.
China	Chinese	Beijing
Japan	Japanese	Tokyo
Germany	German	Berlin
United Kingdom(England)	English	London
India	Indian	New Delhi
France	French	Paris
Brazil	Brazilian	Brasilia
Italy	Italian	Rome
Canada	Canadian	Ottawa
Korea (South Korea)	Korean	Seoul
Russia	Russian	Moscow
Australia	Australian	Canberra
Spain	Spanish	Madrid
Mexico	Mexican	Mexico City
Indonesia	Indonesian	Jakarta
Turkey	Turkish	Ankara
Netherlands(Holland)	Dutch	Amsterdam
Saudi Arabia	Saudi Arabian (Saudi)	Riyadh
Switzerland	Swiss	Bern
Argentina	Argentinian	Buenos Aires
Taiwan	Taiwanese	Taipei
Sweden	Swedish	Stockholm
Poland	Polish	Warsaw
Belgium	Belgian	Brussels
Thailand	Thai	Bangkok
Iran	Iranian	Tehran
Austria	Austrian	Vienna
Norway	Norwegian	Oslo

country(국가)	adjective(형용사형)	capital(수도)
United Arab Emirates(UAE)	Emirati	Abu Dhabi
Nigeria	Nigerian	Abuja
Israel	Israeli	Tel Aviv
South Africa	South African	Pretoria
Ireland	Irish	Dublin
Denmark	Danish	Copenhagen
Singapore	Singaporean	Singapore
Malaysia	Malaysian	Kuala Lumpur
Philippines	Philippine	Manila
Colombia	Colombian	Bogota
Pakistan	Pakistani	Islamabad
Chile	Chilean	Santiago
Bangladesh	Bangladeshi	Dhaka
Finland	Finnish	Helsinki
Egypt	Egyptian	Cairo
Vietnam	Vietnamese	Hanoi
Portugal	Portuguese	Lisbon
Peru	Peruvian	Lima
Czech Republic	Czech	Prague
Romania	Romanian	Bucharest
Venezuela	Venezuelan	Caracas

● 5대양 6대주

아메리카	America
유럽	Europe
아시아	Asia
아프리카	Africa
오스트레일리아	Australia(Oceania)
남극	Antarctica

태평양	The Pacific Ocean
대서양	The Atlantic Ocean
인도양	The Indian Ocean
북극해	The Arctic Ocean
남극해	The Southern Ocean

WEEK

05

DAY 21

벌써 5주 차 첫날이네요
Top 1001~1050

WEEK 01
WEEK 02
WEEK 03
WEEK 04
WEEK 05
WEEK 06
WEEK 07
WEEK 08

1001

separate
[sépərèit]

ⓐ 분리된, 별개의, 따로 떨어진 ⓥ 분리하다, 나누다

You have to go your **separate** ways, and you have to stay **separate**.
당신들은 각자 다른 길을 가야 하고, 따로 떨어져 있어야 합니다.

·**separatist** ⓝ분리주의자 ·**separation** ⓝ분리, 구분, 이별 ·**separately** ⓐd별도로

1002

collect
[kəlékt]

ⓥ 수집하다, 모으다, 수금하다 ⓐ 수신자 부담의

They're **collecting** water from ice in space.
그들은 우주의 얼음에서 물을 모으고 있습니다.

·**collection** ⓝ수집, 수집품, 소장품 ·**collector** ⓝ수집가, 징수원 ·**collective** ⓐ집단의

1003

loud
[laud]

ⓐ 큰, 시끄러운 ⓐd 크게, 시끄럽게

I have never said that out **loud** before.

·**loudly** ⓐd 큰 소리로, 요란하게   저는 이전에 그것을 큰 소리로 말한 적이 결코 없어요.

1004

impossible
[impάsəbl]

ⓐ 불가능한

Okay, you know what. This is **impossible**.
좋아, 있잖아. 이건 불가능해.

1005

project
[prάdʒekt]

ⓝ 프로젝트, 계획, 과제 ⓥ 계획하다, 예상하다

I will not have this **project** end before it even begins.

·**projection** ⓝ예상, 투영   나는 이 프로젝트가 시작하기도 전에 끝나게 하지는 않을 거야.
·**projector** ⓝ영사기

1006

chair
[tʃɛər]

ⓝ 의자, 의장 ⓥ 의장이 되다

I went to a meeting this morning and there was no **chair** for me.
오늘 아침 회의에 갔는데, 나를 위한 의자가 없었어.

1007

shake
[ʃeik]
· shaky ⓐ흔들리는, 비틀거리는
· shakily ⓐ비틀거리며, 떨며

ⓥ 흔들다, 흔들리다, 떨리다, 털다　ⓝ 흔들림, 떨림
I'm not gonna **shake** your hand.
나는 너와 악수하지 않을 거야.

1008

bastard
[bǽstərd]

ⓝ 사생아, 새끼, 개자식
You're a **bastard**, you know that?　넌 개XX이야, 알지?

1009

tight
[tait]
· tighten ⓥ단단히 죄다
· tightly ⓐ단단히

ⓐ 단단한, 꽉 조이는, 빠듯한, 까다로운　ⓐ 단단히
Things are **tight** right now but I'm gonna find something.
지금은 형편이 빠듯하지만, 내가 뭔가를 찾을 거야.

1010

pray
[prei]
· prayer ⓝ기도, 기도문

ⓥ 기도하다, 기원하다, 바라다
I **pray** for you every night.
매일 밤 난 너를 위해 기도해.

1011

opportunity
[ápərtjú:nəti]

ⓝ 기회
What if she's given the **opportunity** to explain?
그녀에게 설명할 기회를 준다면 어떨까요?

1012

complicated
[kámpləkèitid]

ⓐ 복잡한
It's easy to see things as very black and white. But the world's **complicated**.
사물을 흑백[흑백 논리]으로 보는 것은 쉬워. 하지만 세상은 복잡해.

· complication ⓝ문제, 합병증　· complicate ⓐ복잡한 ⓥ복잡하게 하다

1013

empty
[émpti]

ⓐ 빈, 공허한　ⓥ 비우다
As we have discussed, it appears to be a simple **empty** box.
우리가 논의했듯이, 그것은 단순한 빈 상자처럼 보여.

1014

evil
[í:vəl]

ⓝ 악, 유해물　ⓐ 사악한, 유해한
The problem is not that there is **evil** in the world, the problem is that
there is good.　세상에 악이 있는 것이 문제가 아니라 선이 있는 것이 문제야.

1015

holy
[hóuli]

ⓐ 신성한, 경건한, (명사 앞에서) 어이쿠
Holy shit! I went to school at the wrong time.
이런 제길! 나는 잘못된 시간에 학교에 갔어.

1016
distance
[dístəns]
·**distant** ⓐ 먼

ⓝ 거리, 먼 곳
When you do find her, you keep your **distance** and call me.
그 여자를 찾으면, 거리를 두고 나에게 전화해.

1017
value
[vǽljuː]
·**valuable** ⓐ 소중한, 값비싼

ⓝ 가치, 가치관, 값 ⓥ 중시하다, 소중하게 여기다, 평가하다
You told me who you **value** most!
네가 누구를 가장 소중하게 여기는지 나에게 말했잖아!

1018
mystery
[místəri]
·**mystic** ⓐ 신비로운 ⓝ 신비론자
·**mysterious** ⓐ 신비한

ⓝ 신비, 불가사의, 수수께끼, 미스터리, 추리물
But the real **mystery** is, who's running that group?
하지만 진짜 미스터리는, 누가 그 그룹을 운영하고 있는 것일까?

1019
speed
[spiːd]
·**speedy** ⓐ 빠른, 신속한

ⓝ 속도, 빠름 ⓥ 속도를 빠르게 하다
Well, we may have to find a way to **speed** that process up.
글쎄, 우리는 그 과정을 빨리 진행시킬 방법을 찾아야 할지도 몰라.

1020
common
[kámən]
·**commonly** ⓐⓓ 흔히, 보통

ⓐ 흔한, 보통의, 공동의 ⓝ 공유지
I believe this is something you and I have in **common**.
너와 나의 공통점이 이것이라고 믿어.

1021
behavior
[bihéivjər]
·**behave** ⓥ 행동하다, 처신하다
·**behavioral** ⓐ 행동의

ⓝ 행동, 행위, 태도, 습성
I never judged you or your **behavior**.
나는 결코 너나 네 행동을 판단하지 않았어.

1022
shower
[ʃáuər]

ⓝ 샤워, 샤워기, 소나기 ⓥ 샤워를 하다, 쏟아지다
Didn't you take a **shower** this morning?
오늘 아침에 샤워 안 했어?

1023
trade
[treid]
·**trader** ⓝ 거래자

ⓝ 거래, 무역, 교역 ⓥ 거래하다, 교역하다
That doesn't sound like a fair **trade**.
그것은 공정한 거래처럼 들리지 않아.

1024
ear
[iər]

ⓝ 귀, 청각
Most of us put these in our **ears**.
우리들 대부분은 이것을 귀에 꽂아요.

1025

trace
[treis]

v 추적하다 **n** 흔적

Hey, perfect timing. I'm gonna need you to **trace** a call.
이봐. 완벽한 타이밍이야. 네가 전화를 추적해 줘야겠어.

1026

violence
[váiələns]
· **violent** a 폭력적인

n 폭력, 폭행, 격렬함

Violence is the only thing these losers understand.
이 패배자들이 이해하는 유일한 것은 폭력입니다.

1027

ridiculous
[ridíkjuləs]

a 웃기는, 터무니없는

That's **ridiculous**. I don't feel guilty for her failures.
말도 안 돼. 나는 그녀의 실패에 대해 죄책감을 느끼지 않아.

1028

effect
[ifékt]
· **effective** a 효과적인, 시행되는   · **effectively** ad 효과적으로

n 영향, 효과, 결과

What are the side **effects**?   부작용은 무엇인가요?

1029

insane
[inséin]
· **insanity** n 정신 이상, 미친 짓   · **insanely** ad 미친 듯이

a 정신 이상의, 미친

Are you **insane**?   미쳤니?

1030

faith
[feiθ]
· **faithful** a 충실한, 신의 있는

n 믿음, 신뢰, 신앙

I'm trying hard not to lose **faith**.
저는 믿음을 잃지 않기 위해 열심히 노력하고 있어요.

1031

sweetheart
[swí:thɑːrt]

n 애인, 연인, (호칭으로) 자기, 여보, 당신

Sweetheart, can you hear me?
자기야, 내 말 들려?

1032

fresh
[freʃ]
· **freshen** v 신선하게 하다
· **freshly** ad 신선하게

a 신선한, 생생한, 상쾌한

What's wrong with a **fresh** start?
새 출발이 뭐가 잘못됐나요?

1033

aware
[əwɛər]
· **awareness** n 의식, 인식

a 알고 있는, 의식하는, 인식하는

I'm sorry, we're very **aware** of how hard this must be for you to hear.
죄송합니다. 저희는 당신이 이것을 듣기가 얼마나 힘든지 잘 알고 있습니다.

WEEK 01
WEEK 02
WEEK 03
WEEK 04
WEEK 05
WEEK 06
WEEK 07
WEEK 08

1034

grandmother
[grǽndmʌðər]
·**grandma** ⓝ할머니

ⓝ 할머니
It's my **grandmother's** nursing home.
그곳은 내 할머니의 요양원이야.

1035

engage
[ingéidʒ]
·**engagement** ⓝ약속, 약혼

ⓥ 관여하다, 종사하다, 사로잡다, 약혼하다
This is your grandmother's **engagement** ring.
이것은 네 할머니의 약혼반지야.

1036

evening
[íːvniŋ]

ⓝ 저녁, 밤
I was wondering if you were available this **evening** by chance you would like to join me for some dinner.
오늘 저녁에 혹시 저랑 같이 저녁 식사하실 수 있는지 해서요.

1037

confess
[kənfés]

ⓥ 자백하다, 고백하다, 인정하다
I have something terrible to **confess**.
나는 고백할 끔찍한 게 있어.

·**confession** ⓝ자백, 고백, 고해 ·**confessional** ⓐ고백의 ⓝ고해실

1038

confidence
[kánfədəns]

ⓝ 신뢰, 자신감, 확신
You know you have my complete **confidence**, but our organization has very old rules.
제가 당신을 전적으로 신뢰하고 있는 것을 알겠지만, 우리 조직은 아주 오래된 규칙이 있어요.

·**confident** ⓐ자신감 있는, 확신하는 ·**confidential** ⓐ비밀의, 기밀의 ·**confidentiality** ⓝ비밀, 기밀
·**confide** ⓥ비밀을 털어놓다

1039

bottle
[bátl]

ⓝ 병 ⓥ 병에 담다
Now, place these **bottles** where the men are sure to find them.
이제, 이 병들을 그 사람들이 확실히 찾을 수 있는 곳에 둬.

1040

guest
[gest]

ⓝ 손님, 하객, 투숙객
Be my **guest**.
좋을 대로 하세요. (그렇게 하세요.)

1041

east
[iːst]
·**eastern** ⓐ동쪽의

ⓝ 동쪽 ⓐ 동쪽에 있는 ⓐⓓ 동쪽으로
Well, I'm headed north, then I'm headed **east**.
음, 저는 북쪽으로 갔다가 동쪽으로 갔어요.

1042
embarrass
[imbǽrəs]

ⓥ 당황스럽게 하다, 곤란하게 하다, 난처하게 하다

This is really **embarrassing**. I'm sorry. I'm really **embarrassed**.

이것은 정말로 당혹스럽습니다. 죄송합니다. 정말로 당혹스럽네요.

·**embarrassing** ⓐ당황스러운, 난처한   ·**embarrassed** ⓐ당황한, 부끄러운   ·**embarrassment** ⓝ당황, 어색함, 골칫거리

1043
necessary
[nésəsèri]

ⓐ 필요한, 필수적인, 불가피한

You did what was **necessary** to survive. That's all.

넌 살아남기 위해 필요한 것을 했어. 그게 다야.

·**necessarily** ⓐⓓ필연적으로
·**necessity** ⓝ필요성, 필수품

1044
besides
[bisáidz]

prep ··· 외에   ⓐⓓ 게다가, 뿐만 아니라

I don't have time for this. **Besides**, I'm late as it is.

이럴 시간 없어. 게다가, 나는 이미 늦었어.

1045
research
[risə́:rtʃ]

ⓝ 연구, 조사   ⓥ 연구하다, 조사하다

I'm sure the **research** already exists.

저는 그 연구가 이미 존재한다고 확신해요.

·**researcher** ⓝ연구원

1046
confuse
[kənfjú:z]

ⓥ 혼란시키다, 혼동하다

Um, so I think you've got me **confused** with somebody else.

음, 제 생각엔 당신이 저를 다른 누군가와 혼동한 것 같아요.

·**confusing** ⓐ혼란스러운
·**confusion** ⓝ혼란, 혼동

1047
career
[kəríər]

ⓝ 직업, 경력, 진로

I stopped calling you because you were using me to get ahead in your **career**.

네 직업에서 앞서가기 위해 네가 나를 이용하고 있었기 때문에 난 너에게 전화하지 않았어.

1048
cop
[kap]

ⓝ 경찰관

I'm out of here. You're lucky I don't call the **cops**.

나는 여기서 빠지겠어. (여기에서 나갈 거야.) 내가 경찰을 부르지 않아서 운 좋은 줄 알아.

1049
unfortunately
[ənfɔ́:rtʃənətli]

ⓐⓓ 불행하게, 유감스럽게도

Unfortunately, some souls cannot find a body to enter.

불행하게도, 어떤 영혼들은 들어갈 몸[시체]을 찾지 못한다.

·**unfortunate** ⓐ불운한, 불행한

1050
knock
[nak]

ⓥ 두드리다, 노크하다, 부딪치다   ⓝ 노크

He's the one who was **knocking** on all the doors.

그가 모든 문을 두드린 사람입니다.

WEEK 01
WEEK 02
WEEK 03
WEEK 04
WEEK 05
WEEK 06
WEEK 07
WEEK 08

DAY 21 Daily Checkup

1 아래 영단어의 한글 뜻과 한글 뜻에 해당하는 영단어를 써 보세요.

영단어	한글 뜻		한글 뜻	영단어
loud 1003			ⓐ 불가능한 1004	
shake 1007			ⓥ 단단히 죄다 1009	
complicated 1012			ⓝ 기회 1011	
holy 1015			ⓝ 거리, 먼 곳 1016	
speedy 1019			ⓐ 신비한 1018	
behavior 1021			ⓐ 폭력적인 1026	
trace 1025			ⓐ 정신 이상의, 미친 1029	
engage 1035			ⓝ 손님, 하객, 투숙객 1040	
confess 1037			ⓝ 직업, 경력, 진로 1047	
embarrassed 1042			ⓐ 불운한, 불행한 1049	

2 아래 영문을 해석하세요.

But the real mystery is, who's running that group? 1018

_____

That doesn't sound like a fair trade. 1023

Be my guest. 1040

3 아래 문장을 영작하세요.

매일 밤 난 너를 위해 기도해. 1010

부작용은 무엇인가요? 1028

이것은 네 할머니의 약혼반지야. 1035

168

DAY 22

하루하루 보람 있네요
Top 1051~1100

DAY22.mp3

WEEK 01
WEEK 02
WEEK 03
WEEK 04
WEEK 05
WEEK 06
WEEK 07
WEEK 08

1051

dick
[dik]

ⓝ 놈, 녀석, 페니스, 음경, 바보
No, don't be a **dick**. 아니, 바보같이 굴지 마.

1052

authority
[əθɔ́ːrəti]

ⓝ 권한, 권위, 권위자, 당국
I wanna talk to somebody in **authority**.
저는 권한을 갖고 있는 누군가와 이야기하고 싶어요.

·**authorize** ⓥ인가하다, 권한을 주다 ·**authorization** ⓝ허가, 권한 부여

1053

warm
[wɔːrm]

ⓐ 따뜻한 ⓥ 데우다
I'll be back before the beer goes **warm**. 맥주가 따뜻해지기 전에 돌아올게.

·**warmer** ⓝ보온기 ·**warmth** ⓝ온기, 따뜻함

1054

buck
[bʌk]

ⓝ 달러
Guys would spend five or six **bucks** for that.
사람들은 그걸 위해 5~6달러를 쓸 거야.

1055

resident
[rézədnt]

ⓝ 거주자, 주민 ⓐ 거주하는
She's a **resident** there. 그녀는 거기 거주자예요.

·**residence** ⓝ주택, 거주 ·**residency** ⓝ거주, 관저 ·**reside** ⓥ거주하다 ·**residential** ⓐ거주의

1056

firm
[fəːrm]
·**firmly** ⓐⓓ확고하게

ⓝ 회사 ⓐ 굳은, 단단한 ⓥ 단단하게 하다
Can two people, who were once lovers work at the same law **firm**,
just as friends?
한때 연인 사이였던 두 사람이 같은 법률 회사에서 친구처럼 일할 수 있을까?

1057

cure
[kjuər]

ⓥ 치유하다, 낫게 하다 ⓝ 치유, 치료(법)
The good news is, we have the **cure**.
좋은 소식은 우리에게 치료법이 있다는 거야.

WEEK 01
WEEK 02
WEEK 03
WEEK 04
WEEK 05
WEEK 06
WEEK 07
WEEK 08

1058

upstairs
[ʌpstɛərz]

ad 위층으로, 위층에 **n** 위층, 2층
Go **upstairs**, put some clothes on. 위층으로 가서 옷을 좀 입어.

1059

staff
[stæf]

·**staffer** n직원

n 직원, 참모, 지팡이 **v** 직원을 제공하다
What's this got to do with my **staff**?
이게 제 직원들과 무슨 상관이죠?

1060

rid
[rid]

v 없애다, 제거하다, 벗어나다
We should just get **rid** of it. 우리는 그걸 그냥 없애버려야 해.

1061

unit
[júːnit]

n 단위, 한 개, 장치, 부대, 부서
It's probably all in a storage **unit** somewhere.
그건 아마 전부 저장 장치 어딘가에 있을 것이다.

1062

avoid
[əvɔ́id]

v 피하다, 방지하다
That's what I mean. You're still **avoiding** me.
내 말이 그 말이야. 넌 아직도 날 피하고 있잖아.

1063

whisper
[hwíspər]

v 속삭이다 **n** 속삭임
What are you **whispering** about? 너희들 뭘 속삭이고 있어?

1064

weight
[weit]

·**weigh** v무게를 재다

n 무게, 체중 **v** 무겁게 하다
How are you losing **weight** and I'm not?
어떻게 너는 살을 빼고, 나는 살을 못 빼는 거지?

1065

agent
[éidʒənt]

·**agency** n대행사, 대리점, 기관

n 대리인, 중개상, 에이전트, 요원, 첩보원
I asked my **agent** to negotiate a three-year contract.
나는 대리인에게 3년 계약을 협상해 달라고 부탁했다.

1066

rent
[rent]

·**rental** n임대, 임대료

v 임대하다, 세내다 **n** 집세, 방세, 임대료
We have to **rent** a place.
우리는 집을 임대해야 해.

1067

tooth
[tuːθ]

·**teeth** ntooth의 복수형

n 이, 치아
I'll brush my **teeth**.
나는 양치질을 할 거야.

1068
bite
[bait]
·**biter** ⓝ무는 사람, 속이는 사람

Ⓥ 물다 ⓝ 물기, 한 입
Did you **bite** his ear?
네가 그의 귀를 물었니?

1069
contract
ⓝ[kántrækt]
Ⓥ[kəntrǽkt]
·**contractor** ⓝ계약자, 도급업체   ·**contraction** ⓝ수축, 축소

ⓝ 계약, 계약서 Ⓥ 계약을 맺다, 수축하다
Many of the residents signed their **contracts** years ago.
많은 주민들이 수년 전에 계약서에 서명했다.

1070
site
[sait]

ⓝ 사이트, 현장, 위치, 장소, 부지 Ⓥ 위치시키다
It would be if it were a home, but it's a building **site**.
그게 집이라면 그럴 텐데, 그곳은 건설 현장[공사장]이야.

1071
infect
[infékt]
·**infection** ⓝ감염, 전염병   ·**infectious** ⓐ전염성의

Ⓥ 감염시키다, 오염시키다
And sometimes wounds get **infected**.   그리고 때때로 상처는 감염된다.

1072
duty
[djúːti]

ⓝ 의무, 임무, 직무, 세금
I felt it was my **duty** to let you know he's crazy.
그가 미쳤다는 걸 네게 알려주는 게 내 의무라고 느꼈어.

1073
immediately
[imíːdiətli]
·**immediate** ⓐ즉각적인, 당면한

ⓐⓓ 즉시, 즉각, 바로 ⓒⓞⓝⓙ …하자마자
Give me the address and I'll leave **immediately**.
주소를 주면 내가 바로 출발할게.

1074
large
[laːrdʒ]
·**enlarge** Ⓥ확대하다

ⓐ 큰, 많은, 거대한
He has nothing to do with the **larger** issue we face.
그는 우리가 직면한 더 큰 문제와는 아무 상관이 없어.

1075
event
[ivént]

ⓝ 사건, 일, 행사, 이벤트
He has some family **event**.   그는 가족 행사가 있어요.

1076
approach
[əpróutʃ]

Ⓥ 접근하다, 다가오다 ⓝ 접근, 접근법
These two beautiful women **approached** me.
이 아름다운 두 여자가 내게 다가왔다.

WEEK 01
WEEK 02
WEEK 03
WEEK 04
WEEK 05
WEEK 06
WEEK 07
WEEK 08

1077

sake
[seik]

🔲 이익, 위함

You better hope so for your **sake**.
너를 위해서 그렇게 되기를 바라는 게 좋을 거야.

1078

due
[djuː]

🅰 예정된, 덕분에, 때문에, 지불해야 하는 🔲 주어져야 하는 것

When is that **due**? 마감일이 언제죠? (그것을 언제까지 하기로 되어 있죠?)

1079

cheat
[tʃiːt]
·cheater ⓝ사기꾼

🆅 속이다, 사기 치다, 바람 피우다 🔲 속임수, 사기꾼

She **cheated** on him for their whole marriage, then left him.
그녀는 결혼 생활 내내 바람을 피우고는 그를 떠났어.

1080

sun
[sʌn]
·sunny ⓐ화창한, 명랑한

🔲 해, 태양

Do you really not know that the earth goes round the **sun**?
지구가 태양 주위를 돈다는 것을 정말 몰라?

1081

wine
[wain]

🔲 와인, 포도주

You just need to have a good glass of red **wine**.
당신은 그저 좋은 레드 와인 한 잔 마시면 돼요.

1082

prefer
[prifə́ːr]
·preference ⓝ선호
·preferably ⓐⓓ오히려

🆅 선호하다

Actually, I **prefer** not to discuss my first marriage, if you don't mind.
저 있잖아, 네가 괜찮다면 내 첫 결혼에 대해 의논하지 않는 게 좋겠어.

1083

therapy
[θérəpi]
·therapist ⓝ치료사

🔲 치료, 요법

Group **therapy** is starting in five minutes.
단체 치료가 5분 후에 시작됩니다.

1084

demon
[díːmən]
·demonic ⓐ악령의

🔲 악령, 악마, 귀재

Careful. He may look like a boy, but he's a bloody **demon**.
조심해. 그는 소년처럼 보일 수 있지만, 피비린내 나는 악마야.

1085

excellent
[éksələnt]
·excel 🆅탁월하다
·excellence ⓝ탁월함

🅰 탁월한, 훌륭한

I am **excellent** at delivering bad news with a smile.
저는 미소 지으며 나쁜 소식을 전하는 데 탁월해요.

1086

kitchen
[kítʃən]

n 부엌, 주방

They spent all that money on the new **kitchen**.
그들은 그 돈을 새 부엌에 다 썼다.

1087

vision
[víʒən]

n 시력, 시야, 비전, 선견지명, 환상

Now, what do you mean, exactly, these **visions** you mentioned?
자, 당신이 말한 이 비전이 정확하게 무엇을 의미하나요?

·**visual** ⓐ시각의 ·**visible** ⓐ가시적인 ·**visionary** ⓐ환영의 ⓝ공상가, 선지자

1088

tip
[tip]

n 끝, 조언, 봉사료 **v** 기울이다, 팁을 주다

You realize they sing no matter how much you **tip**?
팁을 얼마를 주든 그들이 노래한다는 거 알아?

1089

slip
[slip]

v 미끄러지다, 빠져나가다 **n** 미끄러짐, 실수

·**slippery** ⓐ미끄러운

How could you let them **slip** out of the house?
네가 어떻게 그들이 집에서 빠져나가게 할 수 있니?

1090

government
[gʌ́vərnmənt]

n 정부, 통치

·**governor** ⓝ주지사, 총독
·**govern** ⓥ통치하다

So we can agree that the **government** is good for that?
그래서 우리는 정부가 그것에 대해 좋다는 것에 동의할 수 있는 거지?

1091

counsel
[káunsəl]

v 상담하다, 조언하다 **n** 조언, 변호인

Then let me **counsel** you on this. 그럼 내가 이것에 대해 너에게 조언을 해 줄게.

·**counselor** ⓝ상담역, 카운슬러 ·**counseling** ⓝ상담, 카운슬링

1092

represent
[rèprizént]

v 대표하다, 대변하다, 나타내다, 보여주다

We're **representing** a kid now. 우리는 지금 한 아이를 대변하고 있습니다.

·**representative** ⓝ대표, 대리인 ⓐ대표하는 ·**rep** ⓝ대표, 대변인 ·**representation** ⓝ대표, 표현

1093

wash
[waʃ]

v 씻다, 세탁하다, 빨래하다 **n** 씻기, 세탁

·**washer** ⓝ세탁기

I don't want to **wash** clothes anymore.
저는 더는 옷을 빨고 싶지 않아요.

1094

summer
[sʌ́mər]

n 여름

It's going to be a beautiful **summer**. 아름다운 여름이 될 거야.

WEEK 01
WEEK 02
WEEK 03
WEEK 04
WEEK 05
WEEK 06
WEEK 07
WEEK 08

1095

signal
[sígnəl]

n 신호   v 신호를 보내다

I was able to trace the **signal**.   나는 그 신호를 추적할 수 있었다.

1096

dry
[drai]

·**dryer** n 건조기, 드라이어

a 마른, 건조한, 가뭄의   v 마르다, 말리다

It'll be **dry** in a couple of days.
며칠 후면 마를 거야.

1097

source
[sɔːrs]

n 근원, 원천, 자료, 정보원   v 공급하다

I can't find the **source** of the bleeding.
저는 출혈의 근원을 찾을 수가 없어요.

1098

chicken
[tʃíkən]

n 닭, 닭고기, 겁쟁이, 비겁자   a 겁이 많은   v 겁내다

I actually had to fight a woman over the last **chicken**.
나는 실제로 마지막 닭고기를 두고 한 여자와 싸워야 했어.

1099

plant
[plænt]

n 식물, 공장   v 심다

Plants are so much more powerful than people imagine.
식물은 사람들이 상상하는 것보다 훨씬 더 강합니다.

1100

punish
[pʌ́niʃ]

·**punishment** n 처벌, 형벌

v 처벌하다, 응징하다

Let the **punishment** fit the crime, eye for an eye?
범죄에 맞는 처벌을 내려, 눈에는 눈이잖아?

1 아래 영단어의 한글 뜻과 한글 뜻에 해당하는 영단어를 써 보세요.

영단어	한글 뜻	한글 뜻	영단어
buck 1054		ⓥ 피하다, 방지하다 1062	
resident 1055		ⓥ 무게를 재다 1064	
firm 1056		ⓥ 감염시키다 1071	
rid 1060		ⓐⓓ 즉시, 즉각 1073	
teeth 1067		ⓝ 선호 1082	
contract 1069		ⓝ 치료, 요법 1083	
approach 1076		ⓝ 부엌, 주방 1086	
cheat 1079		ⓐ 미끄러운 1089	
demon 1084		ⓝ 주지사, 총독 1090	
representative 1092		ⓥ 처벌하다, 응징하다 1100	

2 아래 영문을 해석하세요.

I asked my agent to negotiate a three-year contract. 1065

They spent all that money on the new kitchen. 1086

It'll be dry in a couple of days. 1096

3 아래 문장을 영작하세요.

우리는 집을 임대해야 해. 1066

저는 더는 옷을 빨고 싶지 않아요. 1093

식물은 사람들이 상상하는 것보다 훨씬 더 강합니다. 1099

DAY 23

벌써 당신은 많은 걸 이뤘어요

Top 1101~1150

WEEK 01
WEEK 02
WEEK 03
WEEK 04
WEEK 05
WEEK 06
WEEK 07
WEEK 08

1101

everywhere
[eˈvriweˌr]

ad 어디나 **n** 모든 곳
There was blood **everywhere**. 사방에 피가 흥건했다.

1102

curse
[kəːrs]

n 욕, 욕설, 저주, 악담 **v** 저주하다, 욕하다
This knife has a **cursed** history.
이 칼에는 저주받은 역사가 있다.

1103

describe
[diskráib]
·**description** **n** 묘사, 서술

v 묘사하다, 서술하다, 설명하다
How would you **describe** her behavior before her death?
당신은 그녀의 죽기 전 행동을 어떻게 설명하시겠어요?

1104

female
[fíːmeil]

a 여성의, 여자의, 암컷의 **n** 여성, 암컷
I think sometimes people forget that I was the first **female** president.
나는 때때로 사람들이 내가 최초의 여성 대통령이었다는 것을 잊는다고 생각해.

·**feminist** **n** 페미니스트 ·**feminism** **n** 페미니즘 ·**feminine** **a** 여성의

1105

asshole
[ǽshòul]

n 항문, 멍청이, 개자식
No one here thinks you're an **asshole**.
여기 있는 아무도 널 멍청이라고 생각하지 않아.

1106

wire
[waiər]
·**wireless** **a** 무선의 **n** 무선

n 철사, 전선, 선, 철조망 **v** 배선하다, 도청 장치를 하다, 송금하다
He **wired** a quarter of a mil into her savings account.
그는 그녀의 예금 계좌에 25만 달러를 송금했다.

1107

rat
[ræt]

n 쥐, 배신자 **v** 배신하다, 밀고하다
That's why he had so many **rats** in the lab.
그래서 그의 연구실에 그렇게 쥐가 많았군요.

1108

breakfast
[brékfəst]

n 아침 식사 v 아침 식사를 하다

I'm late for school. I don't have time for **breakfast**.
학교에 늦었어요. 아침 먹을 시간 없어요.

1109

shame
[ʃeim]
·shameful ⓐ수치스러운
·shameless ⓐ파렴치한

n 수치심, 창피, 유감스러운 일 v 부끄럽게 하다

It's a **shame** you didn't get eight tickets.
네가 8장의 표를 얻지 못해서 유감이야.

1110

aunt
[ænt]
·auntie ⓝ=aunt

n 고모, 이모, 숙모, 아줌마

This was one of **aunt** Lisa's favorite songs.
이것은 리사 이모가 가장 좋아하는 노래 중 하나였다.

1111

betray
[bitréi]
·betrayal ⓝ배신

v 배신하다, 밀고하다

This is a terrible **betrayal** of my trust!
이건 내 신뢰에 대한 끔찍한 배신이야!

1112

deny
[dinái]
·denial ⓝ부정, 부인

v 부정하다, 부인하다

And most importantly, we **deny** that we're in **denial**.
그리고 가장 중요한 것은, 우리가 부인한다는 것을 부인하는 것이다.

1113

spirit
[spírit]
·spiritual ⓐ정신적인, 종교적인

n 정신, 영혼, 유령, 요정

Spirits do not follow our physical laws.
요정들은 우리의 물리적 법칙을 따르지 않는다.

1114

develop
[divéləp]
·development ⓝ발달, 개발 ·developer ⓝ개발자

v 개발하다, 발달하다, 성장하다

How did the relationship **develop**? 그 관계는 어떻게 발전했나요?

1115

pill
[pil]

n 알약, 정제

It's time to take your **pills**. 이제 네가 약을 먹을 시간이야.

1116

explosion
[iksplóuʒən]
·explode ⓥ폭발하다
·explosive ⓐ폭발성의

n 폭발, 급증

I've been trying to reach him since I heard of an **explosion**.
폭발 소리를 들은 이후 나는 계속 그에게 연락하려고 했다.

WEEK 01
WEEK 02
WEEK 03
WEEK 04
WEEK 05
WEEK 06
WEEK 07
WEEK 08

WEEK 01
WEEK 02
WEEK 03
WEEK 04
WEEK 05
WEEK 06
WEEK 07
WEEK 08

1117

election
[ilékʃən]
·**elect** v 선출하다
·**electoral** a 선거의

n 선거, 당선

It's an **elected** position. We voted for her.
그것은 선출직이야. 우리는 그녀에게 투표했어.

1118

provide
[prəváid]

v 제공하다, 공급하다, 규정하다

The members of my team are working to **provide** them with the
answers that they require.

우리 팀원들은 그들이 요청하는 답을 제공하기 위해 노력하고 있습니다.

·**provided** conj 만약 …라면   ·**provision** n 공급, 규정   ·**provider** n 제공자

1119

restaurant
[réstərənt]

n 식당, 레스토랑

This is our favorite **restaurant** in the city.
여기가 우리가 이 도시에서 가장 좋아하는 식당이야.

1120

detective
[ditéktiv]

n 형사, 수사관, 탐정

You're no longer a **detective**.   넌 더는 형사가 아니야.

·**detect** v 발견하다, 감지하다   ·**detector** n 탐지기   ·**detection** n 발견, 탐지

1121

alarm
[əlá:rm]
·**alarming** a 걱정스러운

n 경보, 경보기, 알람, 불안, 공포   v 놀라게 하다, 불안하게 하다

I don't want to **alarm** anyone, but we may have a bit of a problem.
아무도 놀라게 하고 싶지 않지만, 우리는 문제가 좀 있을 수도 있어요.

1122

trauma
[tráumə]

n 트라우마, 정신적 외상

That's quite a **trauma**.   그것은 상당한 트라우마다.

·**traumatic** a 정신적 외상의, 대단히 충격적인   ·**traumatize** v 정신적 충격을 주다

1123

romantic
[roumǽntik]
·**romance** n 연애, 로맨스

a 로맨틱한, 연애의

Do you really think that my daughter had deep **romantic** feelings for you?
넌 정말로 내 딸이 너에게 깊은 연애 감정을 느끼고 있었다고 생각해?

1124

campaign
[kæmpéin]

n 캠페인   v 캠페인을 벌이다

This **campaign** will be the hardest thing you've ever done in your life.
이 캠페인은 당신이 평생 해왔던 것 중 가장 힘든 일이 될 것입니다.

1125
market
[má:rkit]
· **marketing** n 마케팅

n 시장　v 거래하다
The housing **market** is dropping daily.
주택 시장이 매일 하락하고 있다.

1126
chest
[tʃest]

n 가슴, 흉부
I woke up with him sitting on my **chest** and a knife to my throat.
그가 내 가슴에 앉아 내 목에 칼을 들이댄 상태에서 나는 잠에서 깼다.

1127
wind
[wind]
· **windy** a 바람이 부는

n 바람, 강풍, 낌새
The birds are flying north, and the **wind** is in the west.
새들은 북쪽으로 날고, 바람은 서쪽에 있어요.

1128
dumb
[dʌm]

a 벙어리의, 말을 못 하는, 말 없는, 멍청한, 바보 같은
They did a **dumb** thing. We're not denying that.
그들은 멍청한 짓을 했어. 우리는 그것을 부인하지 않아.

1129
discover
[diskʌvər]
· **discovery** n 발견

v 발견하다, 찾다, 알아내다
When he **discovered** the truth, he stopped immediately.
그가 진실을 알았을 때, 그는 즉시 멈추었다.

1130
fan
[fæn]

n 팬, 선풍기, 환풍기, 부채　v 부채질하다
We're huge **fans** of outsider art.
우리는 아웃사이더 예술에 대한 열렬한 팬이에요.

1131
round
[raund]

a 둥근, 대략의　n 차례, 회, 라운드　v 돌다, 둥글게 만들다
Hey, everybody, next **round's** on me.
여러분, 다음 차례는 제가 낼게요.

1132
apply
[əplái]

v 신청하다, 지원하다, 적용하다
The normal rules of time and space do not **apply**.
시공간의 일반적 규칙이 적용되지 않는다.

· **application** n 적용, 지원　· **applicant** n 지원자, 신청자　· **appliance** n 기기

1133
blind
[blaind]
· **blindly** ad 맹목적으로
· **blindness** n 맹목

a 눈이 먼, 맹목적인　v 눈멀게 하다　n 블라인드
I guess love really is **blind**.
내 생각에 사랑은 정말 맹목적인 것 같아.

WEEK 01
WEEK 02
WEEK 03
WEEK 04
WEEK 05
WEEK 06
WEEK 07
WEEK 08

1134
beach
[biːtʃ]

n 해변, 바닷가, 해수욕장, 호숫가

I told him we'd meet him on the **beach**.
나는 우리가 해변에서 그를 만날 거라고 말했어.

1135
execute
[éksikjùːt]

v 실행하다, 처형하다, 만들어내다

If he is proven guilty, he will be **executed** in accordance with our laws.
만약 그가 유죄로 판명되면, 그는 우리 법에 따라 처형될 것이다.

·**executive** n 경영진, 행정부 ·**execution** n 실행, 사형 집행, 처형

1136
jail
[dʒeil]

n 교도소, 감옥 **v** 투옥하다

You didn't come visit me once while I was in **jail**.
내가 감옥에 있는 동안 너는 한번도 나를 면회오지 않았어.

1137
hall
[hɔːl]

n 현관, 복도, 회관, 홀

I passed them in the **hall** yesterday.
나는 어제 그들을 복도에서 지나쳐 갔어.

1138
drag
[dræg]

v 끌다, 끌고 가다, 질질 끌다 **n** 장애물

She **dragged** you to hell! 그녀가 너를 지옥으로 끌고 갔잖아!

1139
silent
[sáilənt]

a 조용한, 침묵의

You have the right to remain **silent**!
당신은 묵비권을 행사할 권리가 있습니다!

·**silence** n 고요, 침묵
·**silently** ad 조용히

1140
witch
[witʃ]

n 마녀

I think that this is a **witch** hunt.
나는 이것이 마녀사냥이라고 생각해.

·**witchy** a 마녀의

1141
planet
[plǽnit]

n 행성, 혹성, 지구 (the planet)

Is there even one person on the **planet** you trust?
당신이 믿는 사람이 지구상에 한 명이라도 있나요?

1142
mark
[maːrk]

v 표시하다, 흔적을 내다 **n** 표시, 흔적, 자국

What are the **marks** on your neck?
당신 목에 있는 자국이 뭐죠?

·**marker** n 표시, 마커펜

1143

cousin
[kʌzn]

n 사촌, 친척

As far as I know, you and my **cousin** have an agreement.
내가 아는 한, 너와 내 사촌이 합의했어.

1144

ignore
[ignɔ́:r]

v 무시하다, 묵살하다, 모르는 체하다

My phone was fine, but I've been **ignoring** your calls.
내 전화기는 괜찮았지만, 나는 네 통화를 무시하고 있었어.

· **ignorant** ⓐ 무지한
· **ignorance** ⓝ 무지, 무식

1145

affair
[əfɛ́ər]

n 일, 문제, 불륜, 정사

You stay out of our fucking **affairs**.
우리 일에 관여하지 마.

1146

nose
[nouz]

n 코, 후각

Stop blowing your **nose**, I want to hear this.
코 좀 그만 풀어. 나 이거 듣고 싶단 말이야.

1147

crowd
[kraud]

n 군중, 무리 v 모여들다, 붐비다

He ran with a bad **crowd**, but he was never a bad person.
그는 나쁜 무리와 어울려 다녔지만, 결코 나쁜 사람은 아니었다.

1148

perform
[pərfɔ́:rm]

v 수행하다, 공연하다, 연주하다, 연기하다

Good luck with your **performance**! 네 공연에 행운이 있기를!

· **performance** ⓝ 공연, 연주회, 성과, 수행 · **performer** ⓝ 연기자, 공연가

1149

refuse
[rifjú:z]

v 거절하다, 거부하다

Now, if they **refuse**, we'd have to be prepared for the worst.
이제 그들이 거절한다면, 우리는 최악의 상황에 대비해야 할 거야.

· **refusal** ⓝ 거절, 거부

1150

injury
[índʒəri]

n 부상, 상처, 피해

Let's take a look at this **injury**. 이 부상을 살펴봅시다.

· **injured** ⓐ 부상을 입은 · **injure** ⓥ 부상을 입다

WEEK 01
WEEK 02
WEEK 03
WEEK 04
WEEK 05
WEEK 06
WEEK 07
WEEK 08

1 아래 영단어의 한글 뜻과 한글 뜻에 해당하는 영단어를 써 보세요.

영단어	한글 뜻	한글 뜻	영단어
curse 1102		ⓝ 쥐, 배신자 1107	
wire 1106		ⓝ 배신 1111	
aunt 1110		ⓥ 부정하다, 부인하다 1112	
spiritual 1113		ⓝ 알약, 정제 1115	
elect 1117		ⓥ 폭발하다 1116	
detective 1120		ⓝ 가슴, 흉부 1126	
alarm 1121		ⓥ 발견하다, 찾다 1129	
drag 1138		ⓝ 지원자, 신청자 1132	
performance 1148		ⓝ 행성, 혹성 1141	
injury 1150		ⓥ 거절하다, 거부하다 1149	

2 아래 영문을 해석하세요.

I think sometimes people forget that I was the first female president. 1104

The housing market is dropping daily. 1125

As far as I know, you and my cousin have an agreement. 1143

3 아래 문장을 영작하세요.

이제 네가 약을 먹을 시간이야. 1115

당신은 묵비권을 행사할 권리가 있습니다! 1139

나는 이것이 마녀사냥이라고 생각해. 1140

1151

purpose
[pə́:rpəs]
· **purposely** ad 고의로

n 목적, 용도
They left him behind on **purpose**?
그들은 고의로 그를 뒤에 남겨둔 건가요?

1152

often
[ɔ́:fən]

ad 자주, 흔히
We go there quite **often**. 우리는 그곳에 꽤 자주 가.

1153

somehow
[sʌ́mhàu]

ad 어떻게든, 어쨌든, 그럭저럭
In that case, we'll get her there **somehow**.
그런 경우라면 우리가 어떻게든 그녀를 거기에 데려다 줄게요.

1154

rate
[reit]
· **rating** n 순위, 평가, 등급

n 속도, 비율, 요금 v 평가하다
Well, at this **rate**, that's gonna take years.
글쎄, 이런 속도라면 몇 년이 걸릴 거야.

1155

current
[kə́:rənt]
· **currently** ad 현재, 지금
· **currency** n 통화, 화폐

a 현재의, 지금의 n 해류, 기류, 전류
I'm not sure that our **current** situation applies here.
우리의 현재 상황이 여기에 적용되는지 저는 잘 모르겠네요.

1156

stress
[stres]
· **stressful** a 스트레스가 많은
· **stressor** n 스트레스 요인

n 스트레스, 압박 v 강조하다
It is quite possible he's suffering from some form of post traumatic **stress**.
그가 어떤 형태로든 외상 후 스트레스 장애를 겪고 있을 가능성이 꽤 높다.

1157

replace
[ripléis]
· **replacement** n 대체, 교체

v 대신하다, 교체하다, 바꾸다
The plan doesn't work unless we have someone to **replace** you.
당신을 대신할 사람이 없으면 그 계획은 통하지 않아요.

1158

captain
[kǽptən]

n 장, 우두머리, 선장, 기장, 주장, 육군 대위, 해군 대령

It'll tear the ship apart, **captain**!
그것이 배를 갈라놓을 겁니다, 선장님!

1159

clock
[klak]

n 시계 **v** 시간을 기록하다

It's one o'**clock** in the morning. 새벽 1시예요.

＊ o'clock은 1에서 12까지의 숫자 뒤에 써서 몇 시라는 정확한 시간을 나타냄.

1160

punch
[pʌntʃ]

v 주먹으로 때리다, 구멍을 뚫다 **n** 주먹질, 펀치

I think this woman might **punch** me in the face.
이 여자가 내 얼굴을 때릴 것 같아.

1161

professional
[prəféʃənl]

a 전문적인, 직업의, 전문가의 **n** 전문가

I am a highly trained **professional**. 저는 고도로 숙련된 전문가입니다.

·**profession** n직업, 직종 ·**professionally** ad전문적으로

1162

complain
[kəmpléin]

v 불평하다, 호소하다, 고소하다

I heard you **complaining** about it.
·**complaint** n불평, 불만, 고소 나는 네가 그것에 대해 불평하는 거 들었어.

1163

recover
[rikʌvər]

v 회복하다, 되찾다, 회수하다

I don't know how long it will take him to **recover** from his injuries.
·**recovery** n회복, 회수 그가 부상에서 회복하는 데 얼마나 걸릴지 모르겠어.

1164

egg
[eg]

n 알, 달걀, 난자

Do you eat **eggs**? 너는 달걀을 먹니?

1165

supply
[səplái]

v 공급하다, 제공하다 **n** 공급(품), 보급(품), 비축량

I'm taking a huge risk **supplying** this information.
·**supplier** n공급자 저는 이 정보를 제공하는 큰 위험을 감수하고 있어요.

1166

cough
[kɔːf]

v 기침하다, 헛기침하다 **n** 기침, 헛기침

So I gave her some **cough** medicine to help her sleep.
그래서 나는 그녀가 잠을 잘 수 있도록 감기약을 주었다.

1167

incredible
[inkrédəbl]

·incredibly
[ad] 믿을 수 없을 정도로

[a] 믿을 수 없는, 엄청난

It's an **incredible** waste of money.

그건 엄청난 돈 낭비야.

1168

hat
[hæt]

[n] 모자, 직책

He wants to know where you put his **hat**.

그는 네가 그의 모자를 어디에 두었는지 알고 싶어해.

1169

cancel
[kǽnsəl]

·cancellation [n] 취소

[v] 취소하다, 무효로 하다

Our show was **canceled**, so we were out of work anyway.

우리 공연이 취소돼서 어쨌든 우리는 실직했어.

1170

male
[meil]

[a] 남자의, 남성의, 수컷의 [n] 남성, 수컷

I keep thinking you're some different kind of **male**.

나는 네가 좀 다른 종류의 남자라고 계속 생각했어.

1171

elevator
[éləvèitər]

·elevate
[v] 올리다, 높이다, 승진시키다

[n] 엘리베이터

I'll meet you at the **elevator**, okay?

내가 너를 엘리베이터에서 만날게, 알았지?

1172

bottom
[bátəm]

[n] 바닥, 아래, 맨아래, 엉덩이 [a] 밑바닥의, 하부의, 최하위의, 최후의

The **bottom** line is I'll be losing money.

결국[요점]은 내가 돈을 잃을 거라는 거야.

1173

onto
[ɔ́:ntə]

[prep] …위에, …쪽으로, …을 알아차리고

Just hold **onto** her for now, and I'll be out to check on her as soon as I can.

지금 당장은 그녀를 붙잡고 있어, 내가 가능한 빨리 그녀를 보러 나갈게.

1174

Monday
[mʌndei]

·Mon. [n]=Monday

[n] 월요일

I need to get this done by **Monday**.

나는 월요일까지 이걸 끝내야 해.

1175

upon
[əpán]

[prep] …위에, …에, …으로 (=on)

Once **upon** a time, it meant that much to me.

옛날 옛적에, 그것은 나에게 그만큼 의미가 있었다.

WEEK 01
WEEK 02
WEEK 03
WEEK 04
WEEK 05
WEEK 06
WEEK 07
WEEK 08

WEEK 01
WEEK 02
WEEK 03
WEEK 04
WEEK 05
WEEK 06
WEEK 07
WEEK 08

1176

abuse
[əbjúːz]

n 남용, 악용, 욕설, 학대 v 남용하다, 악용하다, 욕을 하다, 학대하다

That is absolutely child **abuse**! You should be arrested!
그것은 틀림없이 아동 학대야! 당신은 체포되어야 해!

•**abusive** ⓐ남용하는, 학대하는, 모욕적인   •**abuser** ⓝ남용자, 학대자

1177

plenty
[plénti]

ⓐ 많은, 풍부한 ⓝ 많음, 충분 ⓐⓓ 많이, 충분하게

I've got **plenty** of time.   나는 시간이 많아.

1178

switch
[switʃ]

v 전환하다, 바꾸다 ⓝ 스위치, 전환

Don't **switch** the bathroom light on.   화장실 불을 켜지 마.

1179

snow
[snou]

ⓝ 눈 v 눈이 내리다

It's **snowing**.   눈이 오고 있어.

1180

model
[mádl]

ⓝ 모형, 모델, 모범 v 모형을 만들다

They have a very strong business **model**.
그들에게는 매우 강력한 사업 모델이 있다.

1181

brief
[briːf]

ⓐ 짧은, 잠시, 간단한 v 알려주다, 보고하다

We dated **briefly**, a while ago.   우리는 이전에 잠깐 데이트를 했어요.

•**briefing** ⓝ브리핑   •**briefly** ⓐⓓ잠시, 간략하게

1182

loose
[luːs]

ⓐ 헐거운, 풀린, 느슨한, 풀려난 v 풀다, 풀어놓다

She was asking about **loose** ends.
•**loosen** v풀다, 느슨하게 하다   그녀는 미진한 부분에 대해 묻고 있었다.

1183

attempt
[ətémpt]

ⓝ 시도, 미수 v 시도하다

He's here now because of all your father's escape **attempts**.
•**attempted** ⓐ미수의   네 아버지의 모든 탈출 시도 때문에 그가 지금 여기 있어.

1184

river
[rívər]

ⓝ 강, 강물

That's a **river** in Africa.   그것은 아프리카에 있는 강이다.

1185
prime
[praim]

a 주된, 기본적인, 주요한, 최고의 n 전성기

That is our **primary** target. 그것이 우리의 주된 목표입니다.

·**primary** a 주된, 초등학교의 ·**primarily** ad 주로

1186
arrange
[əréindʒ]

v 마련하다, 주선하다, 배열하다, 배치하다

Is it normal to **arrange** your shirts by color?
셔츠를 색깔별로 정리하는 것이 정상인가요?

·**arrangement**
n 준비, 주선, 합의, 배열

1187
propose
[prəpóuz]

v 제안하다, 제의하다, 청혼하다, 제시하다

Why don't we just wait and see what he **proposes**?
그가 무엇을 제안하는지 두고 보는 게 어때?

·**proposal** n 제안, 제의, 청혼

1188
transfer
[trænsfə́ːr]

v 옮기다, 이동하다, 이전하다, 환승하다, 전학하다 n 이동, 이전, 양도, 환승

I was wondering if maybe we should **transfer** you to another school.
당신을 다른 학교로 전학 보내야 할까 해서요.

·**transference** n 이전, 양도

1189
shift
[ʃift]

v 이동하다, 바뀌다, 바꾸다 n 변화, 전환, 교대 근무, 교대조

Is the wind gonna **shift**?
바람 (방향)이 바뀔까?

·**shifter** n 이동 장치

1190
stage
[steidʒ]

n 단계, 시기, 무대 v 무대에 올리다

Her teacher says it's just a **stage**.
그녀의 선생님은 그것이 단지 한 단계[시기]라고 말해요.

1191
otherwise
[ʌðərwàiz]

ad 그렇지 않으면, 그 이외에, 달리

Well, then you have to eat. **Otherwise**, you'll get weak.
글쎄, 그럼 넌 먹어야 해. 그렇지 않으면 몸이 약해질 거야.

1192
shock
[ʃak]

n 충격, 쇼크 v 충격을 주다, 놀라게 하다

I just can't believe this. I'm in **shock**.
나는 이걸 도저히 믿을 수 없어. 나 충격 받았어.

·**shocking** a 충격적인

1193
tea
[tiː]

n 차, 찻잎, 홍차

What happened to the little girl who served us **tea**?
우리에게 차를 대접한 그 어린 소녀는 어떻게 되었나요?

WEEK 01
WEEK 02
WEEK 03
WEEK 04
WEEK 05
WEEK 06
WEEK 07
WEEK 08

WEEK 01

WEEK 02

WEEK 03

WEEK 04

WEEK 05

WEEK 06

WEEK 07

WEEK 08

1194

mass
[mæs]

·massive
ⓐ 거대한, 심각한, 대량의

ⓐ 대량의, 대규모의, 대중의 ⓝ 집단, 대중, 덩어리, 질량, 미사 (=Mass)
ⓥ 모으다, 모이다

The **mass** we removed from your throat was so big you couldn't breathe.
네 목에서 제거한 그 덩어리는 네가 숨을 쉴 수 없을 정도로 아주 컸다.

1195

bless
[bles]

·blessing ⓝ축복

ⓥ 축복하다

God **bless** her.
그녀에게 신의 축복이 있기를.

1196

warrant
[wɔ́:rənt]

·warranty ⓝ보증, 보증서

ⓝ 영장, 보증서 ⓥ 정당화하다, 보증하다

That's a search **warrant**.
그건 수색 영장입니다.

1197

motherfucker
[mʌðərfʌkər]

·motherfucking
ⓐ비열한, 망할

ⓝ 후레자식, 쌍놈

You're a **motherfucker**.
넌 후레자식이야.

1198

stone
[stoun]

ⓝ 돌, 비석, 결석 ⓥ 돌을 던지다

Sticks and **stones** may break my bones.
막대기와 돌멩이가 내 뼈를 부러뜨릴지도 몰라.

1199

flower
[fláuər]

ⓝ 꽃, 화초 ⓥ 꽃을 피우다

He delivered you some fresh **flowers** to show his appreciation.
그가 감사의 표시로 당신에게 신선한 꽃을 배달했어요.

1200

rough
[rʌf]

·roughly ⓐd 대략, 거칠게

ⓐ 거친, 개략적인, 힘든

It's a bit **rough**, but it's effective.
그것은 좀 거칠긴 하지만, 효과적입니다.

1 아래 영단어의 한글 뜻과 한글 뜻에 해당하는 영단어를 써 보세요.

영단어	한글 뜻
somehow 1153	
stress 1156	
professional 1161	
cough 1166	
abuse 1176	
brief 1181	
arrange 1186	
shift 1189	
massive 1194	
warrant 1196	

한글 뜻	영단어
ad 자주, 흔히 1152	
n 통화, 화폐 1155	
v 대신하다, 교체하다 1157	
n 회복, 회수 1163	
v 취소하다, 무효로 하다 1169	
n 시도, 미수 v 시도하다 1183	
n 강, 강물 1184	
a 주된, 초등학교의 1185	
a 충격적인 1192	
v 축복하다 1195	

2 아래 영문을 해석하세요.

I'm not sure that our current situation applies here. 1155

_____

The bottom line is I'll be losing money. 1172

Is it normal to arrange your shirts by color? 1186 _____

3 아래 문장을 영작하세요.

새벽 1시예요. 1159 _____

너는 달걀을 먹니? 1164 _____

그건 수색 영장입니다. 1196 _____

WEEK 01
WEEK 02
WEEK 03
WEEK 04
WEEK 05
WEEK 06
WEEK 07
WEEK 08

DAY 25

5주 차까지 해내다니 멋지네요

Top 1201~1250

1201

farm
[faːrm]
·farmer ⓝ농부

ⓝ 농장, 사육장 ⓥ 농사를 짓다, 사육하다
Problem is there're 4 **farms** out there.
문제는 저기에 4개의 농장이 있다는 것입니다.

1202

depend
[dipénd]
·dependent ⓐ의존하는

ⓥ 의존하다, 의지하다, 믿다, 매달리다
She **depends** on me.
그녀는 나에게 의존한다.

1203

regret
[rigrét]
·regrettable ⓐ유감스러운

ⓥ 후회하다, 유감스럽게 생각하다 ⓝ 유감, 후회
You are not gonna **regret** this.
너는 이걸 후회하지 않을 거야.

1204

refer
[rifə́ːr]
·reference ⓝ참고, 참조, 언급

ⓥ 참조하다, 언급하다, 지시하다, 조회하다, 알아보도록 하다, 보내다
Did you think of **referring** her to a female counselor?
당신은 그녀를 여성 상담사에게 보낼 생각을 하셨나요?

1205

secretary
[sékrətèri]

ⓝ 비서, 장관, 총무, 서기
I'll let his **secretary** know you're on your way.
당신이 오고 있다고 그의 비서에게 알려 줄게요.

1206

load
[loud]

ⓝ 짐, 부담 ⓥ 싣다, 태우다, 적재하다
Let's **load** this in the car. 우리 이걸 차에 싣자.

1207

repeat
[ripíːt]
·repeatedly ⓐ반복적으로

ⓥ 반복하다, 되풀이하다 ⓝ 반복, 재방송
I'm sorry, could you **repeat** that?
죄송하지만 다시 말씀해 주시겠어요?

1208

design
[dizáin]

·**designer** n 디자이너

n 디자인, 설계 v 디자인하다, 설계하다

There's a security system that I **designed**.
내가 설계한 보안 시스템이 있다.

1209

circle
[sə́:rkl]

n 원, 원형, 서클 v 빙빙 돌다

You may come forward and form a **circle**.
앞으로 나와서 원을 만드세요.

·**circulation** n 순환, 유통 ·**circulate** v 순환하다, 유포되다 ·**circular** a 원형의 n 광고 전단

1210

battle
[bǽtl]

n 전투, 투쟁 v 싸우다, 투쟁하다

You've won a **battle**, but you will never win this war.
당신은 전투에서 이겼지만, 이 전쟁에서 결코 승리하지 못할 것이다.

1211

view
[vju:]

·**viewer** n 시청자, 뷰어

n 견해, 관점, 전망 v 보다, 여기다

I understand both these points of **view**.
나는 이 두 가지 관점을 모두 이해한다.

1212

intelligence
[intélədʒəns]

n 지능, 기밀, 정보, 정보기관

We're not talking about **intelligence**.
우리는 지능에 대해 말하는 것이 아닙니다.

·**intelligent** a 총명한 ·**intellectual** a 지적인 n 지식인 ·**intellect** n 지적 능력, 식자

1213

split
[split]

v 분열되다, 나누다, 쪼개다 n 분열, 불화

I don't understand why you want to **split** with me.
왜 네가 나랑 헤어지려고 하는지 모르겠어.

1214

pocket
[pákit]

n (호)주머니, 포켓 v 포켓에 넣다

Looks like the wife had plane tickets in her **pocket**.
그 아내의 주머니 안에 비행기 표가 있었던 것 같아요.

1215

although
[ɔːlðóu]

conj …임에도 불구하고, 비록 …이지만

Although I really don't see the point. 그럼에도 나는 정말 그 요점을 모르겠어.

1216

disappoint
[dìsəpóint]

·**disappointment** n 실망, 낙심

v 실망시키다, 좌절시키다

My mother was quite **disappointed** when I came along.
제가 함께 갔을 때 어머니는 매우 실망하셨어요.

WEEK 01
WEEK 02
WEEK 03
WEEK 04
WEEK 05
WEEK 06
WEEK 07
WEEK 08

1217

community
[kəmjúːnəti]

n 공동체, 커뮤니티, 지역사회, 군집

We are still committed to serving our clients and our **community**.

우리는 여전히 고객과 지역사회를 위해 헌신하고 있습니다.

1218

nation
[néiʃən]

·**national** ⓐ국가의
·**nationality** ⓝ국적

n 국가, 국민, 민족

It's about a safer world for our **nation**.

그것은 우리의 국가를 위한 더 안전한 세계에 관한 것입니다.

1219

heat
[hiːt]

·**heater** ⓝ난방기, 히터

n 열, 더위, 난방 **v** 가열하다, 뜨거워지다

Do you want me to **heat** some up for you?

제가 뭐 좀 데워 드릴까요?

1220

cheese
[tʃiːz]

·**cheesy**
ⓐ치즈의, 싸구려의, 위선적인

n 치즈

Her dad wants to take our picture. Say **Cheese**!

그녀의 아빠가 우리 사진을 찍고 싶어해요. 웃으세요. ('치즈' 하세요.)

1221

knee
[niː]

·**kneel** ⓥ무릎을 꿇다

n 무릎

On your **knees**! Hands up!

무릎 꿇고 손 들어!

1222

distract
[distrǽkt]

·**distraction** ⓝ주의 산만, 오락

v 산만하게 하다, 주의를 빼앗다

You seem a little **distracted**.

너 좀 산만한 것 같아.

1223

towards
[tɔːrdz]

·**toward** prep ···쪽으로,
···을 향하여

prep ···쪽으로, ···을 향하여, ···가까이, 무렵

She started going **towards** the girlfriend.

그녀는 여자친구를 향해 가기 시작했다.

1224

abandon
[əbǽndən]

·**abandonment** ⓝ유기, 포기

v 버리다, 떠나다, 포기하다, 유기하다

Did you happen to **abandon** her with your keys in your pocket?

열쇠를 네 호주머니에 넣고 그녀를 버리게 된 거야?

1225

security
[sikjúərəti]

·**secure** ⓐ안전한 ⓥ확보하다

n 보안, 안보, 경비, 안전, 증권

It's a matter of national **security**.

그것은 국가 안보 문제입니다.

1226

nowhere
[nóuhwɛər]

ad 아무데도 …없다 (않다), 어디에도 없다 (않다)

I did that a few months ago, and there was **nowhere** to go.
나는 몇 달 전에 그것을 했는데, 갈 곳이 없었다.

1227

folk
[fouk]

n 사람들, (호칭) 여러분, 가족, 민요　**a** 민속의, 민간의

And these **folks** are gonna need your help.
그리고 이 사람들은 당신의 도움이 필요할 거예요.

1228

cake
[keik]

n 케이크, 빵

Go get some birthday **cake**.　가서 생일 케이크 좀 가져오렴.

1229

heaven
[hévən]

· **heavenly** ⓐ 천국의

n 하늘, 천국

This must be what **heaven** looks like.
천국이 이렇게 생겼을 거야.

1230

bedroom
[bédrù:m]

n 침실

We need a second **bedroom** for the baby, right?
우리는 아기를 위한 두 번째 침실이 필요해요, 그렇죠?

1231

monitor
[mánətər]

· **monitoring** ⓝ 감시, 관찰

n 모니터, 감시장치　**v** 감시하다, 관찰하다

Look at the **monitors**.
모니터를 봐.

1232

charm
[tʃaːrm]

· **charming** ⓐ 매력적인

n 매력, 부적　**v** 매혹하다

He said he thought you were **charming**.
그는 너를 매력적으로 생각한다고 말했어.

1233

cell
[sel]

· **cellular** ⓐ 세포의, 이동 전화의

n 세포, 감방, 독방, 전지

So does that mean that you can find the bad **cells** in his brain or not?
그렇다면, 그것은 당신이 그의 뇌에서 나쁜 세포를 찾을 수 있다는 것을 의미하나요?

1234

devil
[dévl]

n 악마

There's a **devil** in that man.　저 사람 안에 악마가 있어.

WEEK 01
WEEK 02
WEEK 03
WEEK 04
WEEK 05
WEEK 06
WEEK 07
WEEK 08

1235
tour
[tuər]
·**tourist** ⓝ관광객

ⓝ 여행, 관광, 순방 ⓥ 관광하다, 순방하다

I want to add more cities to the **tour**.
나는 그 여행에 더 많은 도시를 추가하고 싶어.

1236
associate
[əsóuʃièit]
·**association** ⓝ협회

ⓥ 연관 짓다, 어울리다, 교제하다 ⓐ (직함에서) 준, 부 ⓝ 동료

Actually, all the **associates** are leaving early tonight.
사실, 오늘 밤 모든 동료들이 일찍 떠나고 있어요.

1237
extremely
[ikstríːmli]
·**extreme** ⓐ극심한
·**extremist** ⓝ극단주의자

ad 극도로, 극단적으로, 매우

We consider him armed and **extremely** dangerous.
우리는 그가 무장했고 극도로 위험하다고 생각합니다.

1238
desperate
[déspərət]
·**desperately** ad 필사적으로
·**desperation** ⓝ자포자기

ⓐ 필사적인, 절실한, 자포자기한, 극심한

Like I said, we're kind of **desperate** for leads.
말씀드렸듯이 우리는 단서를 찾는 데 필사적입니다.

1239
strip
[strip]
·**stripper** ⓝ스트리퍼

ⓥ 껍질을 벗기다, 옷을 벗기다, 뜯어내다, 스트립쇼를 하다
ⓝ 스트립쇼, 가느다란 조각

There will be no **strippers**. 스트리퍼는 없을 거예요.

1240
program
[próugræm]
·**programming** ⓝ프로그래밍
·**programmer** ⓝ프로그래머

ⓝ 프로그램 ⓥ 프로그램을 짜다

You can run every health **program** or social **program** you want.
당신이 원하는 모든 건강 프로그램이나 사회 프로그램을 실행할 수 있습니다.

1241
license
[láisəns]
·**licence** ⓝ면허증, 허가증

ⓝ 면허, 면허증, 허가증 ⓥ 면허를 주다, 허가하다

I'm gonna look at your driver's **license**, find out your real age.
나는 네 운전 면허증을 보고 네 실제 나이를 알아낼 거야.

1242
juice
[dʒuːs]
·**juicy** ⓐ즙이 많은

ⓝ 주스, 즙 ⓥ 즙을 내다

Give me a box of **juice**.
주스 한 상자 줘.

1243

media
[míːdiə]
·**medium**
Ⓝ중간, 매체 Ⓐ중간의

Ⓝ 매체, medium의 복수형
Social **media** is going to solve this crime.
소셜 미디어가 이 범죄를 해결할 것이다.

1244

grade
[greid]
·**grader**
Ⓝ(1, 2, …) 학년생, 채점자

Ⓝ 등급, 학년, 학점, 품질 Ⓥ 등급을 매기다
I haven't done that since **grade** school.
나는 초등학교 때부터 그렇게 하지 않았어.

1245

accuse
[əkjúːz]
·**accusation** Ⓝ비난, 고소

Ⓥ 비난하다, 고소하다, 혐의를 제기하다
You're **accusing** me of causing this?
당신은 제가 이것을 야기했다고 비난하시는 건가요?

1246

jealous
[dʒéləs]
·**jealousy** Ⓝ질투

Ⓐ 질투하는, 시기하는
Yesterday, he accused me of being **jealous**. Today, he's coming after my money.
어제 그는 나를 질투한다고 비난하더니 오늘 그는 내 돈을 뒤쫓고 있어.

1247

limit
[límit]
·**limitation** Ⓝ제약, 제한

Ⓝ 한계, 제한, 한도 Ⓥ 제한하다
I'm gonna push you to your **limit**.
나는 너를 한계까지 밀어붙일 거야.

1248

cream
[kriːm]
·**creamy** Ⓐ크림 같은

Ⓝ 크림, 크림색 Ⓐ 크림색의
I'll just eat some ice **cream**.
저는 그냥 아이스크림 좀 먹을게요.

1249

expose
[ikspóuz]
·**exposure** Ⓝ노출, 폭로

Ⓥ 노출하다, 드러내다, 폭로하다
I'm gonna find out how this happened, and I'm gonna **expose** you.
나는 이게 어떻게 된 일인지 알아낼 거고, 널 폭로할 거야.

1250

cup
[kʌp]

Ⓝ 컵, 잔
I don't care what **cup** you use.
네가 어떤 컵을 사용하든 난 상관없어.

WEEK 01
WEEK 02
WEEK 03
WEEK 04
WEEK 05
WEEK 06
WEEK 07
WEEK 08

1 아래 영단어의 한글 뜻과 한글 뜻에 해당하는 영단어를 써 보세요.

영단어	한글 뜻
refer 1204	
secretary 1205	
circulate 1209	
intelligence 1212	
disappoint 1216	
abandon 1224	
security 1225	
cell 1233	
license 1241	
jealous 1246	

한글 뜻	영단어
n 농부 1201	
ad 반복적으로 1207	
n 국가, 국민, 민족 1218	
n 무릎 1221	
n 하늘, 천국 1229	
n 침실 1230	
n 관광객 1235	
ad 필사적으로 1238	
n 비난, 고소 1245	
n 노출, 폭로 1249	

2 아래 영문을 해석하세요.

Let's load this in the car. 1206

It's a matter of national security. 1225

Like I said, we're kind of desperate for leads. 1238

3 아래 문장을 영작하세요.

그녀는 나에게 의존한다. 1202

우리는 지능에 대해 말하는 것이 아닙니다. 1212

네가 어떤 컵을 사용하든 난 상관없어. 1250

알아두면 좋은
미국 주 이름, 주도

미국은 50개의 주(states)와 1개의 특별구(district)로 이루어져 있습니다.

컬럼비아 특별구(District of Columbia, DC): 미국 연방정부 소재지, 일반적으로 Washington, D.C. 라고 함.

state name	주 이름	약어	capital	주도
Alabama	앨라배마	AL	Montgomery	몽고메리
Alaska	알래스카	AK	Juneau	주노
Arizona	애리조나	AZ	Phoenix	피닉스
Arkansas	아칸소	AR	Little Rock	리틀록
California	캘리포니아	CA	Sacramento	새크라멘토
Colorado	콜로라도	CO	Denver	덴버
Connecticut	코네티컷	CT	Hartford	하트포드
Delaware	델라웨어	DE	Dover	도버
Florida	플로리다	FL	Tallahassee	탤러해시
Georgia	조지아	GA	Atlanta	애틀랜타
Hawaii	하와이	HI	Honolulu	호놀룰루
Idaho	아이다호	ID	Boise	보이시
Illinois	일리노이	IL	Springfield	스프링필드
Indiana	인디애나	IN	Indianapolis	인디애나폴리스
Iowa	아이오와	IA	Des Moines	디모인
Kansas	캔자스	KS	Topeka	토피카
Kentucky	켄터키	KY	Frankfort	프랭크퍼트
Louisiana	루이지애나	LA	Baton Rouge	배턴루지
Maine	메인	ME	Augusta	오거스타
Maryland	메릴랜드	MD	Annapolis	아나폴리스
Massachusetts	매사추세츠	MA	Boston	보스턴
Michigan	미시간	MI	Lansing	랜싱
Minnesota	미네소타	MN	Saint Paul	세인트폴
Mississippi	미시시피	MS	Jackson	잭슨
Missouri	미주리	MO	Jefferson City	제퍼슨시티

state name	주 이름	약어	capital	주도
Montana	몬태나	MT	Helena	헬레나
Nebraska	네브래스카	NE	Lincoln	링컨
Nevada	네바다	NV	Carson City	카슨시티
New Hampshire	뉴햄프셔	NH	Concord	콩코드
New Jersey	뉴저지	NJ	Trenton	트렌턴
New Mexico	뉴멕시코	NM	Santa Fe	샌타페이
New York	뉴욕	NY	Albany	올버니
North Carolina	노스캐롤라이나	NC	Raleigh	롤리
North Dakota	노스다코타	ND	Bismarck	비즈마크
Ohio	오하이오	OH	Columbus	콜럼버스
Oklahoma	오클라호마	OK	Oklahoma City	오클라호마시티
Oregon	오리건	OR	Salem	세일럼
Pennsylvania	펜실베이니아	PA	Harrisburg	해리스버그
Rhode Island	로드아일랜드	RI	Providence	프로비던스
South Carolina	사우스캐롤라이나	SC	Columbia	컬럼비아
South Dakota	사우스다코타	SD	Pierre	피어
Tennessee	테네시	TN	Nashville	내슈빌
Texas	텍사스	TX	Austin	오스틴
Utah	유타	UT	Salt Lake City	솔트레이크시티
Vermont	버몬트	VT	Montpelier	몬트필리어
Virginia	버지니아	VA	Richmond	리치먼드
Washington	워싱턴	WA	Olympia	올림피아
West Virginia	웨스트버지니아	WV	Charleston	찰스턴
Wisconsin	위스콘신	WI	Madison	매디슨
Wyoming	와이오밍	WY	Cheyenne	샤이엔

WEEK
06

DAY 26

6주 차 첫날 즐겁게 시작해요

Top 1251~1300

WEEK 01
WEEK 02
WEEK 03
WEEK 04
WEEK 05
WEEK 06
WEEK 07
WEEK 08

1251

asleep
[əslíːp]

ⓐ 잠이 든

I'm going to sit here with you until you fall **asleep**.
네가 잠들 때까지 내가 여기 같이 앉아 있을게.

1252

sacrifice
[sǽkrəfàis]

ⓝ 희생, 제물 ⓥ 희생하다, 희생시키다

Every **sacrifice** we make needs to be for the greater good.
우리가 하는 모든 희생은 대의를 위한 것이어야 합니다.

1253

heal
[hiːl]

·**healing** ⓝ치유
·**healer** ⓝ치유자

ⓥ 치유되다, 낫다, 치료하다

I know how much you want to see that family **healed**.
그 가족이 치유된 것을 당신이 얼마나 보고 싶어하는지 저는 알고 있어요.

1254

announce
[ənáuns]

·**announcement** ⓝ발표, 소식
·**announcer** ⓝ아나운서

ⓥ 발표하다, 알리다, 방송하다, 예고하다

We will be making an **announcement** to the press later this afternoon.
우리는 오늘 오후 늦게 언론에 발표할 것입니다.

1255

senior
[síːnjər]

·**Sr.** ⓝ=senior

ⓐ 연상인, 선배인 ⓝ 연장자, 선배, 선임자, 성인, 상급생

That's what the **seniors** do to keep the young people away.
그것이 바로 연장자들이 젊은이들을 멀리하기 위해 하는 일이야.

1256

pool
[puːl]

ⓝ 웅덩이, 수영장, 이용 가능 인력, 포켓볼 ⓥ 모으다

The old man just showed up at the **pool**.
그 노인은 수영장에 방금 나타났다.

1257

literally
[lítərəli]

·**literal** ⓐ문자 그대로의, 문자의

ⓐ𝗱 문자 그대로, 정말로, 그야말로

The man **literally** wants to destroy us.
그 남자는 말 그대로 우리를 파괴하고 싶어 한다.

1258

afford
[əfɔːrd]
·**affordable**
ⓐ알맞은, 입수 가능한

ⓥ 여유가 있다, 형편이 되다, 할 수 있다

I have to find a place that I can actually **afford** now.
지금 내가 실제로 감당할 수 있는 곳[집]을 찾아야 해.

1259

several
[sévərəl]

ⓐ 몇몇의, 몇 개의, 각자의

The answer to that question has **several** parts.
그 질문에 대한 대답은 몇 가지 부분으로 되어 있다.

1260

virus
[váiərəs]
·**viral** ⓐ바이러스(성)의

ⓝ 바이러스

Someone just dropped off a dead body infected with a **virus**.
누군가가 방금 바이러스에 감염된 시체를 떨어뜨렸다.

1261

harm
[haːrm]
·**harmless** ⓐ무해한
·**harmful** ⓐ해로운

ⓝ 피해, 손해 ⓥ 해치다, 손상시키다

Half a glass won't do you any **harm**.
반 잔 정도는 당신에게 해를 끼치지 않을 거예요.

1262

grant
[grænt]
·**granted**
ⓐ설사 …하더라도, 확실히

ⓥ 승인하다, 인정하다, 주다, 수여하다 ⓝ 허가, 인가, 보조금

God **grant** me the strength to accept the things I cannot change.
신은 내가 바꿀 수 없는 것들을 받아들일 수 있는 힘을 주셨다.

1263

energy
[énərdʒi]
·**energetic** ⓐ활동적인

ⓝ 에너지, 활기, 기운, 정력

Some time ago, there must have been a massive release of **energy**.
얼마 전, 대량의 에너지 방출이 있었음에 틀림없다.

1264

introduce
[ìntrədjúːs]
·**introduction** ⓝ도입, 소개

ⓥ 소개하다, 도입하다, 제출하다

He was just very shocked when I **introduced** myself.
내 소개를 했을 때 그는 매우 충격을 받았다.

1265

positive
[pázətiv]
·**positively** ⓐ긍정적으로

ⓐ 긍정적인, 확실한, 양성의, 영보다 많은 ⓝ 양성

I mean, you couldn't try to be just a little bit more **positive**?
네가 조금 더 긍정적이 되도록 노력할 수 있지 않아?

1266

funeral
[fjúːnərəl]

ⓝ 장례식 ⓐ 장례식의

I made an excuse for myself that I wouldn't be welcome at her **funeral**.
나는 그녀의 장례식에서 환영받지 못할 것이라고 나 자신을 위한 변명을 했다.

WEEK 01
WEEK 02
WEEK 03
WEEK 04
WEEK 05
WEEK 06
WEEK 07
WEEK 08

1267

wrap
[ræp]

v 싸다, 포장하다, 두르다, 끝내다, 요약하다 n 싸개, 포장지

Yes, ma'am. I just need to **wrap** it up.

·**wrapper** n 싸는 사람, 포장지   네, 부인. 저는 그것을 마무리 지어야 합니다.

1268

wing
[wiŋ]

n 날개, 부속건물, 진영 v 날아가다

Are those chicken **wings**?   저거 닭 날개야?

1269

drama
[drá:mə]

n 드라마, 연극, 희곡

Don't be such a **drama** queen.   그렇게 호들갑 좀 떨지 마.

·**dramatic** a 극적인, 인상적인   ·**dramatically** ad 극적으로

1270

April
[éiprəl]

n 4월

We tell practical jokes on **April** fool's day.

우리는 만우절에 농담을 해요.

1271

fund
[fʌnd]

n 기금, 자금 v 자금을 대다

So is this new **fund** gonna fix our problem?

그럼 이 새로운 자금이 우리 문제를 해결할까요?

1272

donate
[dóuneit]

v 기부하다, 기증하다

So you read the **donor** contract?

·**donor** n 기증자   그래서 당신은 기증자 계약서를 읽어 보셨나요?
·**donation** n 기부, 기증

1273

lift
[lift]

v 들어올리다, 해제하다 n 들어올림, 승강기, 엘리베이터, 차에 태워 줌

Do you think you could **lift** me?

당신이 저를 들어올릴 수 있다고 생각하세요?

1274

traffic
[træfik]

n 교통, 교통량, 통행, 운행, 거래 v 매매하다, (부정) 거래하다

It'll take her a half-hour to get across town in this **traffic**.

·**trafficking** n 밀매   그녀가 이 교통 (체증) 속에서 시내를 건너는데는 30분이 걸릴 거예요.
·**trafficker** n 밀거래자

1275

lip
[lip]

n 입술, 가장자리

Were his **lips** still really soft?

그의 입술은 여전히 부드러웠어?

1276

plate
[pleit]

n 접시, 그릇, 판금, 요리, (자동차) 번호판   v 도금하다

I was just looking for a serving **plate**.
저는 단지 서빙용 접시를 찾고 있었어요.

1277

dozen
[dʌzn]

n 1다스, 12개, 다수, 수십   a 한 다스의

I could have shot him a **dozen** times.   나는 그를 수십 번 쏠 수 있었어.

1278

gate
[geit]

n 문, 출입구, 탑승구

Why don't you go make sure the **gate**'s closed?
문이 닫혀 있는지 가서 확인해 보는 게 어때요?

1279

universe
[júːnəvə̀ːrs]

n 우주, 은하계, 세계

Yeah, she's the center of my **universe**, all right.
응, 그녀는 내 세상의 중심이야, 맞아.

·**universal**
　a 보편적인, 전 세계적인

1280

sue
[suː]

v 고소하다, 소송을 제기하다

If you don't, I'm gonna **sue** you.   네가 그렇게 하지 않으면 내가 너를 고소할 거야.

1281

disease
[dizíːz]

n 질병, 질환, 병, 병폐

Some people live with a **disease** for years.
어떤 사람들은 수년간 병을 가지고 살아요.

1282

opinion
[əpínjən]

n 의견, 견해, 생각, 여론

Don't ask for my **opinion** if you don't want to hear it.
듣고 싶지 않다면 내 의견을 묻지 마.

1283

mix
[miks]

v 섞다, 혼합하다   n 혼합물, 혼합 가루

I have **mixed** feelings about this floor.
나는 이 층에 대해 복잡한 감정이 있어.

·**mixture** n 혼합물, 혼합
·**mixer** n 혼합기

1284

character
[kǽriktər]

n 성격, 특징, 특질, 인격, 문자, 등장인물

I have seriously lost my ability to judge people's **character**.
나는 사람들의 성격을 판단하는 능력을 심각하게 잃어버렸어.

·**characteristic** a 특유의 n 특징   ·**characterize** v 특징 짓다

WEEK 01
WEEK 02
WEEK 03
WEEK 04
WEEK 05
WEEK 06
WEEK 07
WEEK 08

WEEK 01
WEEK 02
WEEK 03
WEEK 04
WEEK 05
WEEK 06
WEEK 07
WEEK 08

1285

lemon
[lémən]

n 레몬, 레몬색, 불량품 a 레몬색의

There's some **lemon** water in my bag.

내 가방에 레몬 워터가 좀 있어.

1286

above
[əbʌv]

prep …보다 위에, …보다 많은 a 위의, 상기한 ad 위에, 위쪽에

Well, no one's **above** the law. 글쎄, 아무도 법 위에 있지 않아요.

1287

tiny
[táini]

a 아주 작은, 조그마한

We're all living in this **tiny** apartment.

우리는 모두 이 작은 아파트에 살고 있습니다.

1288

rain
[rein]

·**rainy** a비가 오는

n 비, 빗물, 우기 v 비가 오다

It didn't **rain** that night either.

그날 밤에도 비가 오지 않았어요.

1289

permission
[pərmíʃən]

·**permit** v허락하다 n허가증

n 허락, 허가, 승인

No one is allowed here without **permission**.

여기는 허가 없이 아무도 못 들어옵니다.

1290

creep
[kri:p]

·**creepy** a오싹한

v 기다, 살금살금 움직이다 n 소름끼치게 싫은 사람

That is so **creepy**.

그건 정말 소름 끼친다.

1291

teenager
[tí:nèidʒər]

n 십대

Are you kidding me? **Teenage** girls deserve it the most.

농담하니? 십대 소녀들이 그걸 받을 자격이 가장 있어.

·**teenage** a십대의   ·**teen** n십대 a십대의   ·**teeny** a십대의, 작은

1292

examine
[igzǽmin]

v 조사하다, 검사하다, 검토하다, 진찰하다, 시험하다, 심문하다

I should have my head **examined**.

나는 내 머리를 검사해야 해.

·**exam** n시험, 조사   ·**examiner** n조사관, 시험관   ·**examination** n조사, 검사

1293

flash
[flæʃ]

v 비추다, 번쩍이다, 휙 지나가다 n 섬광, 반짝임, 플래시

When I keep hitting that, the other thing **flashes**.

내가 그것을 계속 치면, 다른 것이 번쩍인다.

1294

sharp
[ʃaːrp]
· **sharply** [ad] 날카롭게
· **sharpen** [v] 날카롭게 하다

[a] 날카로운, 예리한, 급격한 [ad] 날카롭게, 정각에

We'll be there 12:30 **sharp**.
우리는 거기에 12시 30분 정각에 도착할 겁니다.

1295

elder
[éldər]
· **elderly** [a] 연세가 드신
· **eldest** [a] 가장 나이가 많은

[a] 나이가 더 많은 [n] 연장자, 어른

Teach him respect for his **elders**.
연장자에 대한 존경심을 그에게 가르쳐 줘라.

1296

nail
[neil]

[n] 손톱, 발톱, 못 [v] 못을 박다, 범인을 잡다

You've hit the **nail** on the head.
내 말이 바로 그거야. *직역: 네가 못의 머리를 쳤다.

1297

rape
[reip]
· **rapist** [n] 강간범

[v] 강간하다 [n] 강간

So whatever happened in that room, he doesn't see it as **rape**.
그 방에서 무슨 일이 있었든, 그는 그것을 강간으로 보지 않습니다.

1298

loyal
[lɔ́iəl]
· **loyalty** [n] 충성, 충성심

[a] 충성스러운, 충실한

My husband was a very **loyal** employee.
내 남편은 매우 충실한 직원이었다.

1299

wild
[waild]
· **wilderness** [n] 황야
· **wildly** [ad] 난폭하게, 극도로

[a] 야생의, 사나운, 격렬한, 열광적인 [n] 야생 상태

I was a little **wild** when I was younger.
나는 더 어렸을 때 좀 거칠었어.

1300

prior
[práiər]
· **priority** [n] 우선권
· **prioritize** [v] 우선순위를 매기다

[a] 전의, 사전의, 우선하는

I know this is not your top **priority**, but it is ours.
이것이 당신의 최우선 순위는 아니지만, 그것은 우리의 최우선 순위입니다.

WEEK 01
WEEK 02
WEEK 03
WEEK 04
WEEK 05
WEEK 06
WEEK 07
WEEK 08

1 아래 영단어의 한글 뜻과 한글 뜻에 해당하는 영단어를 써 보세요.

영단어	한글 뜻
sacrifice 1252	
senior 1255	
several 1259	
introduce 1264	
dozen 1277	
tiny 1287	
creep 1290	
examine 1292	
flash 1293	
elder 1295	

한글 뜻	영단어
ⓐ 무해한 1261	
ⓝ 장례식 1266	
ⓐ 극적인, 인상적인 1269	
ⓥ 기부하다, 기증하다 1272	
ⓝ 허락, 허가, 승인 1289	
ⓐ 오싹한 1290	
ⓝ 십대 1291	
ⓥ 강간하다 ⓝ 강간 1297	
ⓝ 충성, 충성심 1298	
ⓥ 우선순위를 매기다 1300	

2 아래 영문을 해석하세요.

I have to find a place that I can actually afford now. 1258

It didn't rain that night either. 1288

You've hit the nail on the head. 1296

3 아래 문장을 영작하세요.

당신이 저를 들어올릴 수 있다고 생각하세요? 1273

그건 정말 소름 끼친다. 1290

우리는 거기에 12시 30분 정각에 도착할 겁니다. 1294

DAY 27

서두르지 말고 차근차근 해 봐요
Top 1301~1350

DAY27.mp3

1301

property
[prápərti]

ⓝ 재산, 소유물, 부동산, 건물, 속성
The building is private **property**. 그 건물은 사유 재산이다.

1302

react
[riǽkt]

·**reaction** ⓝ반응, 반작용

ⓥ 반응하다, 반응을 보이다
I'll let you know how the markets **reacted** later tonight.
오늘 밤늦게 시장이 어떻게 반응했는지 알려 드리겠습니다.

1303

pizza
[píːtsə]

ⓝ 피자
Why do you keep ordering **pizza**? 너는 왜 자꾸 피자를 주문하는 거야?

1304

rose
[rouz]

ⓝ 장미 ⓐ 장미빛의
I'm gonna stop and smell the **roses**.
나는 멈춰서 장미 향기를 맡을 거야.

1305

mate
[meit]

ⓝ 친구, 짝 ⓥ 짝을 이루다
You're my soul **mate**. 넌 내 영혼의 반려자야.

1306

sample
[sǽmpl]

ⓝ 표본, 샘플 ⓥ 시식하다
Get a **sample** sent to the lab. 샘플을 실험실로 보내.

1307

foster
[fɔ́ːstər]

ⓥ 조성하다, 육성하다, 위탁 양육하다 ⓐ 위탁…, 양(養)…
I knew him a couple of years ago, from an old **foster** home.
나는 2년 전에 그를 오래된 위탁 가정에서 알았다.

1308

seal
[siːl]

ⓥ 봉인하다, 밀봉하다, 밀폐하다, 확정짓다 ⓝ 직인, 도장, 밀봉, 바다표범
It was a **sealed** window on the fifth floor.
그것은 5층에 있는 밀폐된 창문이었다.

WEEK 01
WEEK 02
WEEK 03
WEEK 04
WEEK 05
WEEK 06
WEEK 07
WEEK 08

1309
former
[fɔ́:rmər]
· **formerly** [ad] 이전에

ⓐ 이전의, 과거의, 전임의, 전자의

It's a new client, and if I mess this up, it's a **former** client.
새 고객인데, 만약 내가 이것을 망치면, 이전 고객이 되겠지.

1310
opposite
[ápəzit]
· **oppose** [v] 반대하다, 겨루다
· **opposition** [n] 반대, 상대방

ⓐ 정반대의, 맞은편의   **ⓝ** 반대, 반의어   **prep** 맞은편에

Anyone who knows me would say the **opposite**.
저를 아는 사람이라면 누구든 그 반대로 말할 것입니다.

1311
communication
[kəmjù:nəkéiʃən]
· **communicate**
  [v] 전하다, 의사소통하다

ⓝ 의사소통, 통신, 커뮤니케이션

Did you have any **communication** with him?
당신은 그 사람하고 연락한 적 있어요?

1312
rush
[rʌʃ]

ⓥ 서두르다, 급히 움직이다, 재촉하다, 돌진하다
ⓝ 돌진, 혼잡, 분주함 **ⓐ** 급한, 바쁜

After the guy fired, I should've **rushed** to my dad straight away.
그 남자가 해고당한 후, 나는 즉시 아버지에게 달려갔어야 했어.

1313
Friday
[fráidei]

ⓝ 금요일

I'm out of cash until next **Friday**.   나는 다음 주 금요일까지는 현금이 없어.

1314
online
[ɔ́nlaiˌn]

ⓐ 온라인의 **ad** 온라인으로

I ordered it **online** last week.   나는 그것을 지난주에 온라인으로 주문했어.

1315
motive
[móutiv]
· **motivate** [v] 동기를 부여하다 · **motivation** [n] 동기 부여

ⓝ 동기, 모티브

So the **motive** might be money.   그러면 동기는 돈일지도 모른다.

1316
grandfather
[grǽndfɑ:ðər]
· **grandpa** [n] 할아버지

ⓝ 할아버지

I'll give you my **grandfather**'s watch.
제 할아버지 시계를 당신께 드릴게요.

1317
stare
[stɛər]

ⓥ 빤히 쳐다보다, 노려보다, 응시하다 **ⓝ** 응시

They just stood there and **stared** at me.
그들은 그냥 거기 서서 나를 빤히 쳐다보았다.

1318

wheel
[hwi:l]
·**wheeler**
ⓝ짐 수레꾼, 바퀴 달린 것

ⓝ 바퀴, (자동차 등의) 핸들　ⓥ 돌리다, 선회하다

Put your hands on the **wheel** where I can see them!
내가 볼 수 있게 손을 운전대에 올려놔!

1319

trail
[treil]
·**trailer**
ⓝ트레일러, 이동 주택, 예고편

ⓝ 자국, 흔적, 산길, 코스　ⓥ 끌다, 뒤쫓다

No matter how well you hide it, money always leaves a **trail**.
네가 아무리 잘 숨겨도 돈은 언제나 흔적을 남긴다.

1320

vehicle
[ví:ikl]

ⓝ 차량, 운송수단, 매개체

Stay in the **vehicle**, ma'am.　차 안에 계십시오, 부인.

1321

rise
[raiz]

ⓥ 오르다, 뜨다, 상승하다　ⓝ 증가, 상승

The sun **rises** in the east, and it sets in the west. Right?
태양은 동쪽에서 뜨고, 서쪽으로 져. 맞지?

1322

dare
[dɛər]

ⓥ 감히 ···하다, ···할 용기가 있다　ⓝ 도전

Don't you **dare** talk about my babies!
감히 내 아기들에 대해 얘기하지 마!

1323

expense
[ikspéns]

ⓝ 비용, 경비

All you need to do is cover my **expenses**.　넌 내 경비만 내면 돼.

·**expensive** ⓐ비싼　·**expenditure** ⓝ지출, 경비, 소비　·**expendable** ⓐ소모성의

1324

lesson
[lésn]

ⓝ 수업, 교훈, 레슨　ⓥ 훈련하다

There are always **lessons** in failures.　실패에는 항상 교훈이 있다.

1325

however
[hauévər]

ⓐⓓ 하지만, 그러나, 아무리 ···해도

However, you're right that I am having an emotional reaction.
어쨌든, 내가 감정적인 반응을 보이고 있다는 네 말이 맞아.

1326

ex
[eks]

ⓝ 전남편, 전처, 전 애인

You can't invite an **ex** to a wedding.
넌 전 배우자를 결혼식에 초대하면 안 돼.

WEEK 01
WEEK 02
WEEK 03
WEEK 04
WEEK 05
WEEK 06
WEEK 07
WEEK 08

1327

maximum
[mǽksəməm]

ⓐ 최고의, 최대의 ⓝ 최고, 최대

I **maxed** out three credit cards.
나는 3장의 신용카드 한도를 초과했다. (최대 한도까지 써 버렸다.)

·**max** ⓝ=maximum ⓥ최대한으로 사용하다   ·**maximize** ⓥ극대화하다

1328

gather
[gǽðər]

ⓥ 모이다, 모으다

We are trying to **gather** information.
우리는 정보를 모으기 위해 노력하고 있어요.

·**gathering** ⓝ모임

1329

chain
[tʃein]

ⓝ 사슬, 체인 ⓥ 사슬로 묶다

If you had killed her, these **chains** would be around your neck.
네가 그녀를 죽였더라면, 이 쇠사슬은 네 목 주위에 있었을 거야.

1330

arrow
[ǽrou]

ⓝ 화살

He ended up with an **arrow** in his chest.   그는 결국 가슴에 화살을 맞았다.

1331

insurance
[inʃúərəns]

ⓝ 보험, 보험금

We just need to find you a therapist that our **insurance** will cover.
우리는 보험이 보장할 수 있는 치료사를 너에게 찾아주기만 하면 돼.

·**insure** ⓥ보험에 들다

1332

particular
[pərtíkjulər]

ⓐ 특정한, 특별한 ⓝ 상세한 사항

Are you concerned about something in **particular**?
무언가 특별히 걱정하는 게 있나요?

·**particularly** ⓐⓓ특별히

1333

port
[pɔːrt]

ⓝ 항구, 항구도시 ⓥ (다른 컴퓨터 시스템으로) 복사하다

Perhaps there was a **port** on the other side of the island.
아마도 섬의 반대편에 항구가 있었을 것이다.

·**porter** ⓝ짐꾼
·**portable** ⓐ휴대용의

1334

affect
[əfékt]

ⓥ 영향을 미치다, 발생하다, 꾸미다

And none of the work we did would have **affected** that bridge.
그리고 우리가 한 어떤 일도 그 다리에 영향을 주지 않았을 것이다.

·**affection** ⓝ애착, 애정
·**affectionate** ⓐ다정한

1335

conference
[kánfərəns]

ⓝ 회의, 회담, 협의

Why are we having a **conference** room meeting?
왜 우리는 회의실 미팅이 있죠?

1336

kidnap
[kídnæp]
· **kidnapper** n 유괴범
· **kidnapping** n 유괴, 납치

v 납치하다, 유괴하다
Kidnapping is a very serious crime.
유괴는 매우 심각한 범죄다.

1337

familiar
[fəmíljər]

a 익숙한, 친숙한
He looks kind of **familiar**. 그는 좀 낯이 익어.

1338

naked
[néikid]

a 벌거벗은, 나체의, 노골적인
I dance **naked** all the time. 나는 항상 알몸으로 춤을 춰.

1339

interrupt
[ìntərʌ́pt]
· **interruption** n 중단, 방해

v 방해하다, 중단시키다
Sorry to **interrupt**, but I have an announcement to make.
방해해서 미안한데, 발표할 게 있어.

1340

appointment
[əpɔ́intmənt]
· **appoint** v 임명하다, 정하다

n 약속, 임명, 예약
Do you have an **appointment**?
약속을 하셨나요?

1341

crush
[krʌʃ]

v 뭉개다, 밀어넣다, 부서지다 n 압착, 분쇄
I swear I will **crush** your head in one hand.
맹세코 내가 네 머리를 한 손으로 부숴버릴 거야.

1342

legal
[líːgəl]
· **legally** ad 법적으로

a 법적인, 합법적인
That's the **legal** speed limit.
그것은 법적 제한 속도입니다.

1343

investigate
[invéstəgèit]

v 수사하다, 조사하다
I'll handle this **investigation**. 제가 이 조사를 처리할게요.

· **investigator** n 수사관, 조사관 · **investigation** n 수사, 조사 · **investigative** a 수사의, 조사의

1344

storm
[stɔːrm]

n 폭풍, 폭풍우 v 급습하다, 호통치다
Let's keep our heads down and let the **storm** pass.
머리를 숙이고[자중하면서] 폭풍우가 지나가도록 합시다.

WEEK 01
WEEK 02
WEEK 03
WEEK 04
WEEK 05
WEEK 06
WEEK 07
WEEK 08

WEEK 01
WEEK 02
WEEK 03
WEEK 04
WEEK 05
WEEK 06
WEEK 07
WEEK 08

1345

rob
[rab]
· **robbery** ⓝ강도질
· **robber** ⓝ강도

ⓥ 강탈하다, 털다, 훔치다
We're actually going to **rob** the bank?
우리 정말 그 은행을 털 거야?

1346

scan
[skæn]
· **scanner** ⓝ스캐너

ⓥ 살피다, 훑어보다, 조사하다, 스캔하다　ⓝ 정밀 검사
We've **scanned** the area three times.
우리는 그 지역을 세 번 살펴봤어요.

1347

wise
[waiz]
· **wisdom** ⓝ지혜
· **wisely** ⓐⓓ현명하게

ⓐ 지혜로운, 현명한
It's just nice to have an older, **wiser** person around sometimes.
때로는 나이가 더 많고 더 지혜로운 사람이 옆에 있으면 좋아요.

1348

officer
[ɔ́:fisər]

ⓝ 장교, 경찰관, 담당관
We got an **officer** down! We need help now!
경관이 쓰러졌다! 지금 도움이 필요하다!

1349

sentence
[séntəns]

ⓝ 문장, 선고, 형벌　ⓥ 선고하다
There was no trial, no prison **sentence**, but you were punished.
재판도 없었고, 징역형도 없었지만, 너는 처벌을 받았어.

1350

Internet
[i'ntərneˌt]

ⓝ 인터넷
It's sending out some kind of data packet over the **Internet**.
그것은 인터넷을 통해 어떤 종류의 데이터 패킷을 보내고 있어요.

1 아래 영단어의 한글 뜻과 한글 뜻에 해당하는 영단어를 써 보세요.

영단어	한글 뜻		한글 뜻	영단어
property 1301			ⓥ 동기를 부여하다 1315	
foster 1307			ⓐ 비싼 1323	
opposite 1310			ⓥ 모이다, 모으다 1328	
rush 1312			ⓝ 보험, 보험금 1331	
stare 1317			ⓥ 영향을 미치다 1334	
wheel 1318			ⓥ 납치하다, 유괴하다 1336	
maximum 1327			ⓐ 벌거벗은, 나체의 1338	
particular 1332			ⓐ 법적인, 합법적인 1342	
rob 1345			ⓝ 수사관, 조사관 1343	
sentence 1349			ⓝ 지혜 1347	

2 아래 영문을 해석하세요.

I'll let you know how the markets reacted later tonight. 1302

_____

No matter how well you hide it, money always leaves a trail. 1319

_____

There are always lessons in failures 1324 _____

3 아래 문장을 영작하세요.

너는 왜 자꾸 피자를 주문하는 거야? 1303 _____

유괴는 매우 심각한 범죄다. 1336 _____

약속을 하셨나요? 1340 _____

DAY 28
힘내서 원하는 걸 이뤄요
Top 1351~1400

1351

contain
[kəntéin]
·**container** ⓝ컨테이너, 용기
·**containment** ⓝ억제

ⓥ 포함하다, 함유하다, 억누르다
I'm talking tens of millions of dollars in one **container**.
나는 한 컨테이너당 수천만 달러를 말하고 있는 거야.

1352

sin
[sin]
·**sinner** ⓝ죄인

ⓝ 죄 ⓥ 죄를 짓다
No one is without **sin**.
죄 없는 사람은 없다.

1353

trash
[træʃ]
·**trashy** ⓐ쓰레기 같은

ⓝ 쓰레기, 잡동사니 ⓥ 부수다, 엉망진창으로 하다
No. I won't eat next to dirty **trash**.
아니, 나는 더러운 쓰레기 옆에서 안 먹을 거야.

1354

regular
[régjulər]
·**regularly** ⓐⓓ정기적으로

ⓐ 규칙적인, 정기적인, 평상시의, 평범한 ⓝ 단골손님, 정규선수
You just look like a **regular** guy.
넌 그냥 평범한 사람처럼 보여.

1355

competition
[kɑmpətíʃən]
·**compete** ⓥ경쟁하다, 참가하다 ·**competitive** ⓐ경쟁의, 경쟁력 있는 ·**competitor** ⓝ경쟁자, 참가자

ⓝ 경쟁, 경기, 시합, 대회
Who am I gonna **compete** against? 제가 누구랑 경쟁해야 하죠?

1356

demand
[dimǽnd]

ⓝ 요구, 수요 ⓥ 요구하다
No, walk in there and **demand** what you deserve.
아니, 거기 들어가서 네가 받을 자격이 있는 것을 요구해.

1357

earn
[ə:rn]

ⓥ (돈을) 벌다, 획득하다
It's like there's nothing I can do to **earn** his respect.
그의 존경심을 얻기 위해 내가 할 수 있는 일은 없는 것 같아.

1358

tax
[tæks]

ⓝ 세금　ⓥ 과세하다

I cheated on my **taxes** for sure.　나는 확실히 탈세를 했어.

1359

leak
[liːk]

ⓥ 새다, 누설하다　ⓝ 새는 곳, 누출

It's, uh, it's been **leaking** a little water.
어, 물이 좀 새고 있어요.

1360

subject
[sʌbdʒikt]

· **subjective** ⓐ 주관적인

ⓝ 주제, 과목, 대상, 주어　ⓐ 받기 쉬운, 종속된　ⓥ 종속시키다

Can we change the **subject**, please?
제발 주제를 바꿀 수 있을까요?

1361

cage
[keidʒ]

ⓝ 새장, 우리, 케이지　ⓥ 우리에 가두다

I saw the **cage** that they're keeping him in.
나는 그들이 그를 가두고 있는 우리를 보았다.

1362

witness
[wítnis]

ⓝ 목격자, 증인　ⓥ 목격하다, 증명하다

I wish to report that I **witnessed** a hit-and-run accident.
뺑소니 사고를 목격했던 걸 신고하고 싶습니다.

1363

path
[pæθ]

ⓝ 길, 경로, 방향

What I'm saying is, there is no straight **path** in art or life.
제가 말하고자 하는 것은, 예술이나 인생에는 똑바른 길이 없다는 것입니다.

1364

device
[diváis]

· **devise** ⓥ 고안하다

ⓝ 장치, 기구, 폭발물

I'll be back by the time you finish the **device**.
당신이 장치를 끝낼 때까지 제가 돌아올게요.

1365

hill
[hil]

ⓝ 언덕, 비탈

Well, I was standing on the top of this **hill**.
음, 나는 이 언덕 꼭대기에 서 있었어.

1366

map
[mæp]

ⓝ 지도　ⓥ 지도를 만들다

Since this **map** was drawn, the whole world has changed.
이 지도가 그려진 이후로, 전 세계가 바뀌었다.

WEEK 01
WEEK 02
WEEK 03
WEEK 04
WEEK 05
WEEK 06
WEEK 07
WEEK 08

WEEK 01

WEEK 02

WEEK 03

WEEK 04

WEEK 05

WEEK 06

WEEK 07

WEEK 08

1367

beyond
[bijánd]

prep ···저편에, ···를 지나, ···을 넘어서   ad 그 너머에, 그밖에

I can't tell you **beyond** a reasonable doubt what happened on that boat.
그 보트에서 일어난 일에 대해 저는 합리적 의혹 이상을 당신에게 말할 수 없습니다.

1368

adopt
[ədápt]

·adoption n채택, 입양

v 채택하다, 입양하다

I made a huge mistake letting them **adopt** you.
나는 그들이 너를 입양하게 하는 큰 실수를 저질렀어.

1369

adult
[ədʌlt]

n 성인, 어른   a 성인의, 성인용의

You're the only **adult** here.   당신은 여기 있는 유일한 성인이에요.

1370

alcohol
[ǽlkəhɔ̀:l]

·alcoholic a술의, 알코올의   ·alcoholism n알코올 중독

n 술, 알코올

What was your blood **alcohol**?   당신의 혈중 알코올이 얼마였죠?

1371

revenge
[rivéndʒ]

n 복수, 보복   v 보복하다

I don't care about **revenge**.   난 복수 따위는 상관없어.

1372

attract
[ətrǽkt]

·attractive a매력적인
·attraction n끌림, 명소

v 끌다, 끌어당기다, 끌어들이다, 매혹되다

Obviously, I'm not more **attracted** to you now than before.
분명히, 나는 이전보다 너에게 더 끌리진 않아.

1373

sea
[si:]

n 바다, 해양

We live in a **sea** of troubles.   우리는 고통의 바다 속에서 산다.

1374

rescue
[réskju:]

v 구하다, 구조하다, 구제하다   n 구출, 구조, 구제

I can see how hard you were working to **rescue** me.
저를 구하기 위해 당신이 얼마나 열심히 일했는지 알겠네요.

1375

chemical
[kémikəl]

·chemistry n화학, 공감대   ·chemist n화학자, 약사

a 화학의   n 화학 물질

That is a **chemical** weapon!   그것은 화학 무기예요!

1376

thief
[θiːf]

ⓝ 도둑, 절도범

She's probably a car **thief**. 그녀는 아마 자동차 도둑일 것이다.

·**theft** ⓝ절도 ·**thieves** ⓝthief의 복수형

1377

junior
[dʒúːnjər]

ⓐ 연하의, 하급의 ⓝ 하급자, 부하, 후배, 아들

I was working two jobs, saving money for **junior** college.
나는 두 개의 일을 하면서, 2년제 대학을 위한 돈을 모으고 있었다.

·**Jr.** ⓝ=junior

1378

invest
[invést]

ⓥ 투자하다, 부여하다

If I don't **invest** in myself, no one else ever will.
만약 내가 자신에게 투자하지 않는다면, 다른 사람 아무도 나에게 투자하지 않을 것이다.

·**investment** ⓝ투자
·**investor** ⓝ투자자

1379

tongue
[tʌŋ]

ⓝ 혀, 혓바닥, 말투

Cat got your **tongue**?
왜 말을 못하니? ＊직역: 고양이가 네 혀를 가져갔어?

1380

mood
[muːd]

ⓝ 기분, 분위기, 언짢은 기분

I'm really not in the **mood**.
나는 정말 그럴 기분이 아니야.

·**moody** ⓐ침울한, 변덕스러운

1381

pig
[pig]

ⓝ 돼지

I was giving the **pigs** their breakfast.
나는 돼지들에게 아침을 주고 있었다.

·**piggy** ⓝ새끼 돼지

1382

spread
[spred]

ⓥ 펴다, 펼치다, 퍼뜨리다, 퍼지다 ⓝ 확산, 보급

It's **spreading** all over. I can barely contain it.
그것은 곳곳에 퍼지고 있어요. 저는 그것을 간신히 억제할 수 있습니다.

1383

bug
[bʌg]

ⓝ 벌레, 곤충 ⓥ 도청하다

Don't let the **bugs** get in the bottles.
벌레들이 병에 못 들어가게 해.

1384

pants
[pænts]

ⓝ 바지, 팬티 ⓥ pant(숨을 헐떡이다)의 3인칭 단수 현재

Nice to see you wearing the **pants**.
당신이 그 바지를 입고 있는 걸 보니 좋네요.

WEEK 01
WEEK 02
WEEK 03
WEEK 04
WEEK 05
WEEK 06
WEEK 07
WEEK 08

1385

yard
[ja:rd]

n 마당, 운동장, 야드 (0.9144m)

What are you doing in my **yard**? 내 마당에서 뭐 하는 거야?

1386

assure
[əʃúər]

v 확신시키다, 장담하다

I can **assure** you the situation is under control.

·**assurance** n 확약, 장담

저는 상황이 통제하에 있다고 확신합니다.

1387

approve
[əprú:v]

v 승인하다, 찬성하다

He personally **approved** my application.

·**approval** n 승인, 찬성

그는 개인적으로 내 신청서를 승인했다.

1388

darling
[dá:rliŋ]

n 여보, 자기, 얘야 a 대단히 사랑하는

Darling, I'm so sorry. 여보, 정말 미안해.

1389

panic
[pǽnik]

n 공황, 공포, 허둥지둥함 v 공황에 빠지다

It seems like it was just a **panic** attack.

그것은 단지 공황 발작인 것 같다.

1390

eventually
[ivéntʃuəli]

ad 마침내

You'll hit the target **eventually**. 너는 결국 표적을 맞출 거야.

1391

link
[liŋk]

n 관계, 연결, 링크 v 연결하다, 관련되다

Were you the first person to **link** the three murders?

당신이 그 세 살인 사건들을 연결시킨 첫 번째 사람이었나요?

1392

advertisement
[ædvərtáizmənt]

n 광고

I am in the middle of a campaign and I am desperate for the **ad** money.

·**ad** n 광고 (=advertisement)

저는 캠페인 중이고 광고비를 절실히 원합니다.

·**advertise** v 광고하다

1393

bake
[beik]

v 굽다

These cookies are awful. Did you **bake** these?

·**baker** n 제빵사

이 쿠키 끔찍하네. 이거 네가 구웠니?

·**bakery** n 빵집, 제과점

1394

challenge

[tʃǽlindʒ]

n 도전 **v** 도전하다, 이의를 제기하다

Sometimes **challenges** are the best things for us.

때때로 도전은 우리에게 가장 좋은 것이다.

1395

skill

[skil]

·**skilled** @ 숙련된

n 기술, 기량, 솜씨

You can use your legal **skills** to help me write something amazing.

내가 놀라운 무언가를 쓸 수 있도록 너는 네 법률과 관련된 기술을 사용할 수 있어.

1396

exchange

[ikstʃéindʒ]

v 교환하다 **n** 교환, 환전, 거래소

I've **exchanged** barely five words with her in the two months since I got here.

여기 온 지 두 달 동안 나는 그녀와 겨우 다섯 마디만 주고받았어.

1397

roof

[ru:f]

n 지붕 **v** 지붕을 올리다

Do you remember the colour of the **roof**?

당신은 지붕 색깔을 기억해요?

1398

register

[rédʒistər]

·**registration** ⓝ 등록, 등록증
·**registry** ⓝ 등록소

v 등록하다, 신고하다, 기록하다, 등기로 보내다 **n** 등록부, 명부, 등기 우편

License and **registration**, please.

면허증과 차량 등록증, 부탁합니다.

1399

frank

[fræŋk]

·**frankly** @ 솔직히

a 솔직한, 노골적인

She hasn't been sleeping, and quite **frankly**, neither have I.

그녀는 잠을 못 잤고, 솔직히 나도 잠을 못 잤어.

1400

symptom

[símptəm]

n 증상, 징후

I've seen those **symptoms** before.

나는 전에 그런 증상을 본 적이 있어.

WEEK 01
WEEK 02
WEEK 03
WEEK 04
WEEK 05
WEEK 06
WEEK 07
WEEK 08

DAY 28 Daily Checkup

1 아래 영단어의 한글 뜻과 한글 뜻에 해당하는 영단어를 써 보세요.

영단어	한글 뜻
contain 1351	
trash 1353	
demand 1356	
witness 1362	
revenge 1371	
chemical 1375	
junior 1377	
moody 1380	
exchange 1396	
symptom 1400	

한글 뜻	영단어
n 죄 v 죄를 짓다 1352	
ad 정기적으로 1354	
v 경쟁하다, 참가하다 1355	
n 세금 v 과세하다 1358	
a 주관적인 1360	
v 채택하다, 입양하다 1368	
n 절도 1376	
v 투자하다, 부여하다 1378	
n 광고 1392	
n 기술, 기량, 솜씨 1395	

2 아래 영문을 해석하세요.

What I'm saying is, there is no straight path in art or life. 1363

Sometimes challenges are the best things for us. 1394

She hasn't been sleeping, and quite frankly, neither have I. 1399

3 아래 문장을 영작하세요.

죄 없는 사람은 없다. 1352

당신은 여기 있는 유일한 성인이에요. 1369

왜 말을 못하니? (* 직역: 고양이가 네 혀를 가져갔어?) 1379

DAY 29

이젠 멈출 수 없어요
Top 1401~1450

DAY29.mp3

pie
[pai]

n 파이

So why don't you take this piece of **pie** upstairs to her?
그럼 위층에 있는 그녀에게 이 파이 한 조각 가져다주지 그래?

1402

shoulder
[ʃóuldər]

n 어깨, 갓길　v 책임을 지다

Did she look over your **shoulder** on everything you did?
그녀가 당신이 한 모든 일을 어깨 너머로 보았나요?

1403

document
[dákjumənt]

n 서류, 문서　v 기록하다

Somebody's trying to give me classified government **documents**.
누군가가 기밀 정부 문서를 저에게 주려 하고 있어요.

·**documentary** n기록물 a문서의　·**documentation** n기록, 문서화

1404

madam
[mǽdəm]

n 부인, 마담

I'm sorry, **madame**, but there is a woman outside.

·**madame** n부인, 마님, 아가씨　죄송합니다만 부인, 밖에 여자가 한 명 있습니다.

1405

quality
[kwáləti]

n 품질, 질, 자질, 특성, 고급　a 고급의, 양질의

Some are attracted to **qualities** of the heart or soul.
어떤 사람들은 마음이나 영혼의 자질에 매력을 느낍니다.

·**qualified** a자격이 있는　·**qualify** v자격을 얻다　·**qualification** n자격

1406

assign
[əsáin]

v 맡기다, 부여하다, 할당하다, 배정하다

I didn't ask for this case. I was **assigned**.

·**assignment** n과제, 할당　저는 이 사건을 요구하지 않았어요. 저는 배정 받았어요.

221

1407
route
[raut]

·**router** ⓝ 라우터

ⓝ 길, 경로, 노선

Well, we'll change the **route**.

음, 우리가 경로를 바꿔보죠.

1408
finance
[fáinæns]

·**financial** ⓐ 금융의
·**financially** ad 재정적으로

ⓝ 금융, 재무, 재정, 재원, 자금 ⓥ 자금을 대다

I think we can manage without your family's **finances**.

당신 가족의 자금 없이 우리는 살아낼 수 있을 것 같아요.

1409
button
[bʌtən]

ⓝ 버튼, 단추 ⓥ 단추를 잠그다

Apparently one of them pressed all the **buttons** on the elevator.

분명히 그들 중 한 명이 엘리베이터의 모든 버튼을 눌렀다.

1410
initial
[iníʃəl]

·**initiate** ⓥ 개시하다
·**initiative** ⓝ 주도권, 계획

ⓐ 처음의, 초기의 ⓝ 이름의 첫글자, 머리글자

She called him by his **initial**, T.

그녀는 그를 이름의 첫 글자 T로 불렀다.

1411
screen
[skri:n]

ⓝ 화면, 스크린, 차폐물 ⓥ 가리다, 보호하다

Call us using the number at the bottom of your **screen**.

당신의 화면 아래에 있는 번호로 우리에게 전화 주세요.

1412
electric
[iléktrik]

ⓐ 전기의

I must have forgotten to pay the **electric** bill.

내가 전기 요금을 내는 것을 잊은 게 틀림없어.

·**electricity** ⓝ 전기, 전력 ·**electrical** ⓐ 전기의 ·**electrician** ⓝ 전기 기술자

1413
possess
[pəzés]

ⓥ 소유하다, 가지다, 홀리다

Clearly, humans cannot **possess** this thing.

분명히, 인간은 이것을 소유할 수 없습니다.

·**possession** ⓝ 소유, 소유물 ·**possessed** ⓐ 홀린 ·**possessive** ⓐ 소유의, 소유욕의

1414
whore
[hɔ:r]

ⓝ 매춘부 ⓥ 매춘하다

You've made a fool of me for years with these **whores**!

이 매춘부들과 함께 너는 몇 년 동안 날 우롱했잖아!

1415

brave

[breiv]

·bravery ⓝ용맹

ⓐ 용감한 ⓝ 용사

Be **brave**. Tell her the truth.   용기를 내. 그녀에게 진실을 말해.

1416

oil

[ɔil]

·oily ⓐ기름기가 많은

ⓝ 석유, 기름, 오일   ⓥ 기름을 치다

Pass the **oil**, would you?   기름 좀 건네주시겠어요?

1417

mask

[mæsk]

ⓝ 마스크, 가면   ⓥ 가면으로 가리다

Who do you put the **mask** on first?
너는 누구에게 먼저 마스크를 씌워줄 거야?

* 위급 상황에서 누구에게 산소 마스크를 먼저 씌워 구할 거냐고 물어보는 상황.

1418

chop

[tʃɑp]

·chopper
ⓝ자르는 사람, 헬리콥터

ⓥ 썰다, 자르다, 다지다, 패다   ⓝ 절단, 토막 고기

I'll **chop** the hands off the next man who calls me bastard.
나를 개XX이라고 부르는 다음 사람 손을 잘라낼 거야.

1419

amount

[əmáunt]

ⓝ 양, 액수, 총액, 총계   ⓥ 총계가 …에 달하다

No **amount** of money in the entire world could make me marry a
woman that old.   아무리 돈이 많아도 (전 세계에 있는 어떤 양의 돈이라도) 나는 그렇
게 늙은 여자와 결혼할 수 없어.

1420

kinda

[káində]

ⓐⓓ 약간, 어느 정도 (=kind of)

I'm **kinda** scared of you now.   난 이제 네가 좀 무서워.

1421

curious

[kjúəriəs]

·curiosity ⓝ호기심

ⓐ 궁금한, 호기심이 강한, 이상한

Just **curious**, do you happen to know what today is?
궁금해서 그러는데, 오늘이 무슨 날인지 혹시 알아?

1422

coat

[kout]

ⓝ 외투, 코트, 상의, 도금   ⓥ 덮다, 입히다

Do you want me to take your **coat**?   제가 당신의 코트를 가져갔으면 좋겠어요?

1423

policy

[pɑ́ləsi]

ⓝ 정책, 방침

Perhaps now you realize how difficult this new **policy** will be for our
people to accept.   아마도 지금 당신은 우리 국민들이 이 새로운 정책을 받아들이기
얼마나 어려울지 알고 있을 것입니다.

1424

chat
[tʃæt]
·**chatting** ⓝ채팅
·**chatty** ⓐ수다스러운

ⓥ 담소하다, 수다를 떨다, 채팅하다   ⓝ 담소, 수다
Why don't you sit down and **chat** for a while?
잠깐 앉아서 이야기 좀 하는 게 어때?

1425

language
[læŋɡwidʒ]

ⓝ 언어, 말, 말투
We speak the same **language**.
우리는 말(마음)이 통하네요. ＊직역: 우리는 같은 언어를 말한다.

1426

noise
[nɔiz]
·**noisy** ⓐ시끄러운

ⓝ 소리, 소음, 잡음
Did you hear that **noise** outside?
밖에서 나는 소리 들었니?

1427

jerk
[dʒə:rk]

ⓝ 멍청이, 바보, 얼간이   ⓥ 갑자기 움직이다
That guy's a **jerk**.   저 녀석은 얼간이야.

1428

awake
[əwéik]
·**awaken** ⓥ깨다, 깨우다

ⓐ 깨어 있는, 잠들지 않은   ⓥ 깨우다, 잠에서 깨다, 자각하다
I stayed **awake** for four days.
나는 4일 동안 깨어 있었다.

1429

main
[mein]
·**mainly** ⓐⁿ주로

ⓐ 주요한, 주된, 중심적인
How many men do we have at the **main** gate?
정문에 사람이 몇 명 있습니까?

1430

potential
[pəténʃəl]

ⓐ 잠재적인, 가능성 있는   ⓝ 잠재력, 가능성
I recognized her **potential** a long time ago.
나는 오래 전에 그녀의 잠재력을 알아봤어.

·**potentially** ⓐⁿ잠재적으로   ·**potent** ⓐ강력한, 집중적인, 극심한

1431

proper
[prápər]
·**properly** ⓐⁿ적절히

ⓐ 적절한, 제대로 된
It's almost like a **proper** house.
그것은 거의 적당한 집 같다.

1432

percent
[pərsént]
·**percentage** ⓝ백분율

ⓝ 퍼센트, %
We're not 100 **percent** sure, but I think so.
100% 확실하진 않지만, 저는 그렇게 생각해요.

1433

frame
[freim]

n 틀, 뼈대, 액자, 프레임 **v** 틀에 넣다, 모함하다

All I can tell you is that I'm being **framed**.
내가 말할 수 있는 것은 내가 모함에 빠졌다는 거야.

1434

grey
[grei]

a 회색의, 머리가 센 **n** 회색 **v** 회색으로 되다

She said it would look nice with the **gray** pants.
그녀는 그것이 회색 바지와 어울릴 거라고 말했어.

·**gray** **a**=grey

1435

bridge
[bridʒ]

n 다리 **v** 다리를 놓다

If that woman told him to jump off a **bridge**, he would.
만약 그 여자가 그에게 다리에서 뛰어내리라고 말하면, 그는 그렇게 할 거야.

1436

shape
[ʃeip]

n 모양, 형태, 상태 **v** 형성하다, 모양으로 만들다

If that's the question you're asking, you're in worse **shape** than I thought.
그게 당신이 물어보는 질문이라면, 당신은 제가 생각했던 것보다 더 나쁜 상태예요.

1437

meat
[mi:t]

n 고기, 육류

I don't eat red **meat**.   저는 붉은 고기를 안 먹어요.

1438

clinic
[klínik]

n 병원, 진료소

What made you come to our **clinic**?
무슨 일로 우리 병원에 오셨어요?

·**clinical** **a**임상의

1439

negative
[négətiv]

a 부정적인, 부정의, 음성의, 마이너스의 **n** 부정, 음성

And all his tests came back **negative**.
그리고 그의 모든 검사가 음성으로 나왔다.

1440

genius
[dʒíːnjəs]

n 천재, 천재성

The man is a **genius**.   그 남자는 천재야.

1441

bond
[band]

n 유대, 결속, 접착, 채권, 약정 **v** 접착하다

You two shared a strong **bond**.
(당신들) 두 분은 강한 유대감을 가지고 계셨네요.

·**bondage** **n**속박

WEEK 01
WEEK 02
WEEK 03
WEEK 04
WEEK 05
WEEK 06
WEEK 07
WEEK 08

1442
negotiate
[nigóuʃièit]

v 협상하다, 교섭하다

We do not **negotiate** with terrorists.
우리는 테러리스트들과 협상하지 않습니다.

·**negotiation** n 협상, 교섭   ·**negotiator** n 교섭자   ·**negotiable** a 협상할 수 있는

1443
attorney
[ətə́:rni]

n 변호사, 대리인

I am not a police officer. I am an **attorney**.
저는 경찰이 아닙니다. 저는 변호사입니다.

1444
retire
[ritáiər]

v 은퇴하다, 퇴직하다, 물러나다

I **retired** from the post office over 2 years ago.

·**retirement** n 은퇴, 퇴직   나는 2년 전에 우체국에서 은퇴했어.

1445
multiple
[mʌltəpl]

a 다수의, 다양한, 복합적인   **n** 배수

You're inviting **multiple** people to be your date tonight.

·**multiply** v 곱하다, 늘리다   오늘 밤 데이트하자고 여러 사람을 초대하는구나.

1446
aid
[eid]

n 원조, 지원, 보조물   **v** 돕다, 조력하다

Just out of curiosity, what kind of financial **aid** packages do you offer?

·**aide** n 보좌관   궁금해서 그러는데, 어떤 종류의 금융 지원 패키지를 제공하나요?

1447
coach
[koutʃ]

n 코치, 감독   **v** 코치하다, 지도하다

What happened to that **coach**?   그 코치한테 무슨 일이 있었던 거야?

1448
season
[síːzn]

n 계절   **v** 양념하다

Which is your favourite **season**?   어느 계절을 제일 좋아하세요?

·**seasonal** a 계절적인   ·**seasoning** n 양념

1449
flow
[flou]

n 흐름, 유입   **v** 흐르다

It's just a small cash **flow** issue.   그것은 단지 작은 현금 흐름 문제일 뿐이다.

1450
volunteer
[vɑləntíər]

n 자원 봉사자   **v** 자원하다

This community center, it's got **volunteers** and homeless people?

·**voluntary** a 자발적인   이 커뮤니티 센터에는 자원 봉사자와 노숙자가 있지요?

1 아래 영단어의 한글 뜻과 한글 뜻에 해당하는 영단어를 써 보세요.

영단어	한글 뜻
quality 1405	
assign 1406	
initial 1410	
possess 1413	
brave 1415	
policy 1423	
awake 1428	
clinic 1438	
negotiate 1442	
aid 1446	

한글 뜻	영단어
n 자격 1405	
a 금융의 1408	
n 전기, 전력 1412	
n 호기심 1421	
n 소리, 소음, 잡음 1426	
a 적절한, 제대로 된 1431	
n 고기, 육류 1437	
v 곱하다, 늘리다 1445	
n 계절 v 양념하다 1448	
a 자발적인 1450	

2 아래 영문을 해석하세요.

Somebody's trying to give me classified government documents. 1403

_____

I must have forgotten to pay the electric bill. 1412

I retired from the post office over 2 years ago. 1444 _____

3 아래 문장을 영작하세요.

분명히 그들 중 한 명이 엘리베이터의 모든 버튼을 눌렀다. 1409 _____

100% 확실하진 않지만, 저는 그렇게 생각해요. 1432 _____

그 코치한테 무슨 일이 있었던 거야? 1447 _____

1451

spare
[spɛər]

ⓐ 남는, 여분의, 예비용의 ⓥ 할애하다, 아끼다 ⓝ 여분, 예비품

We know you have a **spare**. We're willing to trade.
당신에게 여분이 있는 것을 알아요. 거래하고 싶습니다.

1452

moon
[muːn]

ⓝ 달

It's not a full **moon** tonight, is it? 오늘 밤은 보름달이 아니지, 그렇지?

1453

stomach
[stʌmək]

ⓝ 위, 배, 복부

She says her **stomach** hurts, but I think she's doing better, thanks to you.
그녀는 배가 아프다고 하지만 네 덕분에 더 잘하고 있는 것 같아.

1454

closet
[klázit]

ⓝ 벽장, 찬장, 밀실

I pulled a bunch of her boxes out of the **closet**.
나는 그녀의 상자 여러 개를 벽장에서 꺼냈어.

1455

milk
[milk]

ⓝ 우유, 젖

There's a baby that needs **milk**. 우유가 필요한 아기가 있어요.

1456

obsess
[əbsés]

ⓥ 사로잡다, …에 집착하게 하다, 강박감을 갖다

You seem pretty **obsessed** with her.
너는 그녀에게 꽤 집착하는 것 같아.

·**obsessed** ⓐ사로잡힌, 홀린 ·**obsession** ⓝ강박 ·**obsessive** ⓐ강박적인

1457

degree
[digríː]

ⓝ (온도, 각도의) 도, 정도, 학위, 등급

The water is perfect. It's 82 **degrees**.
물이 완벽해요. 82도네요.

1458

relieve

[rilíːv]

·**relief** ⓝ안도, 완화

ⓥ 안도시키다, 완화하다

My dad was **relieved** that I had male friends.

아버지는 나에게 남자 친구들이 있어서 안도했다.

1459

facility

[fəsíləti]

ⓝ 시설, 설비, 기관, 기능, 재능

You are more than welcome to examine our **facilities**.

저희 시설을 점검해 주신다면 언제나 환영입니다.

1460

indicate

[índikèit]

·**indication** ⓝ조짐, 징후
·**indicator** ⓝ지표

ⓥ 나타내다, 가리키다, 표시하다, 내비치다

That light **indicates** the interview is being monitored.

그 불빛은 인터뷰가 감시되고 있다는 것을 나타내요.

1461

famous

[féiməs]

·**fame** ⓝ명성

ⓐ 유명한, 훌륭한

Do you have any idea how easy it is to sell something when you're **famous**?

당신이 유명할 때 무언가를 파는 것이 얼마나 쉬운지 아세요?

1462

brown

[braun]

ⓐ 갈색의 ⓝ 갈색

She had long **brown** hair. 그녀는 긴 갈색 머리를 가지고 있었다.

1463

wolf

[wulf]

·**wolves** ⓝwolf의 복수형

ⓝ 늑대, 이리

How are you going to teach **wolves** to follow road signs?

어떻게 늑대들에게 도로 표지판을 따르라고 가르칠 건가요?

1464

expert

[ékspəːrt]

·**expertise** ⓝ전문지식

ⓝ 전문가 ⓐ 전문적인, 숙련된

Of course, the government will bring in their own **expert**.

물론, 정부는 그들 자신의 전문가를 데려올 거예요.

1465

addict

[ǽdikt]

·**addiction** ⓝ중독   ·**addictive** ⓐ중독성의

ⓝ 중독자 ⓥ 중독되게 하다

My sister's a drug **addict**. 내 여동생은 마약 중독자야.

1466

capable

[kéipəbl]

·**capability** ⓝ능력

ⓐ 할 수 있는, 유능한

Remember what these people are **capable** of.

이 사람들이 무엇을 할 수 있는지 기억해.

WEEK 01
WEEK 02
WEEK 03
WEEK 04
WEEK 05
WEEK 06
WEEK 07
WEEK 08

WEEK 01

WEEK 02

WEEK 03

WEEK 04

WEEK 05

WEEK 06

WEEK 07

WEEK 08

1467

pee
[pi:]

ⓥ 오줌 누다　ⓝ 소변

I'm gonna **pee** in my pants.　바지에 오줌을 쌀 거야.

1468

bright
[brait]

·**brighten** ⓥ밝게 하다

ⓐ 빛나는, 밝은, 쾌활한　ⓐⓓ 밝게　ⓝ 전조등

Look on the **bright** side.

긍정적으로 생각해.　＊직역: 밝은 면을 봐.

1469

airport
[eˈrpɔˌrt]

ⓝ 공항

We have to go straight from the party to the **airport**.

우리는 파티에서 공항으로 곧장 가야 해.

1470

twin
[twin]

ⓝ 쌍둥이　ⓐ 쌍둥이의

What would you guys say if I told you you were having **twins**?

당신들이 쌍둥이를 가졌다고 하면 뭐라고 말할 거예요?

1471

urgent
[ɔ́:rdʒənt]

ⓐ 긴급한, 급박한

Why don't you look after her while we attend to this **urgent** policy matter?

우리가 이 시급한 정책 문제를 처리하는 동안 당신은 그녀를 돌보는 게 어때요?

·**urge** ⓥ촉구하다, 강력히 말하다 ⓝ충동, 열망　·**urgency** ⓝ긴급

1472

brilliant
[bríljənt]

·**brilliance** ⓝ빛남, 광휘

ⓐ 빛나는, 훌륭한, 멋진

He was a **brilliant** lawyer.　그는 훌륭한 변호사였다.

1473

pop
[pap]

ⓥ 펑하는 소리를 내다, 펑하고 터지다, 불쑥 나타나다

ⓝ 팝 (음악), 펑하고 터지는 소리

They must've **popped** up when she was researching something else.

그녀가 뭔가 다른 것을 연구할 때 그들이 불쑥 나타났음에 틀림없어.

1474

depressed
[diprést]

ⓐ 우울한, 침체된

It makes me too **depressed**.　그것은 저를 너무 우울하게 만들어요.

·**depression** ⓝ우울함, 불황　·**depress** ⓥ우울하게 만들다　·**depressing** ⓐ우울한, 억압적인

1475

recommend
[rèkəménd]

ⓥ 권고하다, 추천하다

I **recommend** you do the same.　저는 당신도 똑같이 할 것을 권합니다.

·**recommendation** ⓝ권고, 추천

1476

sweat
[swet]
· **sweaty** ⓐ땀 투성이의

ⓝ 땀, 진땀, 식은 땀   ⓥ 땀 (진땀, 식은땀)을 흘리다

Honey, why are you **sweating** so much?

자기, 왜 그렇게 땀을 많이 흘려?

1477

giant
[dʒáiənt]
· **gigantic** ⓐ거대한

ⓝ 거인   ⓐ 거대한

They ran as fast as they could from **giant** cat monsters.

그들은 거대한 고양이 괴물들로부터 가능한 한 빨리 달렸다.

1478

hug
[hʌg]

ⓥ 껴안다, 포옹하다   ⓝ 포옹, 껴안기

Come here. Give me a **hug**.   이리 와. 나를 안아줘.

1479

seek
[si:k]

ⓥ 찾다, 추구하다

We may not have all of the answers we **seek**.

우리는 우리가 찾는 모든 답을 가지고 있지 않을 수도 있어.

1480

vacation
[vəikéiʃən]
· **vacate** ⓥ비우다, 떠나다

ⓝ 방학, 휴가

I tried to get in touch with you while you were on **vacation**.

당신이 휴가 중일 때 당신과 연락하려고 노력했어요.

1481

downstairs
[dáunstɛərz]

ⓐd 아래층으로   ⓐ 아래층의, 1층의   ⓝ 아래층

What was that noise **downstairs**?

아래층에서 나는 저 소음은 뭐였어?

1482

progress
[prágres]
· **progressive** ⓐ진보적인
· **progression** ⓝ진행, 진전

ⓝ 진행, 진척, 진보   ⓥ 전진하다, 진보하다

It's still a work in **progress**, but Rome wasn't built in a day.

그것은 아직 진행 중인 작업인데, 로마는 하루아침에 만들어지지 않았어요.

1483

petty
[péti]

ⓐ 사소한, 하찮은, 옹졸한

Don't pretend that was anything other than **petty** jealousy.

사소한 질투심이 아닌 다른 것인 척 하지 마.

1484

bike
[baik]
· **biker** ⓝ오토바이나 자전거를
타는 사람

ⓝ 자전거, 오토바이   ⓥ 자전거 (오토바이)를 타다

But don't worry, it's just like riding a **bike**.

하지만 걱정하지 마, 그건 그저 자전거를 타는 것과 같아.

WEEK 01
WEEK 02
WEEK 03
WEEK 04
WEEK 05
WEEK 06
WEEK 07
WEEK 08

1485

monkey

[mʌ́ŋki]

n 원숭이

Even **monkeys** know the difference.   심지어 원숭이도 그 차이를 알아.

1486

consult

[kənsʌ́lt]

·**consultant** n컨설턴트
·**consultation** n상담, 협의

v 상담하다, 상의하다

He's the lead detective on a case that I'm **consulting** on.
그는 내가 상담하고 있는 사건의 선임 형사다.

1487

generate

[dʒénərèit]

·**generation** n세대
·**generator** n발전기

v 발생시키다, 만들어 내다

We have no way to **generate** water.
우리는 물을 만들어 낼 방법이 없어요.

1488

swing

[swiŋ]

v 흔들리다, 흔들다, 휘두르다   n 흔들기, 스윙, 그네

Are you practicing your **swing**?   당신은 스윙 연습을 하고 있나요?

1489

wipe

[waip]

v 닦다, 지우다, 청산하다   n 닦기

This is the last moment to **wipe** out the past.
지금이 과거를 청산하는 마지막 순간이야.

1490

grace

[greis]

·**gracious** a우아한

n 우아함, 품위, 은총   v …우아하게 하다

By God's **grace**, I'll have a child of my own someday, sir.
하나님의 은총으로 언젠가 제 아이를 갖게 될 거예요.

1491

rip

[rip]

v 찢다, 잡아 뜯다, 찢어지다   n 찢어진 곳

She won't tell us. But whoever attacked her, **ripped** her clothes and hit her.

그녀는 우리에게 말하지 않을 거야. 하지만 그녀를 공격한 사람이 누구든,
그녀의 옷을 찢고 그녀를 때렸어.

1492

range

[reindʒ]

·**ranger** n경비 대원

n 범위, 거리, 사정거리, 산맥   v 정렬시키다, 범위를 정하다, 조준하다

Our machine doesn't have that kind of **range**.
우리 기계에는 그런 범위가 없어요.

1493

metal

[métl]

·**metallic** a금속의

n 금속

Does this have something to do with that stupid **metal** ball?
이게 그 멍청한 금속 공과 관련이 있니?

1494

data
[déitə]

n 데이터, 자료

Do you have any idea how hard it is to get a warrant for phone **data**?

당신은 전화 데이터에 대한 영장을 받는 것이 얼마나 어려운지 알고 있나요?

1495

extend
[iksténd]

v 확장하다, 연장하다, 늘리다

He'll try anything to **extend** his life.

그는 자신의 생명을 연장하기 위해 무엇이든 시도할 거야.

·**extensive** a 폭넓은, 광대한 ·**extension** n 확대, 연장 ·**extent** n 정도, 범위

1496

mental
[méntl]
·**mentally** ad 정신적으로

a 정신의, 마음의

But you can confirm it was due to **mental** illness, right?

하지만 당신은 그것이 정신 질환 때문이라는 것을 확인해 줄 수 있어요, 그렇죠?

1497

whenever
[hwenévər]

conj …할 때마다, …할 때는 언제든지

I try to avoid the place **whenever** possible.

나는 가능할 때마다 그곳을 피하려고 노력해.

1498

available
[əvéiləbl]

a 유용한, 이용할 수 있는, 시간 여유가 있는

I'm not **available** right now.

저는 지금 가능한 상황이 아닙니다. (전화를 못 받거나 시간이 없거나 등 뭔가 여의치 않을 때)

·**avail** v 유용하다
·**availability** n 유용성

1499

ugly
[ʌgli]

a 못생긴, 추한, 험악한

Things are probably gonna get **ugly**.

아마도 상황이 험악해질 거야.

1500

borrow
[bárou]

v 빌리다, 차용하다

I need a favour. I want to **borrow** the car.

부탁 좀 할게. 나는 그 차를 빌리고 싶어.

WEEK 01
WEEK 02
WEEK 03
WEEK 04
WEEK 05
WEEK 06
WEEK 07
WEEK 08

1 아래 영단어의 한글 뜻과 한글 뜻에 해당하는 영단어를 써 보세요.

영단어	한글 뜻	한글 뜻	영단어
spare 1451		ⓝ 위, 배, 복부 1453	
closet 1454		ⓐ 사로잡힌, 홀린 1456	
degree 1457		ⓥ 안도시키다 1458	
indicator 1460		ⓝ 늑대, 이리 1463	
pee 1467		ⓝ 중독 1465	
progress 1482		ⓐ 긴급한, 급박한 1471	
consult 1486		ⓥ 우울하게 만들다 1474	
rip 1491		ⓥ 권고하다, 추천하다 1475	
extend 1495		ⓝ 금속 1493	
available 1498		ⓥ 빌리다, 차용하다 1500	

2 아래 영문을 해석하세요.

You seem pretty obsessed with her. 1456 _____

I tried to get in touch with you while you were on vacation. 1480 _____

_____

Don't pretend that was anything other than petty jealousy. 1483 _____

_____

3 아래 문장을 영작하세요.

오늘 밤은 보름달이 아니지, 그렇지? 1452 _____

그녀는 긴 갈색 머리를 가지고 있었다. 1462 _____

부탁 좀 할게. 나는 그 차를 빌리고 싶어. 1500 _____

사람이름.mp3

알아두면 좋은
영어권의 흔한 사람 이름

남자이름 (boys' first names)	여자 이름 (girls' first names)	성 (family names)
James	Mary	Smith
John	Patricia	Johnson
Robert	Jennifer	Williams
Michael	Elizabeth	Brown
William	Linda	Jones
David	Barbara	Miller
Richard	Susan	Davis
Joseph	Margaret	Garcia
Charles	Jessica	Rodriguez
Thomas	Sarah	Wilson
Noah	Emma	Taylor
Liam	Olivia	Davies
Mason	Sophia	Evans
Jacob	Isabella	Thomas
Ethan	Ava	Roberts
Alexander	Mia	Li
Daniel	Emily	Lam
Oliver	Abigail	Martin
Jack	Madison	Gelbero
Harry	Charlotte	Roy
Charlie	Amelia	Tremblay
George	Isla	Lee
Oscar	Poppy	Gagnon
Jake	Lily	Morton
Connor	Sophie	White
Callum	Samantha	Anderson
Kyle	Bethany	Singh
Joe	Joanne	Wang
Reece	Megan	Murphy
Rhys	Victoria	O'Kelly

WEEK
07

DAY 31

7주 차 첫날, 격하게 응원합니다

Top 1501~1550

DAY31.mp3

1501

toast
[toust]

·toaster ⓝ토스터

ⓝ **토스트, 건배** ⓥ **건배하다**

I propose a **toast**. To the four of us.
건배합시다. 우리 넷을 위하여.

1502

courage
[kə́:ridʒ]

ⓝ **용기**

Courage is often confused with having nothing to lose.
용기는 종종 잃을 것이 없는 것과 혼동된다.

·encourage ⓥ격려하다 ·courageous ⓐ용감한 ·encouragement ⓝ격려

1503

tall
[tɔːl]

ⓐ **키가 큰, 높은, 높이가 …인**

I swear, he was 7 feet **tall**.   맹세하는데, 그의 키는 7피트였어요.

1504

bomb
[bam]

·bomber ⓝ폭파범, 폭격기

ⓝ **폭탄** ⓥ **폭파하다, 폭격하다**

He **bombed** a chemical weapons facility.
그는 화학 무기 시설을 폭파했다.

1505

wave
[weiv]

ⓝ **파도, 물결, 파장, (머리카락의) 웨이브** ⓥ **흔들다, 흔들리다**

Shall we go out and **wave** to the crowd?
우리 밖에 나가서 군중들에게 손을 흔들까요?

1506

bowl
[boul]

·bowling ⓝ볼링

ⓝ **그릇, 통, (볼링용의) 공** ⓥ **볼링을 하다**

I'll bring you a **bowl** of hot water.
당신께 뜨거운 물 한 그릇 갖다 드릴게요.

1507

alert
[ələ́ːrt]

ⓥ **경보를 발하다, 경고하다** ⓝ **경계 태세** ⓐ **기민한**

I'm thinking of raising the terror **alert** level.
테러 경보 수준을 높일까 생각 중이에요.

WEEK 01
WEEK 02
WEEK 03
WEEK 04
WEEK 05
WEEK 06
WEEK 07
WEEK 08

237

WEEK 01

WEEK 02

WEEK 03

WEEK 04

WEEK 05

WEEK 06

WEEK 07

WEEK 08

1508

miracle
[mírəkl]

·miraculous ⓐ기적적인

ⓝ 기적

It's a place where **miracles** happen.
그곳은 기적이 일어나는 곳이다.

1509

garden
[gá:rdn]

·gardener ⓝ정원사

ⓝ 정원 ⓥ 원예를 하다

Look at this kid out there, the **gardener**'s son.
밖에 있는 이 아이를 보세요. 정원사의 아들이죠.

1510

candy
[kǽndi]

ⓝ 사탕, 캔디

They're not **candy** bars.
그것들은 캔디바가 아니에요.

1511

circumstance
[sə́:rkəmstæns]

·circumstantial
ⓐ상황의, 부수적인

ⓝ 상황, 정황, 환경, 사정

But under different **circumstances**, we might've been good friends.
하지만 다른 상황이었다면, 우리는 좋은 친구가 되었을 수도 있어요.

1512

nuts
[nʌts]

ⓐ 미친

Are you **nuts**? 너 미쳤니?

1513

corporate
[kɔ́:rpərət]

·corporation ⓝ기업
·Corp. ⓝ=corporation

ⓐ 기업의, 회사의, 법인의

As far as I can tell, the **corporate** ID number is fake.
내가 알기로는 그 회사 ID 번호는 가짜야.

1514

indeed
[indí:d]

ⓐⓓ 정말, 확실히

It is **indeed**. 정말 그렇네요.

1515

among
[əmʌ́ŋ]

·amongst ⓟⓡⓔⓟ=among

ⓟⓡⓔⓟ ⋯중에, ⋯사이에

It's an honor to be speaking here today **amongst** such impressive company.
오늘 여기서 이렇게 인상 깊은 사람들 앞에서 연설하게 되어 영광입니다.

1516

sword
[sɔ́:rd]

ⓝ 칼

It's a **sword**, no matter what it's made of.
그것이 무엇으로 만들어졌든 그것은 칼이야.

1517

package
[pǽkidʒ]

n 패키지, 상자, 상품, 포장, 포장물, 소포, 일괄   v 포장하다

How much is yours in the **package**?   상자 안에 든 당신 것은 얼마예요?

1518

jacket
[dʒǽkit]

n 재킷, 상의, 윗옷, (책 표지에 씌우는) 커버

Either you fit the **jacket** or the **jacket** fits you.
당신이 재킷에 맞추든가 아니면 재킷이 당신에게 맞아야겠죠.

1519

express
[iksprés]

v 표현하다, 나타내다, 속달로 보내다   a 급행편의, 신속한   n 급행

That's just an **expression**. America doesn't have a king.
그건 표현일 뿐이야. 미국에는 왕이 없어.

· **expression** n 표현

1520

sky
[skai]

n 하늘

The **sky** ain't gonna fall on top of my head.
하늘이 내 머리 위로 무너지진 않을 거야.

＊ain't는 구어로 am[are, is] not의 단축형

1521

pattern
[pǽtərn]

n 패턴, 양식, 양상, 유형, 무늬   v 무늬를 만들다

There's a **pattern** that I can't see.
내가 볼 수 없는 패턴이 있어.

1522

quarter
[kwɔ́:rtər]

n 분기, 4분의 1, 25센트, 15분, 1분기, 구역   v 4등분하다

They can smell it from a **quarter** mile away.
그들은 4분의 1마일 떨어진 곳에서 그 냄새를 맡을 수 있어.

· **quarterly** a 분기별의 ad 분기별로 n 계간지

1523

cab
[kæb]

n 택시

I'll get you a **cab**.   내가 택시를 잡아 줄게.

1524

department
[dipá:rtmənt]

n 부서, 부, 학과, 부처

Can you connect me to your ad sales **department**?
광고 판매 부서로 연결해 주시겠어요?

1525

edge
[edʒ]

n 가장자리, 모서리, 끝, (칼 등의) 날   v 테두리를 두르다

I feel like you've been standing on the **edge** of a cliff for a while now.
나는 네가 한동안 벼랑 끝에 서 있었던 것 같아.

WEEK 01

WEEK 02

WEEK 03

WEEK 04

WEEK 05

WEEK 06

WEEK 07

WEEK 08

1526

task

[tæsk]

n 일, 업무, 과제 v …에게 일을 시키다

I'll be leading this **task** force.

내가 이 태스크포스[프로젝트 팀, 기동 부대]를 이끌 거예요.

1527

sail

[seil]

·**sailor** n 선원

v 항해하다, 출항하다 n 항해, 돛

Our ships **sail** with or without you.

당신이 있든 없든 우리 배는 항해합니다.

1528

evidence

[évədəns]

·**evident** a 명백한

n 증거, 흔적 v 증거가 되다

Because you've been accused of burying **evidence** not once, but twice.

왜냐하면 당신은 한 번이 아니라 두 번 증거를 묻었다고 기소되었기 때문입니다.

1529

rare

[rɛər]

·**rarely** ad 드물게

a 드문, 희귀한, 살짝 익힌

It's a very **rare** disease.

그것은 매우 희귀한 질병이다.

1530

grieve

[gri:v]

·**grief** n 비탄, 애도   ·**grievous** a 비통한   ·**grievance** n 불만

v 비통해 하다, 몹시 슬퍼하다

He needed some time to **grieve**.   그는 슬퍼할 시간이 필요했다.

1531

fancy

[fǽnsi]

a 화려한, 비싼 n 공상, 상상 v 원하다

Fancy meeting you here!   당신을 여기서 만날 줄이야!

1532

tragedy

[trǽdʒədi]

·**tragic** a 비극적인

n 비극, 참사

No one's capable of dealing with this kind of **tragedy**.

아무도 이런 비극에 대처할 능력이 없다.

1533

shine

[ʃain]

·**shiny** a 빛나는

v 빛나다, 비추다, 광을 내다 n 빛, 윤기, 광택

I'm trying to build some big, **shiny** buildings.

저는 크고 빛나는 건물을 짓기 위해 노력 중입니다.

1534

film

[film]

n 영화, 필름 v 촬영하다, 찍다

Is anyone **filming** this?   누가 이걸 촬영하고 있나요?

1535

toilet
[tɔ́ilit]

n 화장실, 변기

What about the portable **toilets**? 휴대용 화장실은 어때?

1536

score
[skɔːr]

n 득점, 점수 v 득점하다, 점수를 받다

Yeah, I saw your test **scores**. 응, 난 네 시험 성적을 봤어.

1537

math
[mæθ]

n 수학, 계산

My dad was an engineer, and I do really well in **math**.
우리 아빠는 기술자였고, 저는 수학을 정말 잘해요.

·**mathematics** n 수학, 계산 ·**mathematical** a 수학의 ·**mathematician** n 수학자

1538

scratch
[skrætʃ]

v 긁다, 할퀴다 n 상처, 흠집, 찰과상

This is just a little **scratch**. 이건 그냥 조금 긁힌 거야.

1539

miserable
[mízərəbl]

a 비참한, 불행한

I mean, life is too short to be **miserable**.
내 말은, 삶은 비참하기엔 너무 짧다는 거야.

·**misery** n 고통, 비참

1540

analysis
[ənǽləsis]

n 분석, 해석

I just don't need a theoretical **analysis** right now.
나는 단지 지금 당장 이론적인 분석이 필요하지 않아.

·**analyze** v 분석하다
·**analyst** n 분석가

1541

Saturday
[sǽtərdèi]

n 토요일

He was invited to the birthday party on **Saturday**.
그는 토요일 생일 파티에 초대받았다.

1542

divide
[diváid]

v 나누다, 분할하다, 분리하다

I **divided** the group into two units.
나는 그 그룹을 두 개의 단위로 나누었다.

·**division** n 분할, 부, 국

1543

county
[káunti]

n 자치주, 군, 카운티

Oh, what a great **county** this is.
오, 이 곳은 정말 멋진 카운티네요.

WEEK 01
WEEK 02
WEEK 03
WEEK 04
WEEK 05
WEEK 06
WEEK 07
WEEK 08

WEEK 01
WEEK 02
WEEK 03
WEEK 04
WEEK 05
WEEK 06
WEEK 07
WEEK 08

1544

clue
[kluː]

n 단서, 실마리

You don't have a **clue** what I'm feeling.
넌 내가 어떤 기분인지 전혀 몰라.

·clueless **a** 단서 없는, 무지한

1545

skip
[skip]

v 거르다, 빼먹다, 건너뛰다, 생략하다, 줄넘기하다

They said she was **skipping** school.
그들은 그녀가 학교를 빼먹었다고 말했다.

1546

regard
[rigáːrd]

v 여기다, 평가하다, 간주하다　**n** 관심, 고려, 안부의 말

It's **regarding** the murder of your wife.
그것은 당신 부인의 살해와 관련된 거예요.

·regarding **prep** …에 관하여
·regardless **ad** 상관없이

1547

graduate
[grǽdʒuət]

v 졸업하다　**n** 대학 졸업생, 졸업자

It's been a while since **graduation**.
졸업한 이후에 오랜만이네. (오랜만에 보네.)

·graduation **n** 졸업, 졸업식　·grad **n** 졸업생

1548

sports
[spɔːrts]

a 스포츠의　**n** 스포츠

She knows more about **sports** than you.
그녀는 스포츠에 대해 너보다 더 많이 알아.

·sport **n** 스포츠

1549

educate
[édʒukèit]

v 교육하다, 가르치다

But this isn't about **education** or intelligence.
하지만 이것은 교육이나 지성에 관한 것이 아닙니다.

·education **n** 교육
·educational **a** 교육의

1550

nightmare
[náitmɛər]

n 악몽, 아주 끔찍한 일

I just want this **nightmare** to end.
난 그저 이 악몽이 끝났으면 좋겠어.

1 아래 영단어의 한글 뜻과 한글 뜻에 해당하는 영단어를 써 보세요.

영단어	한글 뜻	한글 뜻	영단어
toast 1501		ⓥ 격려하다 1502	
bomb 1504		ⓝ 표현 1519	
alert 1507		ⓝ 선원 1527	
circumstance 1511		ⓐ 드문, 살짝 익힌 1529	
amongst 1515		ⓝ 비극, 참사 1532	
quarter 1522		ⓝ 화장실, 변기 1535	
math 1537		ⓥ 분석하다 1540	
divide 1542		ⓝ 졸업, 졸업식 1547	
clue 1544		ⓥ 교육하다, 가르치다 1549	
skip 1545		ⓝ 악몽 1550	

2 아래 영문을 해석하세요.

Courage is often confused with having nothing to lose. 1502

I'm trying to build some big, shiny buildings. 1533

Oh, what a great county this is. 1543

3 아래 문장을 영작하세요.

내가 택시를 잡아 줄게. 1523

그는 토요일 생일 파티에 초대받았다. 1541

그녀는 스포츠에 대해 너보다 더 많이 알아. 1548

점점 영단어 부자가 되고 있어요

Top 1551~1600

1551

spy
[spai]

ⓝ 스파이, 첩자 ⓥ 염탐하다, 감시하다

She's actually there to **spy** on them.
그녀는 그들을 몰래 감시하기 위해 실제로 그곳에 있다.

1552

mercy
[mə́ːrsi]

ⓝ 자비, 은총

May God have **mercy**. 하느님이 자비를 베푸시길.

•**merciful** ⓐ자비로운 •**merciless** ⓐ무자비한

1553

roommate
[ruˈmeiˌt]

ⓝ 룸메이트

Um, I need to take a rain check. My **roommate** is really sick.
음, 저는 다음 기회로 미뤄야겠어요. 제 룸메이트가 아주 아파요.

•**roomie** ⓝ룸메이트

1554

bump
[bʌmp]

ⓥ 부딪치다, 충돌하다 ⓝ 충돌, 혹, (도로의) 요철

So we'll just tell people you slipped in the bathroom and **bumped** your head.
그래서 우리는 사람들에게 네가 화장실에서 미끄러져 머리를 부딪쳤다고 말할 거야.

•**bumper** ⓝ(자동차의) 범퍼
•**bumpy** ⓐ울퉁불퉁한

1555

sandwich
[sǽndwitʃ]

ⓝ 샌드위치

I brought lunch. There's every kind of **sandwich** imaginable and a cake.
내가 점심 가져왔어. 상상할 수 있는 모든 종류의 샌드위치와 케이크가 있단다.

1556

wide
[waid]

ⓐ 넓은, 폭넓은, 다양한, 광범위한 ⓐⓓ 완전히

I told you never open your mouth that **wide** unless someone's paying you for it.
누군가 돈을 내지 않는 한 절대 네 입을 그렇게 크게 벌리지 말라고 말했잖아.

•**widen** ⓥ넓히다 •**widely** ⓐⓓ널리 •**width** ⓝ폭, 넓이

1557 century [séntʃəri]
n 세기, 100년
These guys are living in a different **century**.
이 사람들은 다른 세기에 살고 있어요.

1558 Sunday [sʌndei]
n 일요일
We'll make you a partner if you can deliver by **Sunday**.
만약 당신이 일요일까지 배달해 줄 수 있다면 우리가 당신을 파트너로 만들게요.

1559 toxic [táksik]
a 유독성의, 중독성의
What the fuck am I? A **toxic** person or something?
나는 도대체 뭔데? 독성이 있는 사람 뭐 그런 건가?
·**toxin** n 독소
·**tox** a 유독성의 n 독

1560 review [rivjúː]
n 재조사, 재검토, 평론, 복습 v 재검토하다, 논평하다, 복습하다
I was thinking maybe you could write a new **review**.
난 네가 아마 새로운 리뷰를 쓸 수 있을 거라고 생각하고 있었어.

1561 fortune [fɔ́ːrtʃən]
n 운, 행운, 재산, 부, 운수
Fortune loves you. 행운이 당신을 사랑하네요.
·**fortunately** ad 다행히 ·**fortunate** a 운 좋은

1562 convict [kənvíkt]
v 유죄를 선고하다 n 기결수, 죄수
I was wrongly **convicted**.
나는 부당하게 유죄 판결을 받았어.
·**conviction** n 유죄 선고

1563 toy [tɔi]
n 장난감
Aren't you too old to be playing with **toys**?
장난감을 가지고 놀기에는 넌 너무 나이가 많지 않니?

1564 update [əpdeiˈt]
v 갱신하다, 최신의 것으로 하다 n 갱신, 최신정보
Give me an **update**, brother.
나에게 업데이트 좀 해 줘, 형. (진척된 상황을 알려줘.)

1565 cookie [kúki]
n 쿠키
There's some **cookies** in the bag, too.
가방 안에 쿠키도 좀 있어요.

DAY32.mp3

245

WEEK 01
WEEK 02
WEEK 03
WEEK 04
WEEK 05
WEEK 06
WEEK 07
WEEK 08

1566

sigh
[sai]

v 한숨을 쉬다 **n** 한숨, 탄식

I heard you **sigh**. 나는 네가 한숨 쉬는 거 들었어.

1567

pair
[pɛər]

n 한 쌍, 한 벌 **v** 둘씩 짝을 짓다, 짝지어주다

There's no way you're **pairing** me with him.
당신이 저와 그를 짝짓는 것은 절대 안 돼요.

1568

lonely
[lóunli]

a 외로운, 혼자뿐인

All children are **lonely**.
모든 아이들은 외롭다.

·**loneliness** n 외로움

1569

advance
[ædvǽns]

v 전진하다, 진전되다, 선금을 주다, 앞당기다
n 전진, 진전, 선금 **a** 사전의

·**advancement** n 진보, 승진

Why wasn't I told in **advance**?
왜 내게 미리 말해주지 않았지?

1570

pipe
[paip]

n 관, 배관, 파이프 **v** 파이프로 보내다

It could be a sign that we need to get our **pipes** fixed.
그것은 우리가 파이프를 수리해야 한다는 신호일 수도 있어.

·**piper** n 피리 부는 사람

1571

title
[táitl]

n 제목, 직함, 타이틀 선수권 **v** 제목을 붙이다

A **title** does not define who you are.
직함이 당신이 누구인지를 정의하지 않는다.

·**entitle** v 자격을 주다, 제목을 붙이다 ·**entitlement** n 자격, 권리

1572

string
[striŋ]

n 줄, 끈 **v** 묶다, 매달다

He's the one who pulls the **strings**.
그가 배후를 조종하는 사람이다. ＊직역: 그가 끈을 당기는 사람이다.

1573

pot
[pat]

n 냄비, 솥, 항아리

Put it in a **pot**. 그것을 냄비에 넣어.

1574

benefit
[bénəfit]

n 이득, 혜택 **v** 유익하다

We feel that this program will **benefit** everyone.
우리는 이 프로그램이 모두에게 이익이 될 것이라고 생각해요.

·**beneficial** a 이로운
·**beneficiary** n 수혜자

1575

mountain
[máuntən]

n 산

Flying over those **mountains** is a little scary to us.
저 산 위를 나는 것은 우리에게 조금 무서운 일이다.

1576

reveal
[riví:l]

·**revelation** n 폭로

v 드러내다, 폭로하다, 밝히다

A lady never **reveals** her age.
여자는 절대 나이를 밝히지 않는다.

1577

false
[fɔːls]

·**falsify** v 위조하다
·**falsely** ad 허위로

a 틀린, 사실이 아닌, 가짜의, 거짓된, 그릇된

Perhaps it's a list of men who give **false** hope to the poor.
아마도 그것은 가난한 사람들에게 그릇된 희망을 주는 사람들의 목록입니다.

1578

crack
[kræk]

·**cracker** n 크래커, 해커

v 갈라지다, 금이 가다 n 금, 균열

There's a **crack** in my wall.
벽에 금이 갔다.

1579

compare
[kəmpɛər]

·**comparison** n 비교

v 비교하다, 비유하다

But like all the rest of you, she's nothing **compared** to me.
하지만 너희들 나머지 모두처럼, 그녀는 나와 비교하면 아무것도 아니야.

1580

porn
[pɔːrn]

n 포르노, 외설물 a 포르노의

Seriously, is that like some sort of **porn** site?
진심인데, 그거 포르노 사이트 같은 거야?

·**pornography** n 포르노, 외설물 ·**porno** n 포르노 a 포르노의

1581

cooperate
[kouápərèit]

v 협력하다, 협조하다

What happens if I don't **cooperate**? 제가 협조하지 않으면 어떻게 되죠?

·**cooperation** n 협력 ·**cooperative** a 협력하는

1582

seize
[siːz]

·**seizure** n 잡기, 압수, 발작

v 붙잡다, 장악하다, 압수하다

Seize this opportunity, little man.
이 기회를 잡아라, 얘야.

1583

guarantee
[gærəntíː]

v 보장하다, 보증하다 n 보장, 보증

What **guarantee** do we have that you will provide what you promise?
당신이 약속한 것을 제공할 것이라는 어떤 보장이 있습니까?

WEEK 01
WEEK 02
WEEK 03
WEEK 04
WEEK 05
WEEK 06
WEEK 07
WEEK 08

1584

host
[houst]

·**hostess** n 여주인, 호스티스

n 주인, 진행자, 숙주 v 주최하다, 진행하다

You're **hosting** a yard sale?
야드 세일을 당신이 주최하고 있나요?

1585

bullet
[búlit]

n 총알

If you hurt her, I will put a **bullet** through your head.
네가 그녀를 다치게 하면 네 머리에 총알을 박을 거야.

1586

fate
[feit]

·**fateful** a 운명적인

n 운명

It was **fate**.
그것은 운명이었다.

1587

customer
[kʌstəmər]

n 손님, 고객, 소비자

There's a **customer** for you in the waiting room.
대기실에 당신 손님이 있어요.

1588

garage
[gərá:dʒ]

n 차고, 주차장, 정비소

There's no space in the **garage** for both of our cars.
그 차고에는 우리 둘 다의 차를 위한 공간은 없어요.

1589

code
[koud]

n 코드, 암호, 부호, 규정

Yeah, we're working on getting you the access **code**.
네, 우리는 당신께 접근 코드를 드리기 위해 작업하고 있어요.

1590

square
[skwɛər]

n 정사각형, 광장, 제곱 v 네모지게 만들다, 제곱하다
a 직각의, 정사각형의, 제곱[평방]의

There's nowhere to hide in Washington **Square**.
워싱턴 광장에는 숨을 곳이 없습니다.

1591

ill
[il]

·**illness** n 병

a 아픈, 병 든, 나쁜

She's got a serious mental **illness**.
그녀는 심각한 정신 질환이 있다.

1592

insist
[insíst]

·**insistent** a 고집하는

v 주장하다, 고집하다

He **insisted** on being part of the discussion.
그는 토론에 참여하기를 고집했다.

1593

backup
[bæˈkəˌp]

n 백업, 예비

He had a **backup** plan. 그에게는 백업 계획이 있었다.

1594

network
[nétwə̀ːrk]

n 네트워크, 망, 통신망

It appears that part of the **network** is down.
네트워크의 일부가 다운된 것 같다.

1595

papa
[páːpə]

·pa n=papa

n 아빠

Don't do that, **Papa**!
그러지 마세요, 아빠!

1596

jury
[dʒúəri]

·juror n배심원

n 배심원단, 심사원

Members of the **jury**. This is a closing argument.
배심원단 여러분. 이것은 최종 변론입니다.

1597

handsome
[hǽnsəm]

a 잘생긴, 멋진

He's very **handsome**, isn't he?
그는 아주 잘 생겼지, 그렇지?

1598

twist
[twist]

v 비틀다, 휘다, 삐다, 왜곡하다 n 비틀림, 트위스트 춤

You are **twisting** those facts and you could ruin a man's life.
당신은 그 사실들을 왜곡하고 있고, 한 남자의 삶을 망칠 수 있습니다.

1599

exit
[éksit]

n 출구, 퇴장 v 퇴장하다, 종료하다

Nobody entered or **exited**.
아무도 들어오거나 나가지 않았다.

1600

classic
[klǽsik]

·classical a고전적인

a 고전인, 일류의, 전형적인 n 고전, 명작

She's not a big **classical** music fan.
그녀는 고전 음악 팬은 아니다.

WEEK 01
WEEK 02
WEEK 03
WEEK 04
WEEK 05
WEEK 06
WEEK 07
WEEK 08

DAY 32 Daily Checkup

1 아래 영단어의 한글 뜻과 한글 뜻에 해당하는 영단어를 써 보세요.

영단어	한글 뜻		한글 뜻	영단어
spy 1551			ⓝ 자비, 은총 1552	
bump 1554			ⓥ 넓히다 1556	
convict 1562			ⓝ 세기, 100년 1557	
pair 1567			ⓐ 유독성의, 중독성의 1559	
entitle 1571			ⓐⓓ 다행히 1561	
false 1577			ⓝ 냄비, 솥, 항아리 1573	
crack 1578			ⓝ 수혜자 1574	
seizure 1582			ⓥ 비교하다, 비유하다 1579	
exit 1599			ⓥ 협력하다, 협조하다 1581	
classic 1600			ⓝ 운명 1586	

2 아래 영문을 해석하세요.

Why wasn't I told in advance? 1569 _____

A title does not define who you are. 1571 _____

There's no space in the garage for both of our cars. 1588 _____

3 아래 문장을 영작하세요.

장난감을 가지고 놀기에는 넌 너무 나이가 많지 않니? 1563 _____

여자는 절대 나이를 밝히지 않는다. 1576 _____

그는 아주 잘 생겼지, 그렇지? 1597 _____

하면 할수록 재미가 붙어요
Top 1601~1650

DAY33.mp3

1601

struggle
[strʌgl]

v 투쟁하다, 싸우다　**n** 투쟁, 싸움

It looks like he **struggled** before he died.
그는 죽기 전에 싸웠던 것 같다.

1602

slave
[sleiv]

n 노예　**v** 혹사당하다

They treated her like a **slave**, chained her to the wall.
그들은 그녀를 노예처럼 취급해서 벽에 묶었다.

•**slavery** **n**노예, 노예제도
•**enslave** **v**노예로 만들다

1603

grave
[greiv]

n 무덤　**a** 심각한

How many of them agreed to dig up a **grave**?
그들 중 얼마나 많은 사람들이 무덤을 파는 데 동의했나요?

1604

bound
[baund]

a 얽매인, …해야 하는, …로 향하는, …할 가능성이 큰

v 튀어오르다, 뛰다, bind의 과거, 과거분사　**n** 경계, 한계

If things don't change, I'm **bound** to be arrested.
상황이 바뀌지 않으면 저는 체포될 것입니다.

•**boundary** **n**경계

1605

sheriff
[ʃérif]

n 보안관

I'm going to pay my respects to the local **sheriff**.
나는 지역 보안관에게 경의를 표할 거야.

1606

fry
[frai]

v 튀기다　**n** 튀김, 감자튀김

Seriously, can I get some **fries** at least?
진심으로, 적어도 감자튀김이라도 좀 먹을 수 있을까요?

1607

silly
[síli]

a 어리석은　**n** 바보

It's **silly**, isn't it?　어리석지? 그렇지 않니?

251

1608

spin
[spin]

v 회전하다, 돌다 **n** 회전

They're **spinning** their wheels.

그들은 시간만 낭비하고 있는 거야. ＊직역: 그들은 그들의 바퀴를 돌리고 있다.

1609

zone
[zoun]

n 지역, 구역 **v** 구획짓다

This isn't a home. This is a war **zone**.

여긴 집이 아니야. 이곳은 전쟁 지역이야.

1610

liberty
[líbərti]

·**liberal** ⓐ자유로운, 진보적인
·**liberate** ⓥ해방시키다

n 자유, 해방

Well, I'm not at **liberty** to discuss the case.

글쎄요, 저는 그 사건을 자유롭게 논의할 수 없습니다.

1611

instruct
[instrʌkt]

v 지시하다, 가르치다, 교육하다

You must follow these **instructions**. 당신은 이 지시를 따라야 합니다.

·**instruction** ⓝ설명, 지시 ·**instructor** ⓝ강사

1612

fellow
[félou]

·**fellowship** ⓝ단체, 유대감

n 동료, 회원, 사람 **a** 동료의

I wonder what's happened to that other **fellow** you were expecting.

네가 기대했던 다른 동료에게 무슨 일이 일어났는지 궁금해.

1613

rub
[rʌb]

v 문지르다, 맞비비다

I had to **rub** her feet for this. 나는 이것을 위해 그녀의 발을 문질러야 했어.

1614

cast
[kæst]

v 던지다, 배역을 맡기다 **n** 던지기, 배역

Which one of you can **cast** the first stone, huh?

너희들 중 누가 제일 먼저 비평[공격]할 수 있니?

＊직역: 너희들 중 누가 첫 번째 돌을 던질 수 있니?

1615

shadow
[ʃǽdou]

n 그림자, 그늘 **v** 미행하다

It was like this huge **shadow** in the sky.

그것은 마치 하늘에 있는 이 거대한 그림자 같았다.

1616

bath
[bæθ]

·**bathe** ⓥ목욕하다

n 목욕, 욕조 **v** 목욕시키다

I'm going to have a **bath**.

나는 목욕할 거야.

1617

victim
[víktim]
· **victimize** v 피해자로 만들다

n 피해자, 희생자

Do we know how he chooses his **victims**?
우리는 그가 희생자를 어떻게 선택했는지 알고 있나요?

1618

pal
[pæl]

n 친구, 동료, (비격식) 이봐, 자네

I'll cover for you, **pal**. 내가 너를 대신할 거야, 친구.

1619

role
[roul]

n 역할, 배역

Someone has to be a **role** model around here.
누군가는 여기서 역할 모델이 되어야 한다.

1620

background
[bæˈkgrauˌnd]

n 배경

Why wasn't there a **background** check?
왜 배경 조사가 없었습니까?

1621

ton
[tʌn]

n 톤, 아주 많음

There's something like 2 **tons** of pressure on that door.
저 문에는 약 2톤의 압력 같은 것이 있다.

1622

disgusting
[disgʌstiŋ]

a 역겨운, 혐오스러운, 구역질나는

It's **disgusting**. 정말 역겹다.

· **disgust** n 혐오 v 혐오감을 일으키다

1623

assault
[əsɔ́ːlt]
· **assailant** n 가해자

n 폭행, 공격 v 폭행하다

You **assaulted** a cop.
당신은 경찰을 폭행했어요.

1624

chick
[tʃik]

n 영계 (젊은 여자), 병아리

She's just a **chick**. 그녀는 단지 병아리[영계]일 뿐이야.

1625

keen
[kiːn]

a 열망하는, 예민한, 예리한

I spoke to him, he seemed really **keen** to talk to us.
내가 그와 이야기했는데, 그는 정말 우리에게 말하고 싶은 것 같았어.

WEEK 01
WEEK 02
WEEK 03
WEEK 04
WEEK 05
WEEK 06
WEEK 07
WEEK 08

WEEK 01
WEEK 02
WEEK 03
WEEK 04
WEEK 05
WEEK 06
WEEK 07
WEEK 08

1626

determine
[ditə́ːrmin]

· **determined** ⓐ 결심한, 단호한

Ⓥ 결정하다, 결심하다, 알아내다

Yeah, she was so **determined**.
네, 그녀는 너무 단호했어요.

1627

channel
[tʃǽnl]

ⓝ 채널, 경로, 유통 수단, 수로

The rapist is getting his ideas from the History **channel**?
그 강간범이 역사 채널에서 자신의 아이디어를 얻고 있나요?

1628

pawn
[pɔːn]

ⓝ 저당물, 장기의 졸 Ⓥ 저당잡히다

We'll stop somewhere else, because you know, there is always another **pawn** shop.
우린 다른 곳에 멈출 거야. 알다시피, 다른 전당포는 항상 있으니까.

1629

meal
[miːl]

ⓝ 식사, 한끼

I don't mean to interrupt your **meal**.   저는 당신의 식사를 방해할 생각은 없어요.

1630

laundry
[lɔ́ːndri]

· **launder** Ⓥ 세탁하다
· **laundromat** ⓝ 빨래방

ⓝ 세탁, 세탁물, 세탁소

Do you have a **laundry** room I can use?
내가 사용할 수 있는 세탁실 있어?

1631

effort
[éfərt]

ⓝ 노력, 수고

I am not an expert, but I will give it my best **effort**.
나는 전문가는 아니지만, 최선을 다할 것이다.

1632

violate
[váiəlèit]

· **violation** ⓝ 위반, 침해

Ⓥ 위반하다, 침해하다

If you **violate** any one of these conditions, we will release the virus.
만약 당신이 이 조건들 중 하나라도 위반한다면, 우리는 바이러스를 퍼뜨릴 것이다.

1633

diagnose
[dáiəgnòus]

· **diagnosis** ⓝ 진단
· **diagnostic** ⓐ 진단의

Ⓥ 진단하다

I was **diagnosed** just over a month ago.
나는 한 달 전에 진단 받았다.

1634

version
[və́ːrʒən]

ⓝ 버전, 판, 형태

It was like being out with a female **version** of you.
여자 버전의 당신과 데이트하는 것 같았어요.

1635

maintain
[meintéin]

·maintenance n유지, 관리

Ⓥ 유지하다, 관리하다, 부양하다

I shop for food. I pay the bills. I **maintain** the house.
내가 음식을 사러 가고, 내가 청구서를 지불하고, 내가 그 집을 관리해.

1636

aside
[əsáid]

ad 이외에도, 제쳐놓고, 별도로 하고, 떨어져서

I don't care if you step **aside** or not.   네가 물러서든 아니든 난 상관없어.

1637

military
[mílitèri]

a 군사의, 군대의, 무력의   n 군대

At this point, this is not a **military** operation.
이 시점에서 이것은 군사 작전이 아닙니다.

1638

suspend
[səspénd]

·suspense n긴장감
·suspension n정직, 정학

Ⓥ 중단하다, 유예하다, 정직시키다, 정학시키다, 매달다

It's pretty rare for us to **suspend** trading.
우리가 거래를 중단하는 것은 매우 드문 일이다.

1639

camp
[kæmp]

n 야영지, 캠프, 막사, 진영   Ⓥ 야영하다

Do you have a **camp** around here?   이 근처에 캠프가 있습니까?

·camping n캠핑   ·camper n캠핑객, 캠핑용 자동차

1640

talent
[tǽlənt]

n 재능, 재주, 인재

I'm not wasting my **talents** over there anymore.
난 더는 거기서 내 재능을 낭비하지 않을 거야.

1641

coincidence
[kouínsidəns]

·coincidental a우연의 일치인

n 우연의 일치, 동시에 일어남

It can't be a **coincidence**.
우연일 리가 없어.

1642

council
[káunsəl]

n 의회, 위원회

You lost the right to have a say in these things when you refused to join
the **council**.

당신이 위원회 참석을 거절했을 때 당신은 이런 일에 대한 발언권을 상실했습니다.

1643

cheap
[tʃiːp]

·cheaply ad싸게

a 싼, 저렴한, 싸구려의, 저속한, 인색한

For this house, I want you to find one as nice as possible, but as **cheap**
as possible.   최대한 싸면서도 최대한 좋은 집을 찾아 줬으면 좋겠어.

WEEK 01
WEEK 02
WEEK 03
WEEK 04
WEEK 05
WEEK 06
WEEK 07
WEEK 08

WEEK 01
WEEK 02
WEEK 03
WEEK 04
WEEK 05
WEEK 06
WEEK 07
WEEK 08

1644

advantage
[ædvǽntidʒ]

n 이점, 장점 **v** 유리하게 하다

You took **advantage** of me, and now you want to forget about it.
너는 나를 이용했고, 이제 너는 그걸 잊고 싶어 해.

1645

administration
[ədmìnistréiʃən]

n 관리, 집행, 행정부

You know the **administration** needs to approve all of this.
당신은 행정부가 이 모든 것을 승인할 필요가 있다는 것을 알잖아요.

·**administer** v 관리하다   ·**administrator** n 관리자   ·**administrative** a 관리상의

1646

march
[maːrtʃ]

v 행진하다, 가두 시위하다 **n** 행진, 가두시위, 3월 (March)

We will **march** tonight, whether they like it or not.
그들이 좋아하든 싫어하든 우리는 오늘 밤 행진을 할 것이다.

1647

pure
[pjuər]
·**purify** v 정화하다
·**purity** n 순도, 순수, 청결

a 순수한

There's something **pure** about it.
그것에 대해 순수한 무언가가 있습니다.

1648

pardon
[páːrdn]

v 용서하다, 사면하다 **n** 사면, 용서

I beg your **pardon**? 다시 한 번 말씀해 주시겠어요?

1649

rumor
[rúːmər]
·**rumour** n 소문

n 소문 **v** 소문내다

There are **rumors** that he killed them.
그가 그들을 죽였다는 소문이 있다.

1650

basement
[béismənt]

n 지하층, 지하실

Oh, my god. There's something in the **basement**.
세상에. 지하실에 뭔가가 있어.

1 아래 영단어의 한글 뜻과 한글 뜻에 해당하는 영단어를 써 보세요.

영단어	한글 뜻
slave 1602	
boundary 1604	
spin 1608	
rub 1613	
shadow 1615	
disgusting 1622	
maintenance 1635	
suspend 1638	
advantage 1644	
basement 1650	

한글 뜻	영단어
ⓝ 보안관 1605	
ⓝ 강사 1611	
ⓝ 피해자, 희생자 1617	
ⓝ 세탁, 세탁소 1630	
ⓥ 위반하다, 침해하다 1632	
ⓝ 재능, 재주, 인재 1640	
ⓝ 의회, 위원회 1642	
ⓝ 관리자 1645	
ⓥ 정화하다 1647	
ⓝ 소문 ⓥ 소문내다 1649	

2 아래 영문을 해석하세요.

It looks like he struggled before he died. 1601 _____

If things don't change, I'm bound to be arrested. 1604 _____

It can't be a coincidence. 1641 _____

3 아래 문장을 영작하세요.

당신은 이 지시를 따라야 합니다. 1611 _____

왜 배경 조사가 없었습니까? 1620 _____

이 근처에 캠프가 있습니까? 1639 _____

DAY 34

열심히 한 만큼 실력이 느네요

Top 1651~1700

1651

compromise
[kámprəmàiz]

ᵛ 타협하다, 손상시키다, 위태롭게 하다 **ⁿ** 타협, 양보, 절충안

Everything that I believe in is **compromised**.
내가 믿는 모든 것이 위태롭게 돼.

1652

spring
[spriŋ]

ⁿ 봄, 용수철, 샘 **ᵛ** 튀다, 뛰어오르다

I can smell **spring** in the air.
나는 공기 중에서 봄 냄새를 맡을 수 있어.

1653

couch
[kautʃ]

ⁿ 긴 의자, 소파

Do you think it's okay to have an ex-boyfriend sleep on her **couch**?
전 남자 친구가 그녀의 소파에서 자는 것이 괜찮다고 생각하니?

1654

odd
[ad]

ᵃ 이상한, 특이한, 홀수의

That's a little **odd**, isn't it?
그건 좀 이상하지, 그렇지 않아?

·**oddly** ᵃᵈ 특이하게

1655

mirror
[mírə(r)]

ⁿ 거울

When's the last time you looked in the **mirror**.
네가 마지막으로 거울을 본 게 언제야?

1656

trigger
[trígər]

ⁿ 방아쇠 **ᵛ** 유발하다, 작동시키다

He pulled the **trigger**. He killed her.
그가 방아쇠를 당겼어. 그가 그녀를 죽였어.

1657

tattoo
[tætúː]

ⁿ 문신 **ᵛ** 문신을 새기다

He finally broke up with her, even though he **tattooed** her name on his arm.
그는 팔에 그녀의 이름을 문신했지만, 결국 그녀와 헤어졌다.

1658

incident
[ínsədənt]

·incidental ⓐ부수적인

ⓝ 사건, 사고, 사태

There was an **incident** today and I'm not comfortable with her on my desk.
오늘 사건이 있었고, 저는 제 책상에 그녀와 함께 있는 것이 불편합니다.

1659

strategy
[strǽtədʒi]

·strategic ⓐ전략적인 ·strategist ⓝ전략가

ⓝ 전략, 계획

Is our **strategy** working? 우리의 전략이 작동하나요?

1660

journal
[dʒə́:rnl]

·journalist ⓝ기자, 저널리스트
·journalism ⓝ저널리즘

ⓝ 잡지, 저널, 일기

I'm not finding anything on it in dad's **journal**.
아빠 일기장에선 그것에 관한 어떤 것도 못 찾겠어요.

1661

soldier
[sóuldʒər]

ⓝ 군인, 병사

You're a **soldier** about to become a general.
당신은 장군이 되려고 하는 군인입니다.

1662

chip
[tʃip]

ⓝ 칩, 조각, 부스러기 ⓥ 깍다, 깍아내다

Look, there's a computer **chip** inside.
저기, 안에 컴퓨터 칩이 있어요.

1663

alright
[ɔːlráit]

ⓐⓓ 좋아, 괜찮아 (=all right)

Is that **alright**? 그래도 될까? (괜찮아요?)

1664

foundation
[faundéiʃən]

·found ⓥ설립하다, find의 과거, 과거분사형 ·founder ⓝ설립자

ⓝ 토대, 기반, 재단, 설립, (화장품) 파운데이션

This was a war that would shake an entire country to its **foundations**.
이것은 나라 전체의 기반까지 뒤흔들었던 전쟁이었다.

1665

gross
[grous]

ⓐ 총, 총계의, 전체의, 역겨운 ⓥ 수익을 올리다

That's just **gross**. 그건 정말 역겹다.

1666

deck
[dek]

·decker ⓝ갑판원

ⓝ 갑판, 층

The main **deck** will need to be cleared so we can bring the sick men above.
병든 사람들을 위로 데려올 수 있도록 주갑판 정리가 필요할 것이다.

WEEK 01
WEEK 02
WEEK 03
WEEK 04
WEEK 05
WEEK 06
WEEK 07
WEEK 08

WEEK 01
WEEK 02
WEEK 03
WEEK 04
WEEK 05
WEEK 06
WEEK 07
WEEK 08

1667

period
[píːəriəd]
·periodic ⓐ주기적인

n 기간, 시기, 시대, 생리, 끝, 마침표 int 끝, 더는 말하지 마
I was going through a difficult **period** in my life.
나는 내 인생에서 힘든 시기를 겪고 있었다.

1668

experiment
[ikspérəmənt]

n 실험, 시험 v 실험하다
But the **experiment** was a failure. 그러나 그 실험은 실패였다.

·experimental ⓐ실험의, 실험적인   ·experimentation ⓝ실험 작업

1669

vary
[vέəri]

v 다양하다, 다르다, 달라지다
Now, I have provided you with **various** weapons.
이제, 나는 너에게 다양한 무기를 제공했어.

·various ⓐ다양한   ·variety ⓝ다양성   ·variation ⓝ변화, 변형   ·variable ⓐ변동이 심한 ⓝ변수

1670

series
[síəriːz]
·serial ⓝ연재물 ⓐ순차적인

n 시리즈, 연속, 연쇄
We would like to buy this whole **series** of paintings.
우리는 이 그림 시리즈 전체를 사고 싶습니다.

1671

swim
[swim]

v 수영하다, 헤엄치다
I **swam** across the river. 나는 헤엄쳐 강을 건넜다.

·swimming ⓝ수영   ·swimmer ⓝ헤엄치는 사람

1672

muscle
[mʌsl]
·muscular ⓐ근육의

n 근육
Well, **muscle** is made of cells, right?
음, 근육은 세포로 만들어졌지, 그렇지?

1673

sink
[siŋk]

v 가라앉다, 침몰하다 n 싱크대, 개수대
Take a minute and let that **sink** in.
잠시 그게 가라앉도록 놔 둬.

1674

standard
[stǽndərd]

n 기준, 표준 a 표준의, 보통의
Isn't that **standard** procedure? 그게 표준 절차 아닌가요?

1675

comment
[kάment]
·commentary ⓝ논평

n 논평, 언급, 의견 v 논평하다, 의견을 말하다
You said he left **comments** on your videos.
네 비디오에 그가 의견을 남겼다고 말했잖아.

WEEK 01
WEEK 02
WEEK 03
WEEK 04
WEEK 05
WEEK 06
WEEK 07
WEEK 08

1676

crew
[kru:]

🇳 승무원, 선원, 동료, 패거리

They may have bigger problems than the missing **crew**.
그들은 실종된 선원보다 더 큰 문제가 있을 수 있습니다.

1677

lake
[leik]

🇳 호수

A lot of accidents happen on the **lake**.
그 호수에서 많은 사고가 일어난다.

1678

style
[stail]

🇳 스타일, 방식, 양식

It was definitely not her **style**. 그것은 확실히 그녀 스타일이 아니었다.

· **stylist** 🇳 스타일리스트 · **stylish** 🇦 유행에 맞는

1679

plead
[pli:d]

· **plea** 🇳 애원, 답변

🇻 애원하다, 주장하다, 변호하다

Do you realize by **pleading** guilty you're giving up your right to a trial?
당신은 유죄를 인정함으로써 재판 받을 권리를 포기하는 것을 알고 있습니까?

1680

paperwork
[péipərwə̀:rk]

🇳 서류 작업

Did you start the **paperwork** yet?
서류 작업을 시작했어요?

1681

ocean
[óuʃən]

· **oceanic** 🇦 대양의

🇳 바다, 대양

Let's drop his body in the middle of the **ocean**.
바다 한가운데 그의 시체를 떨어뜨리자.

1682

sand
[sænd]

· **sandy** 🇦 모래의

🇳 모래, 모래사장

She's gonna try to eat the **sand**. All kids do it.
그녀는 모래를 먹으려고 할 거야. 모든 아이들이 그렇게 해.

1683

dust
[dʌst]

· **dusty** 🇦 먼지투성이의
· **duster** 🇳 먼지떨이

🇳 먼지, 티끌

There's nothing there for me but books and **dust**.
나에게는 책과 먼지 말고는 아무것도 없어.

1684

log
[lɔ(:)g]

🇳 통나무, 일지, 기록 🇻 일지에 기록하다

If you **log** them all at once, you save a lot of time.
그것들을 모두 한번에 일지에 기록하면 시간을 많이 절약할 수 있어요.

WEEK 01

WEEK 02

WEEK 03

WEEK 04

WEEK 05

WEEK 06

WEEK 07

WEEK 08

1685

resist
[rizíst]

· resistance ⓝ 저항
· resistant ⓐ 저항하는

Ⓥ 저항하다, 반대하다, 참다

When I saw the apartment was for sale, I couldn't **resist**.
그 아파트가 판매 중인 것을 보았을 때, 나는 참을 수 없었어.

1686

princess
[prínses]

ⓝ 공주

You don't like being called **princess**, do you, **princess**?
당신은 공주님이라고 불리는 것을 좋아하지 않나요, 공주님?

1687

climb
[klaim]

Ⓥ 오르다, 올라가다, 등반하다

Unless you're planning on **climbing** any mountains, you're not gonna need that anymore.
산에 오를 계획이 아니라면 그건 더는 필요 없을 거예요.

1688

district
[dístrikt]

ⓝ 지구, 지역, 구역

All he said is the **district** lawyers asked for a meeting this afternoon.
지역 변호사들이 오늘 오후에 회의를 요청했다는 것이 그가 말한 전부야.

1689

wet
[wet]

ⓐ 젖은, 습한

My clothes are so **wet**.   내 옷이 너무 젖었어.

1690

unlike
[ənlaiˈk]

· unlikely
  ⓐ 있음직하지 않은, 가망 없는

prep …와 다른, …와는 달리

I can assure you that's extremely **unlikely**.
그건 아주 가망 없다고 장담할 수 있어.

1691

transport
[trænspɔ́:rt]

· transportation ⓝ 교통

ⓝ 운송, 수송   Ⓥ 운송하다, 이동시키다

We handled all the **transport** and storage.
우리는 모든 운송과 보관을 처리했다.

1692

manipulate
[mənípjulèit]

· manipulative ⓐ 조작의
· manipulation ⓝ 교묘한 조작

Ⓥ 조종하다, 조작하다

The police **manipulated** the evidence.
경찰은 증거를 조작했다.

1693

tank
[tæŋk]

ⓝ (액체나 가스 등을 저장하는) 탱크, 전차

Have both **tanks** delivered to the ship.   탱크 둘 다 배로 배달해.

1694

foreign
[fɔ́ːrən]

·foreigner ⓝ 외국인

ⓐ 외국의

It's from a **foreign** government.
그것은 외국 정부로부터 온 것이다.

1695

sugar
[ʃúgər]

ⓝ 설탕 ⓥ 설탕을 넣다

What did you put in the **sugar**? 설탕에 뭘 넣었어?

1696

tail
[teil]

ⓝ 꼬리 ⓥ 미행하다

The guys are **tailing** me everywhere I go.
제가 가는 곳마다 그 사람들이 저를 미행하고 있어요.

1697

democracy
[dimάkrəsi]

·democratic
ⓐ 민주적인, 민주당의

ⓝ 민주주의

I know it looks messy. **Democracy**'s messy.
난 그게 엉망으로 보인다는 걸 알아. 민주주의는 엉망이야.

1698

desire
[dizáiər]

ⓝ 욕망, 욕구 ⓥ 원하다, 바라다

What do you **desire** more than anything else in this life?
인생에서 그 어떤 것보다 더 원하는 것이 무엇인가요?

1699

scar
[skaːr]

ⓝ 상처, 흉터 ⓥ 흉터를 남기다

I saw my **scar** in the mirror.
나는 거울에서 내 흉터를 보았다.

1700

promote
[prəmóut]

·promotion ⓝ 승진, 촉진

ⓥ 촉진하다, 홍보하다, 승진시키다

I was an intern and he **promoted** me to his assistant.
나는 인턴이었고 그는 나를 그의 조수로 승진시켰다.

WEEK 01
WEEK 02
WEEK 03
WEEK 04
WEEK 05
WEEK 06
WEEK 07
WEEK 08

DAY 34 Daily Checkup

1 아래 영단어의 한글 뜻과 한글 뜻에 해당하는 영단어를 써 보세요.

영단어	한글 뜻
compromise 1651	
couch 1653	
trigger 1656	
incident 1658	
gross 1665	
period 1667	
comment 1675	
plead 1679	
transport 1691	
scar 1699	

한글 뜻	영단어
ⓝ 문신 ⓥ 문신을 새기다 1657	
ⓝ 전략, 계획 1659	
ⓥ 설립하다 1664	
ⓐ 실험의, 　실험적인 1668	
ⓐ 다양한 1669	
ⓥ 수영하다, 　헤엄치다 1671	
ⓝ 근육 1672	
ⓝ 승무원, 선원 1676	
ⓥ 저항하다, 　반대하다 1685	
ⓝ 외국인 1694	

2 아래 영문을 해석하세요.

Now, I have provided you with various weapons. 1669 _____

I can assure you that's extremely unlikely. 1690 _____

What do you desire more than anything else in this life? 1698 _____

_____

3 아래 문장을 영작하세요.

네가 마지막으로 거울을 본 게 언제야? 1655 _____

경찰은 증거를 조작했다. 1692 _____

나는 인턴이었고 그는 나를 그의 조수로 승진시켰다. 1700 _____

DAY 35

벌써 7주 차 35일째예요

Top 1701~1750

DAY35.mp3

1701
profile
[próufail]
·**profiler** ⓝ 프로파일러
·**profiling** ⓝ 프로파일링

ⓝ 옆모습, 개요서, 프로필 ⓥ 프로필을 작성하다
I never told anyone about my **profile**.
내 프로필에 대해 아무한테도 얘기한 적 없어.

1702
blonde
[blánd]
·**blond** ⓐ 금발의
·**blondie** ⓝ 금발의 여자

ⓐ 금발의
She's got **blonde** hair. She's perfect in every way.
그녀는 금발이야. 그녀는 모든 면에서 완벽해.

1703
sheet
[ʃi:t]

ⓝ (침대 등의) 시트, (종이) 한 장
But the **sheets** are getting wet. 하지만 시트가 젖고 있어요.

1704
blade
[bleid]

ⓝ (칼 등의) 날
Did someone find the **blade**? 누군가 칼날을 찾았나요?

1705
union
[jú:njən]

ⓝ 조합, 연합, 노조, 연방
He works for the teachers **union**.
그는 교원 노조에서 일한다.

1706
increase
[inkrí:s]
·**increasingly** ⓐⓓ 점점 더

ⓥ 증가하다, 인상되다, 늘리다 ⓝ 증가, 인상
His arrest may lead to an **increased** violence against civilians and police.
그의 체포는 민간인과 경찰에 대한 폭력을 증가시킬 수도 있다.

1707
occasion
[əkéiʒən]
·**occasionally** ⓐⓓ 가끔
·**occasional** ⓐ 가끔의

ⓝ 때, 경우, 행사, 원인, 일 ⓥ 야기시키다
You look like you're having fun. What's the **occasion**?
즐거운 시간을 보내는 것 같군요. 무슨 일이에요?

1708

example
[igzǽmpl]

n 예, 사례, 본보기

For **example**, why is he still alive?

예를 들어, 그는 왜 아직도 살아 있지?

1709

assassin
[əsǽsn]

· **assassination** n 암살
· **assassinate** v 암살하다

n 암살범, 암살자, 자객

I can tell you this one is not an **assassin**.

저는 이 사람이 암살자가 아니라고 말씀드릴 수 있어요.

1710

tradition
[trədíʃən]

· **traditional** a 전통적인

n 전통, 관습

You've made clear you have no respect for our **traditions**.

당신은 우리의 전통을 존중하지 않는다는 것을 분명히 했습니다.

1711

surround
[səráund]

v 둘러싸다, 에워싸다

I'm glad to see you're **surrounding** yourself with older, wiser women.

나이가 많고 현명한 여성들과 가까이하는 여러분을 보니 저는 기쁩니다.

1712

football
[fʊˈtbɔˌl]

n 축구

You're not into **football**?   너는 축구 안 좋아하니?

1713

tool
[tuːl]

n 도구, 연장, 수단

We don't have any **tools** or weapons.

우리는 어떠한 도구나 무기도 없습니다.

1714

lack
[læk]

n 부족, 결핍 v 부족하다, …이 없다

You only **lack** money.   당신은 단지 돈이 부족해요.

1715

pen
[pen]

n 펜

Bring me a **pen** and paper.   나에게 펜과 종이를 가져다 줘.

1716

resource
[ríːsɔːrs]

· **resourceful** a 자원이 풍부한

n 자원, 자산, 재료

We will do so on our own terms and own **resources**.

우리 자신의 방식과 자원에 따라 그렇게 할 것이다.

WEEK 01
WEEK 02
WEEK 03
WEEK 04
WEEK 05
WEEK 06
WEEK 07
WEEK 08

1717

breast
[brest]

n 유방, 가슴

Have you tried **breast**-feeding? 모유 수유를 시도해 봤어요?

1718

choke
[tʃouk]

v 질식시키다, 숨이 막히다, 막다 n 질식, 사레

I was worried he might **choke**. 나는 그가 질식할까 봐 걱정했어.

1719

united
[juːnáitid]

a 통합된, 연합한, 단결된

Who was the 27th president of the **United** States?

미국 제27대 대통령은 누구였습니까?

·**unity** n 통합
·**unite** v 통합하다

1720

chocolate
[tʃɔ́ːkələt]

n 초콜릿

I do prefer if they're made of **chocolate**.

그것들이 초콜릿으로 만들어졌으면 더 좋았겠어.

1721

stalking
[stɔ́ːkiŋ]

n 스토킹 (남을 따라다니며 괴롭히기)

He started with **stalking**, and then moved his way up to assault and rape.

그는 스토킹으로 시작해서 폭행과 강간으로 옮겨갔다.

·**stalker** n 스토커 ·**stalk** v 몰래 접근하다 n (식물의) 줄기

1722

warehouse
[weˈrhauˌs]

n 창고

The guys have a **warehouse** not far from here.

여기서 멀지 않은 곳에 그 사람들의 창고가 있어요.

1723

hack
[hæk]

v 자르다, 난도질하다, 해킹하다

I can't **hack** in because their system isn't on a network.

그들의 시스템이 네트워크에 연결되어 있지 않기 때문에 나는 해킹할 수 없어.

·**hacker** n 해커
·**hacking** n 해킹

1724

drown
[draun]

v 익사하다, 익사시키다

Some say that he **drowned** in the lake.

어떤 사람들은 그가 호수에서 익사했다고 말해.

1725

blast
[blæst]

n 폭발 v 폭발시키다, 후려치다

He was killed by a bomb **blast** at a bar.

그는 술집에서 폭탄 폭발로 살해당했다.

WEEK 01
WEEK 02
WEEK 03
WEEK 04
WEEK 05
WEEK 06
WEEK 07
WEEK 08

1726

debt
[det]

n 빚, 부채

Then he'll bring me what I need, and your **debt** will be paid.
그러고 나서 내가 필요한 것을 그가 가져올 것이고, 네 빚은 청산될 거야.

1727

equal
[íːkwəl]

·equally ad 똑같이
·equality n 평등

a 동일한, 동등한, 평등한, 같은

We were completely **equal** in her eyes.
그녀의 눈에는 우리는 완전히 똑같았어.

1728

garbage
[gáːrbidʒ]

n 쓰레기

We got a load of **garbage** in the car. 차에 쓰레기가 잔뜩 있어요.

1729

gain
[gein]

v 얻다, 증가하다 n 이익, 증가

It takes time to **gain** a man's confidence.
사람의 신뢰를 얻는 데는 시간이 걸린다.

1730

material
[mətíəriəl]

n 재료, 소재 a 물질적인

You have no **material** evidence.
물질적 증거가 없잖아.

1731

coordinate
[kouɔ́ːrdənət]

·coordinator n 조정자
·coordination n 조정, 합동

v 조직화하다, 조정하다 n 좌표

Let's **coordinate** with her office on the appointments.
그녀의 사무실과 (협의해서) 약속을 조정합시다.

1732

recall
[rikɔ́ːl]

v 상기하다, 기억해 내다, 소환하다, 회수하다 n 회상, 리콜 (불량 제품 회수)

Can you **recall** the subjects under discussion?
논의 중인 주제들을 기억할 수 있나요?

1733

silver
[sílvər]

n 은, 은색 a 은색의

He has no need for the **silver**, but he takes it anyway.
그는 은이 필요 없지만 어쨌든 그것을 받는다.

1734

row
[rou]

n 줄, 열 v 노를 젓다

I've missed my flight four years in a **row**. If I miss it this year, my mom's gonna kill me.
4년 연속으로 비행기를 놓쳤어. 올해도 놓치면 엄마가 날 죽일 거야.

1735

midnight
[miˈdnaiˌt]

🄝 자정, 한밤중

I called him just after **midnight**.
자정 직후에 난 그에게 전화를 걸었어.

1736

inspire
[inspáiər]

·**inspiration** 🄝영감

🅅 고무하다, 격려하다, 영감을 주다

That one building **inspired** me to start drawing and designing things.
그림을 그리고 디자인을 시작할 수 있도록 그 빌딩이 내게 영감을 주었다.

1737

rage
[reidʒ]

🄝 격노 🅅 몹시 화를 내다

They were mad with **rage**.
그들은 격노했다. ＊직역: 그들은 분노로 미쳤다.

1738

tag
[tæg]

🄝 꼬리표, 태그 🅅 꼬리표를 붙이다, 태그를 붙이다

Why was she wearing a name **tag**?
그녀는 왜 이름표를 달고 있었니?

1739

brand
[brænd]

🄝 브랜드, 상표 🅅 낙인을 찍다

This one's **brand** new. 이건 완전히 새로워.

1740

iron
[áiərn]

🄝 철, 쇠, 다리미 🄰 철의 🅅 다리미질을 하다

You should strike while the **iron**'s hot.
쇠뿔도 단김에 빼야 한다. ＊직역: 철이 뜨거울 때 때려야 한다.

1741

severe
[sivíər]

·**severely** 🄰🄳심하게
·**severity** 🄝엄정

🄰 심각한, 극심한, 가혹한

Three officers were **severely** injured in the blast.
그 폭발로 경찰관 세 명이 심한 부상을 입었다.

1742

flag
[flæg]

🄝 기, 깃발 🅅 특별한 표시를 하다

They just got rid of the **flag**. 그들은 방금 깃발을 없앴다.

1743

coast
[koust]

·**coastal** 🄰해안의

🄝 해안, 연안

They are headed for the **coast**.
그들은 해안으로 향하고 있습니다.

WEEK 01
WEEK 02
WEEK 03
WEEK 04
WEEK 05
WEEK 06
WEEK 07
WEEK 08

WEEK 01
WEEK 02
WEEK 03
WEEK 04
WEEK 05
WEEK 06
WEEK 07
WEEK 08

1744

medication
[mèdəkéiʃən]

·**medicate** ⓥ약을 투여하다

ⓝ 약, 약물 치료, 투약

It gets worse, and she needs **medication**.
더 나빠지고 있고, 그녀는 약이 필요해.

1745

alien
[éiljən]

ⓝ 외계인, 외국인 ⓐ 외국의, 이국의

I don't care if it was an **alien**.
나는 그것이 외계인이든 아니든 상관없어.

1746

clever
[klévər]

ⓐ 영리한, 똑똑한

You are **cleverer** than you look. 당신은 보기보다 더 영리하군요.

1747

grateful
[gréitfəl]

ⓐ 감사하는, 고마워하는

Most people would be **grateful**.
대부분의 사람들은 고마워하겠죠.

1748

mayor
[méiər]

ⓝ 시장, (지방 자치제의) 장

I heard about what happened to our new **mayor**.
새로운 시장에게 무슨 일이 일어났는지 들었어.

1749

launch
[lɔːntʃ]

·**launcher** ⓝ발사 장치

ⓥ 시작하다, 발사하다, 출시하다 ⓝ 개시, 출시, 발사

We could **launch**, but we'll be dead before we get to the ground.
우리는 발사할 수 있지만, 우리가 땅에 닿기 전에 죽을 거예요.

1750

gym
[dʒim]

·**gymnasium**
ⓝ체육관, 경기장

ⓝ 체육관, 헬스장

I guess if I skip the **gym**, I can still get in by 9:00.
체육관을 빼먹으면 9시까지 안으로 들어갈 수 있을 것 같아.

1 아래 영단어의 한글 뜻과 한글 뜻에 해당하는 영단어를 써 보세요.

영단어	한글 뜻	한글 뜻	영단어
profile 1701		ⓐ 금발의 1702	
blade 1704		ⓝ 예, 사례, 본보기 1708	
breast 1717		ⓥ 암살하다 1709	
choke 1718		ⓐ 전통적인 1710	
warehouse 1722		ⓝ 도구, 연장, 수단 1713	
hack 1723		ⓥ 통합하다 1719	
rage 1737		ⓝ 빚, 부채 1726	
medication 1744		ⓝ 쓰레기 1728	
launch 1749		ⓝ 해안, 연안 1743	
gym 1750		ⓐ 영리한, 똑똑한 1746	

2 아래 영문을 해석하세요.

You look like you're having fun. What's the occasion? 1707

_____

Have you tried breast-feeding? 1717

I heard about what happened to our new mayor. 1748

_____

3 아래 문장을 영작하세요.

당신은 단지 돈이 부족해요. 1714 _____

나는 그가 질식할까 봐 걱정했어. 1718 _____

그녀는 왜 이름표를 달고 있었니? 1738 _____

알아두면 좋은
신체 부위

신체 부위	발음	뜻
back	[bæk]	등
hand	[hænd]	손
head	[hed]	머리
face	[feis]	얼굴
eye	[ai]	눈
arm	[a:rm]	팔
hair	[hɛər]	머리카락, 털
foot	[fut]	발
brain	[brein]	뇌
mouth	[mauθ]	입
leg	[leg]	다리
finger	[fíŋgər]	손가락
neck	[nek]	목
ear	[iər]	귀, 청각
tooth	[tu:θ]	이
chest	[tʃest]	가슴, 흉부
nose	[nouz]	코
bottom	[bátəm]	엉덩이
knee	[ni:]	무릎
lip	[lip]	입술
tongue	[tʌŋ]	혀
shoulder	[ʃóuldər]	어깨
stomach	[stʌmək]	위, 배
toe	[tou]	발가락
wrist	[rist]	손목
heel	[hi:l]	발뒤꿈치
ankle	[ǽŋkl]	발목
cheek	[tʃi:k]	볼, 뺨
chin	[tʃin]	턱
thigh	[θai]	허벅지
elbow	[élbou]	팔꿈치
forehead	[fɔ́:rid]	이마
eyebrow	[áibràu]	눈썹
waist	[weist]	허리

WEEK
08

WEEK 01
WEEK 02
WEEK 03
WEEK 04
WEEK 05
WEEK 06
WEEK 07
WEEK 08

DAY 36

와, 8주 차라니 놀랍네요
Top 1751~1800

1751

crisis
[kráisis]

ⓝ 위기

Just let us deal with this **crisis** first.
우리가 이 위기를 먼저 처리하도록 해 주십시오.

1752

winter
[wíntər]

ⓝ 겨울

Winter is coming. 겨울이 오고 있다.

1753

religion
[rilídʒən]

·**religious** ⓐ종교의, 독실한

ⓝ 종교

Our difference of opinion isn't political, it's **religious**.
우리의 의견 차이는 정치적인 것이 아니라 종교적인 것이야.

1754

patch
[pætʃ]

ⓝ 패치, 조각, 부분 ⓥ 덧대다, 수선하다, 수습하다

Look, just let me **patch** things up with him.
이봐, 그와의 일은 내가 수습할게.

1755

article
[áːrtikl]

ⓝ 기사, 조항, 물품

What did this **article** say? 이 기사에 뭐라고 쓰여 있었어요?

1756

commission
[kəmíʃən]

·**commissioner**
ⓝ위원, 장관, 경찰국장

ⓝ 수수료, 위원회, 위임 ⓥ 의뢰하다

I got a letter from the county zoning **commission**.
나는 카운티 지역 위원회에서 편지를 받았다.

1757

robot
[róubət]

·**robotic** ⓐ로봇 같은

ⓝ 로봇

Isn't that like a **robot**?
저것은 로봇 같지 않아?

1758

pour
[pɔːr]

Ⓥ 붓다, 퍼붓다

When it rains, it **pours**. 설상가상이다. *직역: 비가 오면 쏟아진다.

1759

Tuesday
[tjúːzdei]

Ⓝ 화요일

I think that's a week from **Tuesday** at six.
화요일 6시부터 일주일 정도인 것 같아요.

1760

boot
[buːt]

Ⓝ 부츠, 장화

I was wondering do you have any **boots** that I could borrow?
궁금해서 그러는데 [혹시], 제가 빌릴 수 있는 부츠 있나요?

1761

committee
[kəmíti]

Ⓝ 위원회

The mayor can't even wipe his ass without three different **committees**.
시장은 세 개의 다른 위원회 없이는 심지어 자기 엉덩이조차 닦을 수 없어.

1762

critical
[krítikəl]

ⓐ 비판적인, 비평하는, 중대한, 위기의, 불가결한

And I'm saying it's mission **critical** to keep that a secret.
그리고 저는 그것을 비밀로 유지하는 것이 임무 수행에 필수적이라고 말하는 거예요.

·**criticize** Ⓥ비판하다 ·**critic** Ⓝ비평가 ·**criticism** Ⓝ비판, 비난

1763

library
[láibrèri]

Ⓝ 도서관, 서재

Is there a **library** in town?
시내에 도서관이 있나요?

·**librarian** Ⓝ사서

1764

fashion
[fǽʃən]

Ⓝ 패션, 유행, 방식

Okay, fine. Maybe I'm a little old-**fashioned**.
그래, 좋아. 어쩌면 내가 좀 구식인지도 몰라.

·**fashionable** ⓐ유행하는

1765

hop
[hap]

Ⓥ 깡총깡총 뛰다, 뛰어 움직이다

Come on, **hop** in the car.
어서, 차에 타.

·**hopper**
Ⓝ깡총깡총 뛰는 사람[것]

1766

congress
[káŋgris]

Ⓝ 의회, 회의

Congress will never approve this.
의회는 이것을 절대 승인하지 않을 것입니다.

·**congressional** ⓐ의회의

WEEK 01
WEEK 02
WEEK 03
WEEK 04
WEEK 05
WEEK 06
WEEK 07
WEEK 08

275

WEEK 01
WEEK 02
WEEK 03
WEEK 04
WEEK 05
WEEK 06
WEEK 07
WEEK 08

1767

doll
[dal]
·**dolly** n (유아어로) 인형

n 인형

How many **dolls** do you have?
인형이 몇 개 있어요?

1768

weather
[wéðər]

n 날씨, 기상

We talked about the **weather**. 우리는 날씨에 대해 이야기했어요.

1769

slight
[slait]
·**slightly** ad 약간, 조금

a 약간의, 사소한, 경미한, 가벼운

My skin becomes sensitive to even the **slightest** of pressure.
내 피부는 가장 가벼운 압력에도 민감해져.

1770

pathetic
[pəθétik]

a 불쌍한, 한심한

You are so **pathetic**! 넌 정말 한심하구나.

1771

reservation
[rèzərvéiʃən]
·**reserve** v 예약하다

n 예약, 유보

I confirmed my **reservation** last night.
어젯밤에 내 예약을 확인했어.

1772

pin
[pin]

n 핀 v (핀 등으로) 고정시키다

All right, we'll put a **pin** in it.
좋아, 나중에 다시 얘기하자. *직역: 우리가 거기에 핀을 꽂을 것이다.

1773

tower
[táuər]

n 탑

When the **towers** came down, I was here in this very restaurant, this very seat.
타워가 무너졌을 때, 저는 바로 이 식당, 이 자리에 있었습니다.

1774

annoy
[ənɔ́i]
·**annoying** a 짜증스러운

v 짜증나게 하다, 귀찮게 하다, 성가시다

Okay, you've succeeded in **annoying** me and wasting my time.
그래, 넌 날 짜증나게 하고 내 시간을 낭비하는 데 성공했어.

1775

stink
[stiŋk]

v 악취가 풍기다 n 악취

It **stinks** like shit. 지독한 냄새가 나.

·**stinky** a 악취가 나는 ·**stinker** n 역겨운 사람

1776

penis
[píːnis]

n 남근, 음경, 성기

That man has the largest **penis** I have ever seen.
그 남자의 성기가 내가 본 것 중 가장 커.

1777

federal
[fédərəl]
· **federation** n 연방, 연합

a 연방의, 연방 정부의

I'm gonna file in **federal** court with an entirely different theory.
저는 완전히 다른 이론을 연방법원에 제출할 거예요.

1778

Thanksgiving
[θǽŋksgíviŋ]

n 추수감사절 (미국에서 11월 넷째 목요일)

It's the best **Thanksgiving** gift you could give me.
당신이 줄 수 있는 최고의 추수감사절 선물이에요.

1779

select
[silékt]
· **selection** n 선택
· **selective** a 선택적인

v 선택하다, 선발하다   a 엄선된

Why do you think that you were **selected** for this case?
왜 당신이 이 사건에 선택되었다고 생각하세요?

1780

tend
[tend]
· **tendency** n 경향

v (…하는) 경향이 있다, 돌보다

People **tend** to confuse the words 'new' and 'improved'.
사람들은 '새로운'과 '개선된'이라는 말을 혼동하는 경향이 있다.

1781

tunnel
[tʌnl]

n 터널, 굴   v 터널을 뚫다

As far as he knows, we're still in the **tunnels**.
그가 아는 한, 우리는 여전히 터널에 있어요.

1782

starve
[staːrv]
· **starvation** n 굶주림, 기아

v 굶주리다, 굶어 죽다

I'm **starving**.
배고파 죽겠어.

1783

pursue
[pərsúː]
· **pursuit** n 추구

v 추구하다, 뒤쫓다

Some wanted to **pursue** other dreams, like my brother.
몇몇은 내 동생처럼 다른 꿈을 좇고 싶어했다.

1784

equipment
[ikwípmənt]
· **equip** v 장비를 갖추다

n 장비, 설비

Check out that production **equipment**, all right?
그 생산 장비를 확인해 봐, 알겠지?

WEEK 01
WEEK 02
WEEK 03
WEEK 04
WEEK 05
WEEK 06
WEEK 07
WEEK 08

WEEK 01
WEEK 02
WEEK 03
WEEK 04
WEEK 05
WEEK 06
WEEK 07
WEEK 08

1785

random
[rǽndəm]

· randomly [ad] 무작위로

[a] 무작위의, 임의로 하는, 되는 대로의

Do we know where we're going, or are we just driving around **randomly**?

우리가 어디로 가는지 알고 있나요, 아니면 그냥 되는 대로 운전하는 건가요?

1786

occur
[əkə́:r]

· occurrence [n] 발생, 출현

[v] 발생하다, 생기다, 일어나다

Did that ever **occur** to you?

그런 일이 당신에게 (한번이라도) 일어났나요?

1787

drill
[dril]

[n] 드릴, 송곳, 반복 연습, 훈련 [v] 뚫다, 훈련시키다

This is not a **drill**. I repeat, this is not a **drill**.

이것은 훈련이 아닙니다. 반복합니다. 이것은 훈련이 아닙니다.

1788

passion
[pǽʃən]

· passionate [a] 열정적인

[n] 열정, 격정

It makes sense to build a union on reason, not **passion**.

열정보다는 이성으로 연합을 구축하는 것이 이치에 맞다.

1789

dentist
[déntist]

· dental [a] 이의, 치과의 · dentures [n] 의치, 틀니

[n] 치과 의사, 치과

I was sitting in a **dentist**'s chair.   나는 치과 의자에 앉아 있었다.

1790

repair
[ripɛ́ər]

[v] 수리하다, 회복하다 [n] 수리

Call the **repair** guy and get him over here as soon as possible.

수리공한테 전화해서 가능한 한 빨리 여기로 와 달라고 해.

1791

measure
[méʒər]

· measurement [n] 측정, 치수

[v] 측정하다, 평가하다 [n] 측정, 조치, 수단, 척도

We regret being pushed to such desperate **measures**.

그런 절박한 조치를 할 수밖에 없어 안타까워 (후회돼).

1792

cap
[kæp]

[n] 모자, 뚜껑, 마개

You have to wear the swim **cap**. 수영 모자를 착용해야 합니다.

1793

toss
[tɔ:s]

[v] 던지다, 버리다, 동전 던지기로 정하다

You **tossed** your stuff in the trash?

물건을 쓰레기통에 버렸다고?

1794

plastic
[plǽstik]

n 플라스틱, 신용카드　a 플라스틱의, 비닐의

I'm gonna need some **plastic** bags.

비닐봉지도 좀 필요해.

1795

awkward
[ɔ́ːkwərd]

·**awkwardness** n 어색함

a 어색한, 곤란한, 거북한

He doesn't always tell me everything, which can put me in an **awkward** position.

그는 항상 저에게 모든 것을 말하지는 않는데, 그것이 저를 난처한 입장에 처하게 할 수 있어요.

1796

border
[bɔ́ːrdər]

n 경계, 국경　v 경계선을 이루다

The easiest way for a terrorist to get into this country is to cross this **border**.

테러리스트가 이 나라에 들어가는 가장 쉬운 방법은 이 국경을 넘는 것이다.

1797

someplace
[səˈmpleiˌs]

ad 어딘가에　n 어느 곳 (=somewhere)

Is there **someplace** we can talk?

우리가 얘기할 수 있는 곳이 있을까요?

1798

testify
[téstəfài]

v 증언하다

No one's ever lived to **testify** against him.

그에게 불리한 증언을 하고 살아남은 사람이 없었다.

1799

prevent
[privént]

·**prevention** n 예방, 방지

v 막다, 예방하다, 방지하다

I will make efforts to **prevent** this but can promise nothing.

저는 이것을 막기 위해 노력하겠지만 아무것도 약속할 수는 없습니다.

1800

nor
[nɔ́ːr]

conj …도 또한 아니다(없다)

Actually, I can neither confirm **nor** deny that.

사실, 저는 그것을 확인해 주지도 부인하지도 못해요.

DAY 36 Daily Checkup

1 아래 영단어의 한글 뜻과 한글 뜻에 해당하는 영단어를 써 보세요.

영단어	한글 뜻
patch 1754	
commission 1756	
congress 1766	
slight 1769	
federal 1777	
starve 1782	
equipment 1784	
measure 1791	
awkward 1795	
prevent 1799	

한글 뜻	영단어
n 위기 1751	
a 종교의, 독실한 1753	
n 위원회 1761	
v 비판하다 1762	
n 날씨, 기상 1768	
a 짜증스러운 1774	
a 악취가 나는 1775	
n 경향 1780	
a 열정적인 1788	
v 증언하다 1798	

2 아래 영문을 해석하세요.

When it rains, it pours. 1758 _____

People tend to confuse the words 'new' and 'improved'. 1780 _____

_____

Actually, I can neither confirm nor deny that. 1800 _____

3 아래 문장을 영작하세요.

이 기사에 뭐라고 쓰여 있었어요? 1755 _____

시내에 도서관이 있나요? 1763 _____

어젯밤에 내 예약을 확인했어. 1771 _____

DAY 37

어느새 확 달라진 나를 느껴요
Top 1801~1850

DAY37.mp3

WEEK 01
WEEK 02
WEEK 03
WEEK 04
WEEK 05
WEEK 06
WEEK 07
WEEK 08

1801

loan
[loun]

ⓝ 대출, 융자, 대여 ⓥ 빌려주다, 대출하다
Would you **loan** me $200? 200달러를 빌려 주시겠어요?

1802

deposit
[dipázit]

ⓝ 보증금, 예금 ⓥ 예금하다, 보증금을 내다, (특정 장소에) 놓다
You won't let me **deposit** cash in my checking account.
당신은 제가 결제 계좌에 현금을 예금하지 못하도록 하겠죠.

1803

belt
[belt]

ⓝ 벨트, 허리띠 ⓥ 벨트를 두르다
There's a hook on his **belt**. 그의 벨트에 고리가 있다.

1804

decent
[díːsnt]
·**decency** ⓝ 품위, 체면

ⓐ 제대로 된, 품위 있는
Here's the thing. There's very few **decent** guys out there.
그게 말이죠, 거기에 괜찮은 남자들은 거의 없어요.

1805

observe
[əbzə́ːrv]

ⓥ 관찰하다, 준수하다, 목격하다
He's been **observed** and photographed by a dozen citizens.
수십 명의 시민이 그를 관찰하고 사진을 찍었다.

·**observation** ⓝ 관찰, 관측 ·**observant** ⓐ 엄수하는 ·**observer** ⓝ 참관인

1806

fence
[fens]
·**fend** ⓥ 받아넘기다, 방어하다

ⓝ 울타리, 펜스 ⓥ 울타리를 치다
It was in the **fence** behind the trash cans.
그것은 쓰레기통 뒤에 있는 울타리에 있었다.

1807

lord
[lɔːrd]

ⓝ 귀족, 경, 주인, 하느님 (the Lord, our Lord), 왕
I'm your prince, not your **lord**, and I said pick up your sword.
나는 너의 왕이 아니라 왕자이고, 너의 칼을 들라고 말했다.

1808

ambulance
[ǽmbjuləns]

🇳 구급차

Someone call an **ambulance**! 누가 구급차 좀 불러줘요!

1809

coward
[káuərd]

🇳 겁쟁이, 비겁한 사람

You can't do it 'cause you're a **coward**. 넌 겁쟁이라서 그럴 순 없어.

＊'cause는 because의 비격식 표현

·**cowardly** ⓐ비겁한 ⓐⓓ비겁하게 ·**cowardice** 🇳겁, 비겁

1810

suicide
[sjúːəsàid]
·**suicidal** ⓐ자살의

🇳 자살, 자살 행위

She's way too self-centered to commit **suicide**.

그녀는 자살하기에는 너무 자기 중심적이야.

1811

tone
[toun]

🇳 어조, 말투, 음색, 색조

Just watch your **tone**. 그냥 말조심 해.

1812

guide
[gaid]
·**guidance** 🇳지도, 인도

🇻 안내하다, 인도하다 🇳 안내인, 안내서

I look forward to helping **guide** you all towards a brighter future.

여러분 모두가 더 밝은 미래를 향해 나아갈 수 있도록 제가 도울 수 있기를 기대합니다.

1813

attach
[ətǽtʃ]
·**attached** ⓐ부착된, 첨부된
·**attachment** 🇳애착, 부착

🇻 붙이다, 부착하다, 첨부하다

And as a gift, I've **attached** my card.

그리고 선물로 제 카드를 첨부했습니다.

1814

section
[sékʃən]

🇳 부분, 구역, 절단, 섹션 🇻 절단하다

Page two of the business **section**, there's an article about him.

경제 섹션의 2페이지에 그에 대한 기사가 실려 있다.

1815

rude
[ruːd]
·**rudely** ⓐⓓ무례하게

ⓐ 무례한, 저속한, 대강의

It's bloody **rude**!

정말 무례하네!

1816

estate
[istéit]

🇳 사유지, 재산, 부지, 단지

Your real **estate** agent, when is she supposed to come back?

당신의 부동산 중개인인 그녀는 언제 돌아와요?

1817

holiday
[hálədèi]

n 휴가, 휴일, 공휴일

It's our first **holiday** we're together as a family.
가족으로서 우리가 함께하는 첫 번째 휴가야.

1818

uniform
[júːnəfɔ̀ːrm]

n 유니폼, 제복 a 획일적인, 똑같은

We were in a store, and a guy in that store told us to put our **uniforms** on.
우리는 가게에 있었는데, 그 가게에 있던 한 남자가 우리에게 유니폼을 입으라고 말했다.

1819

fever
[fíːvər]

n 열, 열병, 열기

Your **fever** is very high. 열이 아주 높네요.

1820

admire
[ædmáiər]

v 존경하다, 감탄하다, 숭배하다

You did good work, necessary work, and I **admire** you for it.
당신은 좋은 일, 필요한 일을 했고, 그래서 저는 당신을 존경합니다.

·**admirable** ⓐ감탄스러운 ·**admirer** ⓝ숭배자 ·**admiration** ⓝ존경, 감탄

1821

outta
[áutə]

prep …밖으로, …중에서 (out of를 발음대로 표기한 것)

Get **outta** there. Get away from it. Come on.
거기서 나가. 그것으로부터 달아나. 어서.

1822

duck
[dʌk]

n 오리 v 몸을 휙 수그리다, 몸을 피하다

You're scared of **ducks**?
너는 오리를 무서워하니?

1823

shepherd
[ʃépərd]

n 양치기, 목자 v 인도하다

The president isn't a marriage counselor or a **shepherd** for that matter.
대통령은 그 문제에 대해 결혼 상담가나 목자가 아닙니다.

1824

pump
[pʌmp]

n 펌프 v 펌프로 퍼올리다

I'm gonna use it to **pump** fresh air into the building.
나는 건물 안으로 신선한 공기를 퍼 올리기 위해 그것을 사용할 거야.

1825

pet
[pet]

n 애완동물

Do you have any **pets**? 당신은 애완동물이 있나요?

WEEK 01
WEEK 02
WEEK 03
WEEK 04
WEEK 05
WEEK 06
WEEK 07
WEEK 08

WEEK 01
WEEK 02
WEEK 03
WEEK 04
WEEK 05
WEEK 06
WEEK 07
WEEK 08

1826

meantime
[mí:ntàim]

n 그동안 **ad** 그동안에

In the **meantime**, wish me luck. 그동안 행운을 빌어줘.

1827

defeat
[difí:t]

v 패배시키다, 이기다 **n** 패배, 타파

Even in **defeat**, they still know how to march with pride.
패배에도 불구하고 그들은 여전히 자부심 있게 행진하는 법을 알고 있다.

1828

yellow
[jélou]

a 노란, 노란색의 **n** 노란색

There was a woman in a **yellow** coat coming towards me.
노란 코트를 입은 한 여자가 나를 향해 오고 있었다.

1829

wherever
[hwɛərévər]

conj 어디든지 **ad** 어디라도, 도대체 어디로

Well, **wherever** she is, I'm sure she's proud.
글쎄, 그녀가 어디에 있든, 나는 그녀가 자랑스러워할 거라고 확신해.

1830

torture
[tɔ́:rtʃər]

n 고문 **v** 고문하다, 고통을 주다

I cannot stand to watch you **torture** yourself like this.
나는 네가 이렇게 자신을 고문하는 것을 차마 볼 수 없어.

1831

blah
[bla:]

n 어쩌고저쩌고, 기타 등등, 허튼 소리

I just remember **blah**, **blah**, **blah**.
난 그냥 어쩌고 저쩌고 한 것만 기억나.

1832

costume
[kástju:m]

n 의상, 복장, 분장, 변장

My friend, who is there already, has my **costume**, but my car broke down.
이미 거기 있는 내 친구가 내 의상을 가지고 있는데, 내 차가 고장이 났어.

1833

budget
[bʌ́dʒit]

n 예산 **v** 예산을 세우다

Our **budget**'s very limited. 우리 예산은 매우 제한적입니다.

1834

diamond
[dáiəmənd]

n 다이아몬드

There's a cream with real **diamonds** in it.
진짜 다이아몬드가 들어있는 크림이 있어요.

1835

solid
[sálid]

a 단단한, 고체의, 견고한, 확실한

This is a **solid** promise. 확실한 약속입니다.

1836

fruit

[fru:t]

·**fruity** ⓐ과일 맛이 나는

ⓝ 과일, 열매

That's the plastic **fruit**, dad.

그건 플라스틱 과일이에요, 아빠.

1837

function

[fʌŋkʃən]

·**functional** ⓐ기능적인

ⓝ 기능, 역할, 행사, 함수   ⓥ 기능하다, 역할을 다 하다

You think she can't **function** without you?

너 없이는 그녀가 일할 수 없을 거라 생각해?

1838

thin

[θin]

ⓐ 얇은, 마른, 야윈, 가는

Did I ask you to be **thin** for me?

내가 나를 위해 너에게 날씬해지라고 했니?

1839

merry

[méri]

ⓐ 즐거운, 명랑한

Merry Christmas, son.   메리 크리스마스, 아들아.

1840

cigarette

[sìgərét]

ⓝ 담배

I'm out of **cigarettes**.   담배가 떨어졌어.

1841

village

[vílidʒ]

·**villager** ⓝ마을 사람

ⓝ 마을, 동네, 마을 사람들

They lived in a small **village** in Mexico.

그들은 멕시코의 작은 마을에 살았다.

1842

humiliate

[hju:mílièit]

·**humiliation** ⓝ굴욕

ⓥ 굴욕감을 주다, 창피를 주다

You **humiliated** me.

너는 나에게 굴욕감을 주었어.

1843

tap

[tæp]

ⓥ 가볍게 두드리다, 도청하다   ⓝ 수도꼭지

My phone is **tapped**.   내 전화기가 도청됐다.

1844

stock

[stak]

ⓝ 재고, 재고품, 주식, 증권   ⓥ 갖추다, 비축하다

I'm not sure what we have here in **stock**, because I can't see anything.

아무것도 볼 수 없어서 여기에 어떤 재고가 있는지 확신할 수 없어요.

1845

charity

[tʃǽrəti]

·**charitable** ⓐ자선의

ⓝ 자선, 자선 단체

I give money to the same **charity** every year.

나는 매년 같은 자선단체에 돈을 기부해.

WEEK 01
WEEK 02
WEEK 03
WEEK 04
WEEK 05
WEEK 06
WEEK 07
WEEK 08

WEEK 01
WEEK 02
WEEK 03
WEEK 04
WEEK 05
WEEK 06
WEEK 07
WEEK 08

1846

capture
[kǽptʃər]

v 사로잡다, 포획하다, 포착하다 **n** 포획, 포착

I heard you **captured** the man you were after.
당신이 찾던 남자를 잡았다고 들었어요.

1847

scrub
[skrʌb]

v 문지르다, 문질러 씻다

That's because it was **scrubbed**.
그것이 문질러졌기 때문이다.

1848

bride
[braid]
·**bridal** ⓐ 신부의, 결혼식의

n 신부

I've always wanted to be a **bride**, but I don't really expect to be a wife.
항상 신부가 되고 싶었지만, 정말 아내가 될 거라고는 생각 못 했어.

1849

magazine
[mǽgəzíːn]

n 잡지

It's just a stupid **magazine** article.
그건 그냥 멍청한 잡지 기사야.

1850

flesh
[fleʃ]

n 살, 고기

I need to cut away the infected **flesh**.
나는 감염된 살을 잘라내야 해.

1 아래 영단어의 한글 뜻과 한글 뜻에 해당하는 영단어를 써 보세요.

영단어	한글 뜻		한글 뜻	영단어
loan 1801			ⓝ 구급차 1808	
deposit 1802			ⓝ 자살, 자살 행위 1810	
decent 1804			ⓐⓓ 무례하게 1815	
attach 1813			ⓝ 휴가, 휴일, 공휴일 1817	
section 1814			ⓝ 열, 열병, 열기 1819	
torture 1830			ⓐ 감탄스러운 1820	
function 1837			ⓝ 의상, 분장, 변장 1832	
stock 1844			ⓝ 과일, 열매 1836	
scrub 1847			ⓐ 얇은, 마른, 가는 1838	
flesh 1850			ⓝ 자선, 자선 단체 1845	

2 아래 영문을 해석하세요.

Just watch your tone. 1811

I'm out of cigarettes. 1840

I've always wanted to be a bride, but I don't really expect to be a wife. 1848

3 아래 문장을 영작하세요.

누가 구급차 좀 불러줘요! 1808

당신은 애완동물이 있나요? 1825

너는 나에게 굴욕감을 주었어. 1842

WEEK 01
WEEK 02
WEEK 03
WEEK 04
WEEK 05
WEEK 06
WEEK 07
WEEK 08

DAY 38

하루하루 조금씩 여기까지 왔네요
Top 1851~1900

1851

inch
[intʃ]

n 인치(2.54cm), 조금

He is a half **inch** taller than the others.
그는 다른 사람들보다 0.5인치 더 크다.

1852

narrow
[nǽrou]

a 좁은 **v** 좁아지다, 좁히다

It's too **narrow**. I can't go any further.
너무 좁아요. 저는 더는 갈 수 없어요.

1853

satisfy
[sǽtisfài]

v 만족시키다, 충족시키다

You don't look **satisfied**. 당신은 만족스러워 보이지 않네요.

•**satisfaction** ⓝ만족 •**satisfactory** ⓐ만족스러운

1854

league
[liːg]

n 리그, 연맹

Who is the worst team in the **league**?
리그에서 최악의 팀은 어느 팀인가요?

1855

pilot
[páilət]

n 조종사 **v** 조종하다 **a** 시험적인

In fact, I will get you my **pilot**'s information.
사실, 제 조종사의 정보를 당신에게 알려 주려고 합니다.

1856

gear
[giər]

n 기어, 장비 **v** 기어를 넣다

Now, I'm gonna start collecting survival **gear**.
이제 나는 생존 장비를 모으기 시작할 거야.

1857

delicious
[dilíʃəs]

a 맛있는

These pancakes are **delicious**! 이 팬케이크 너무 맛있어!

1858

shout
[ʃaut]

Ⅴ 외치다, 고함치다   ⓝ 외침, 고함

I **shouted** for them to get out.   나는 그들에게 나가라고 소리쳤다.

1859

custody
[kʌstədi]

ⓝ 구속, 양육권, 감금, 구류, 보관, 감독

She's in protective **custody**.

· **custodial** ⓐ구금의, 양육권의

그녀는 보호 감호 중이다.

1860

per
[pər]

prep 당, 마다

There're a lot of people waiting and I promised one question **per** person.

많은 사람들이 기다리고 있고, 나는 한 사람당 하나의 질문을 약속했어.

1861

insult
[insʌlt]

Ⅴ 모욕하다   ⓝ 모욕

That's incredibly **insulting**.   그것은 엄청나게 모욕적이다.

1862

escort
[éskɔːrt]

Ⅴ 호위하다, 에스코트하다, 안내하다   ⓝ 호위대, 경호

He's going to **escort** you to the meeting area.

그가 당신을 회의장으로 안내할 거예요.

1863

breach
[briːtʃ]

ⓝ 위반, 파기   Ⅴ 위반하다

Your sister is a potential security **breach**.

네 여동생은 잠재적 보안 위반이야.

1864

minor
[máinər]

ⓐ 사소한, 소수의   ⓝ 미성년자, 부전공

This is a **minor** surgery. She'll be fine.

· **minority** ⓝ소수

이것은 작은 수술이야. 그녀는 괜찮을 거야.

1865

forest
[fɔ́ːrist]

ⓝ 숲, 산림

We ought to burn the whole **forest** down, huh?

우리가 숲 전체를 불태워야 하는 거지, 응?

1866

someday
[sə'mdei]

ⓐⓓ 언젠가, 훗날

Stick with us. You'll get your own **someday**.

우리와 함께 있어. 언젠가는 네 자신의 것을 갖게 될 거야.

WEEK 01
WEEK 02
WEEK 03
WEEK 04
WEEK 05
WEEK 06
WEEK 07
WEEK 08

289

1867

fairy
[fέəri]

n 요정

Demon, **fairy**, devil, doesn't matter what name we put on them.
악령, 요정, 악마, 우리가 그들을 뭐라고 부르든 상관없죠.

1868

stair
[stεər]

n 계단

Are you sure you want to take the **stairs**?
정말 계단을 이용하시겠습니까?

1869

reject
[ridʒékt]
·**rejection** n 거절

v 거절하다, 거부하다

Still, she **rejected** him, humiliated him.
그래도 그녀는 그를 거부했고 굴욕감을 주었다.

1870

entertain
[èntərtéin]
·**entertainment** n 오락, 여흥
·**entertainer** n 연예인

v 즐겁게 해 주다, 접대하다

I thought I was here to treat the patients, not **entertain** you.
저는 환자를 치료하기 위해 여기 왔지 당신을 즐겁게 하려고 여기 왔다고 생각하지 않았습니다.

1871

colleague
[káli:g]

n (업무상) 동료

I might have suggested it as a friend and a **colleague**.
나는 그것을 친구이자 동료로서 제안했을 거야.

1872

needle
[ní:dl]

n 바늘, 침

One **needle** stops the heart, the other one starts it up again.
한 바늘은 심장을 멈추게 하고, 다른 바늘은 심장을 다시 뛰게 한다.

1873

labor
[léibər]
·**labour** n 노동

n 노동, 노력, 분만 v 노동하다

Why not enjoy the fruits of our **labor** a little bit?
노동의 결실을 조금은 즐기는 게 어때요?

1874

invent
[invént]
·**invention** n 발명
·**inventor** n 발명가

v 발명하다, 고안하다

Fortunately, you're about to **invent** something much more powerful.
다행히도, 당신은 훨씬 더 강력한 것을 발명하려고 합니다.

1875

pound
[paund]

n 파운드 (무게 단위. 0.454kg), 파운드 (영국 화폐 단위) v 두드리다

She lost three **pounds**. In just four months. Good for her.
그녀는 3파운드를 줄였어요. 4개월만에. 잘 됐네요.

1876

prostitute
[prάstətjùːt]
· prostitution ⓝ 매춘

ⓝ 매춘부, 창녀 ⓥ 매춘하다

Um, I'm not a **prostitute**.
음, 저는 매춘부가 아니에요.

1877

bend
[bend]

ⓥ 굽히다, 숙이다

Bend your knees. 무릎을 구부려.

1878

industry
[índəstri]
· industrial ⓐ 산업의

ⓝ 산업, 공업, 제조업, 업계

Right now, we have the number one growth percentage in our **industry**.
현재, 우리는 업계에서 가장 높은 성장률을 보이고 있습니다.

1879

disturb
[distə́ːrb]
· disturbing ⓐ 불안감을 주는
· disturbance ⓝ 방해

ⓥ 방해하다, 불안하게 만들다

I don't find exact words for it but it **disturbs** and concerns me.
저는 그것에 대한 정확한 단어를 찾지 못하지만 그것은 저를 불안하고 걱정스럽게 해요.

1880

toe
[tou]

ⓝ 발가락

Look at all these little **toes**. 이 작은 발가락들을 봐.

1881

unbelievable
[ə̩nbəliˈvəbəl]

ⓐ 믿을 수 없는, 믿기 어려운

You're kidding! That's **unbelievable**.
농담이겠지! 그건 믿을 수 없어.

1882

establish
[istǽbliʃ]
· establishment ⓝ 설립, 시설

ⓥ 설립하다, 수립하다, 확립하다

Well, then how do we **establish** our trust?
그렇다면 우리는 어떻게 우리의 신뢰를 확립하나요?

1883

consequence
[kάnsəkwèns]
· consequently ⓐⓓ 결과적으로

ⓝ 결과, 중요함

I made a mistake, and I need to accept the **consequences**.
나는 실수를 했고, 그 결과를 받아들여야 해.

1884

priest
[priːst]

ⓝ 사제, 신부, 성직자

I've got a room full of **priests**, teachers and parents, terrified and pissed off.
두려워하고 화가 난 성직자, 선생님, 부모님들이 방안에 가득하다.

WEEK 01
WEEK 02
WEEK 03
WEEK 04
WEEK 05
WEEK 06
WEEK 07
WEEK 08

WEEK 01

WEEK 02

WEEK 03

WEEK 04

WEEK 05

WEEK 06

WEEK 07

WEEK 08

1885

environment
[inváiərənmənt]
·environmental ⓐ환경의

ⓝ 환경

What else can kids and parents do to protect the **environment**?
아이들과 부모들이 환경을 보호하기 위해 할 수 있는 다른 것은 무엇인가요?

1886

jewel
[dʒúːəl]
·jewelry ⓝ보석류, 장신구

ⓝ 보석 ⓥ 보석으로 장식하다

You want me to tell you this **jewel** is cursed.
당신은 이 보석이 저주받았다고 말해주길 바라는군요.

1887

shell
[ʃel]

ⓝ 껍데기, 껍질, 조개, 포탄

My mother became a **shell**, a ghost. She eventually killed herself.
내 어머니는 껍데기, 유령이 되었어. 그녀는 결국 자살했지.

1888

quote
[kwout]
·quotation ⓝ인용(구), 견적

ⓥ 인용하다, 견적을 내다

He liked to **quote** Shakespeare.
그는 셰익스피어를 인용하는 것을 좋아했다.

1889

edit
[édit]

ⓥ 편집하다, 교정하다

Doesn't anyone ever **edit** this stuff? 아무도 이걸 편집하지 않았나요?

·editor ⓝ편집자 ·edition ⓝ판, 호 ·editorial ⓐ편집의

1890

construction
[kənstrʌkʃən]
·construct ⓥ건설하다
·constructive ⓐ건설적인

ⓝ 건설, 공사

So, do you want to talk about what happened at the **construction** site?
그러면, 당신은 공사 현장에서 무슨 일이 일어났는지 말하고 싶나요?

1891

element
[éləmənt]
·elementary
ⓐ초급의, 초등학교의

ⓝ 요소, 성분, 원소

Can we at least have some **element** in focus?
적어도 우리가 초점을 맞출 어떤 요소가 있나요?

1892

hostage
[hástidʒ]

ⓝ 인질

In the end, they release the **hostages**. 결국 그들은 인질들을 풀어준다.

1893

salt
[sɔːlt]
·salty ⓐ짠

ⓝ 소금

You're trying to rub **salt** on my wounds?
내 상처에 소금을 문지르려는 거야?

1894
root
[ruːt]

n 뿌리, 근원 v 뿌리를 내리다, 응원하다, 지지하다

Shall I tell you what else is deeply **rooted** within your family?
당신의 가족 안에 깊이 뿌리박고 있는 다른 것을 말해줄까요?

1895
privilege
[prívəlidʒ]

n 특권, 특혜 v 특혜를 주다

I have never abused my **privileges**.
저는 제 특권을 남용한 적이 결코 없습니다.

1896
audience
[ɔ́ːdiəns]

n 청중, 관객, 시청자

The **audience** just loves her personal story.
관객은 단지 그녀의 개인적인 이야기를 좋아한다.

1897
award
[əwɔ́ːrd]

n 상 v (상 등을) 수여하다

I didn't even know this **award** existed.
나는 이 상이 있는지조차 몰랐어.

1898
session
[séʃən]

n (특정 활동을 위한) 시간, 세션, 회의, (법정의) 개정

I hope you know that's not what that **session** was supposed to be.
그 세션이 원래 의도했던 것은 그게 아니라는 걸 당신이 알았으면 좋겠어요.

1899
theme
[θiːm]

n 주제, 테마

What was the **theme**? 주제는 무엇이었니?

1900
tissue
[tíʃuː]

n (생물의) 조직, 화장지

Can I have some **tissue**, please?
휴지 좀 주시겠어요?

1 아래 영단어의 한글 뜻과 한글 뜻에 해당하는 영단어를 써 보세요.

영단어	한글 뜻
narrow 1852	
custody 1859	
breach 1863	
entertain 1870	
prostitute 1876	
disturb 1879	
shell 1887	
quote 1888	
audience 1896	
theme 1899	

한글 뜻	영단어
ⓐ 만족스러운 1853	
ⓝ 숲, 산림 1865	
ⓥ 거절하다, 거부하다 1869	
ⓝ 바늘, 침 1872	
ⓥ 발명하다, 고안하다 1874	
ⓐⓓ 결과적으로 1883	
ⓝ 환경 1885	
ⓥ 건설하다 1890	
ⓝ 인질 1892	
ⓐ 짠 1893	

2 아래 영문을 해석하세요.

Demon, fairy, devil, doesn't matter what name we put on them. 1867

_____

You want me to tell you this jewel is cursed. 1886 _____

I hope you know that's not what that session was supposed to be. 1898

_____

3 아래 문장을 영작하세요.

리그에서 최악의 팀은 어느 팀인가요? 1854 _____

나는 실수를 했고, 그 결과를 받아들여야 해. 1883 _____

저는 제 특권을 남용한 적이 결코 없습니다. 1895 _____

조금씩 끝이 보이기 시작해요
Top 1901~1950

DAY39.mp3

WEEK 01
WEEK 02
WEEK 03
WEEK 04
WEEK 05
WEEK 06
WEEK 07
WEEK 08

1901

wallet
[wɔ́lit]

🅝 지갑

Has anybody seen my **wallet**?
누구 제 지갑 본 사람 있어요?

1902

orange
[ɔ́:rindʒ]

🅝 오렌지, 오렌지색 🅐 오렌지색의

We should get some **oranges** before they're all out.
오렌지가 다 떨어지기 전에 우리도 좀 구해야겠어요.

1903

nasty
[nǽsti]

🅐 끔찍한, 심술궂은, 불쾌한, 추잡한

I know things got kind of **nasty** down there at the beach.
해변에서의 일들이 약간 끔직해진 걸 알아.

1904

habit
[hǽbit]
·**habitual** 🅐습관적인

🅝 버릇, 습관

He also had a bad **habit** of showing up without an appointment.
그에게는 약속 없이 나타나는 나쁜 습관이 또한 있었다.

1905

invasion
[invéiʒən]

🅝 침입, 침략, 침공, 침해

That seems like an **invasion** of privacy.
그것은 사생활 침해처럼 보여요.

·**invade** 🅥침입하다   ·**invasive** 🅐침입하는   ·**invader** 🅝침입자

1906

purse
[pə:rs]

🅝 지갑, 핸드백

Well, I took it out of her **purse**.
음, 내가 그걸 그녀의 지갑에서 꺼냈어.

1907

maid
[meid]
·**maiden** 🅝처녀

🅝 가정부, 하녀, 처녀

Ask him about his robot **maid**.
그의 로봇 가정부에 대해 그에게 물어봐.

WEEK 01

WEEK 02

WEEK 03

WEEK 04

WEEK 05

WEEK 06

WEEK 07

WEEK 08

1908

poem
[póuəm]

ⓝ (한 편의) 시

When will you quit police work and pursue your dream of **poetry**?

언제 경찰 일을 그만두고 시에 대한 당신의 꿈을 추구할 거예요?

·**poetry** ⓝ(집합적으로) 시 ·**poet** ⓝ시인 ·**poetic** ⓐ시적인

1909

pink
[piŋk]

·**pinky**
ⓐ분홍색의 ⓝ새끼 손가락

ⓐ 분홍색의 ⓝ 분홍색

I just know you really love **pink** roses.

네가 분홍색 장미를 정말 좋아하는 거 알아.

1910

internal
[intə́:rnl]

·**internally** ⓐⓓ 내부에

ⓐ 내부의, 체내의, 국내의

He has no major **internal** injuries.

그에게 심각한 내상은 없습니다.

1911

compel
[kəmpél]

·**compelling** ⓐ강렬한

ⓥ 강요하다

She felt **compelled** to do what he wanted.

그녀는 그가 원하는 것을 하도록 강요받는다고 느꼈다.

1912

intense
[inténs]

ⓐ 강력한, 집중적인, 극심한

That was a pretty **intense** fight, huh?

그건 정말 치열한 싸움이었어, 그렇지?

·**intensify** ⓥ심화시키다 ·**intensive** ⓐ집중적인 ·**intensity** ⓝ강렬함

1913

unusual
[ənjuʼʒuˌəl]

·**unusually** ⓐⓓ 평소와 달리

ⓐ 특이한, 드문, 흔치 않은

Is that **unusual** among your friends?

당신 친구들 사이에서는 그게 특이한가요?

1914

disagree
[dìsəgrí:]

·**disagreement** ⓝ불일치

ⓥ 동의하지 않다, 일치하지 않다

He might **disagree** with you.

그는 너에게 동의하지 않을지도 몰라.

1915

adorable
[ədɔ́:rəbl]

·**adore** ⓥ흠모하다

ⓐ 사랑스러운

I couldn't help but notice your **adorable** baby.

나는 네 사랑스러운 아기를 의식하지 않을 수 없었어.

1916

university
[jùːnəvə́ːrsəti]

🔤 대학

It's the least we could do after all he did for the **university**.
그것은 그가 대학을 위해 했던 모든 일 후에 우리가 할 수 있는 최소한의 것입니다.

1917

temporary
[témpərèri]
· **temporarily** 🔤 일시적으로

🔤 일시적인, 임시의

That's just a **temporary** partnership.
그것은 그냥 일시적인 제휴일 뿐이야.

1918

status
[stéitəs]

🔤 지위, 신분, 상태

I look forward to hearing from you regarding its **status**.
저는 당신에게 그것의 상태를 듣고 싶습니다.

1919

asset
[ǽset]

🔤 자산, 재산

I heard about the freezing of your **assets**.
네 자산 동결에 대해 들었어.

1920

swallow
[swálou]

🔤 삼키다 🔤 제비

You just locked your mouth and then **swallowed** the key.
너는 단지 네 입을 잠근 다음 그 열쇠를 삼켜 버렸어.

1921

profit
[práfit]
· **profitable** 🔤 수익성이 있는

🔤 이익, 수익, 이윤 🔤 이익을 얻다

More people equal more **profit**.
사람이 많을수록 더 이익이야.

1922

chill
[tʃil]
· **chilly** 🔤 쌀쌀한, 냉랭한

🔤 냉기, 한기, 오한 🔤 차게 식히다, 오싹하게 만들다 🔤 쌀쌀한

Let's all just **chill**, all right?
모두 진정해요, 알았죠?

1923

Thursday
[θə́ːrzdei]

🔤 목요일

And **Thursday**'s one of our busiest nights.
그리고 목요일은 우리의 가장 바쁜 밤 중 하나입니다.

1924

remote
[rimóut]
· **remotely** 🔤 멀리서, 원격으로

🔤 원격의, 먼, 외진 🔤 리모컨

I'm monitoring the guy **remotely**.
저는 그 사람을 원격으로 감시하고 있습니다.

WEEK 01
WEEK 02
WEEK 03
WEEK 04
WEEK 05
WEEK 06
WEEK 07
WEEK 08

WEEK 01
WEEK 02
WEEK 03
WEEK 04
WEEK 05
WEEK 06
WEEK 07
WEEK 08

1925

lesbian

[lézbiən]

·les ⋂(구어) 레즈비언

⋂ 레즈비언, 여자 동성애자

This argument is distracting every male and **lesbian** here.

이 논쟁은 이곳의 모든 남성들과 레즈비언들을 혼란스럽게 합니다.

1926

angle

[ǽŋgl]

⋂ 각도, 각, 관점 Ⅴ 굽히다, …에 눈높이를 맞추다

So now we need a new **angle** on an old target.

그래서 이제 우리는 오래된 목표물에 대한 새로운 관점이 필요해.

1927

conspiracy

[kənspírəsi]

·conspire Ⅴ공모하다
·conspirator ⋂공모자

⋂ 음모, 공모, 모의

We also have evidence he is part of the **conspiracy**.

우리는 또한 그가 음모의 일부라는 증거를 가지고 있습니다.

1928

ought

[ɔ:t]

·oughta
 Ⅴ…해야 한다 (=ought to)

Ⅴ …해야 하다, …할 의무가 있다, …하기로 되어 있다

Somebody **ought** to do some shopping.

누군가는 쇼핑을 해야 해.

1929

glove

[glʌv]

⋂ 장갑, 글러브

Just put on the suit and the **gloves** and the mask, please.

그 옷과 장갑, 마스크를 착용해 주세요.

1930

apple

[ǽpl]

⋂ 사과

Here's your **apple**, dick.

사과 여기 있어, 바보야.

1931

skull

[skʌl]

⋂ 두개골, 해골

We should've opened her **skull**. I knew this would happen!

그녀의 두개골을 열었어야 했어. 난 이런 일이 생길 줄 알았어!

1932

email

[i:meil]

⋂ 이메일 Ⅴ 이메일로 보내다

Why haven't you answered any of my **emails**?

왜 내 이메일에 하나도 답장하지 않았니?

1933

homicide

[háməsàid]

·homicidal @살인의

⋂ 살인

It's a **homicide** charge.

살인 혐의입니다.

1934

economy
[ikánəmi]

🄝 경제, 경기, 절약

They're doing their part for the **economy** and national security.
그들은 경제와 국가 안보를 위해 그들의 역할을 하고 있습니다.

·**economic** ⓐ경제의 ·**economics** 🄝경제학 ·**economist** 🄝경제학자

1935

item
[áitəm]

🄝 항목, 품목, 물품, 아이템

I believe they're delivering the **item** to him.
나는 그들이 그에게 그 물품을 배달하고 있다고 생각해.

1936

desert
🄝[dézərt] Ⓥ[dizə́:rt]

🄝 사막 Ⓥ 버리다, 탈영하다

We'll wipe it clean, take it out to the **desert**.
우리는 그것을 깨끗하게 닦아서 사막으로 가져갈 거야.

1937

alley
[ǽli]

🄝 골목

It's always in the **alley** around the corner.
그것은 모퉁이를 돈 곳에 있는 골목에 항상 있어요.

1938

click
[klik]

Ⓥ 찰칵 소리가 나다, 클릭하다 (누르다) 🄝 찰칵하는 소리, 클릭

Did you **click** on the links?
너는 그 링크를 클릭했니?

1939

similar
[símələr]
·**similarity** 🄝유사점

ⓐ 비슷한, 유사한, 닮은

I dealt with a **similar** situation when I was the director.
내가 감독이었을 때 나는 비슷한 상황을 다루었어.

1940

exhausted
[igzɔ́:stid]

ⓐ 기진맥진한, 다 써버린, 고갈된

She's mentally and physically **exhausted**.
그녀는 정신적으로나 육체적으로나 지쳤다.

·**exhaust** Ⓥ고갈시키다 🄝(자동차 등의) 배기 가스 ·**exhaustion** 🄝소진, 고갈

1941

soup
[su:p]

🄝 수프

There's just one little hair in the **soup**.
수프에 작은 머리카락 하나가 있다.

WEEK 01
WEEK 02
WEEK 03
WEEK 04
WEEK 05
WEEK 06
WEEK 07
WEEK 08

1942

flat
[flæt]

· flatten v 평평하게 하다

a 평평한 n 플랫, 아파트

It's a **flat** tire. Perfect.
타이어가 펑크 났어. 완벽하네.

* 안 좋은데 자조나 비꼬는 의미로 완벽하다고 표현하는 상황.

1943

sober
[sóubər]

· sobriety
n 술에 취하지 않은 상태

a 술 취하지 않은, 냉철한 v 냉정해지다, 술이 깨다

He's been 2 years **sober**.
그는 2년 동안 술을 마시지 않았다.

1944

dismiss
[dismís]

· dismissal n 해고, 해산

v 묵살하다, 해고하다, 해산시키다, 기각하다

I'm **dismissing** you 'cause you're not making any sense.
말도 안 되는 소리를 해서 너를 해고할 거야.

1945

spill
[spil]

v 흘리다, 엎지르다 n 유출, 엎질러진 것

Someone's gonna **spill** coffee on a button.
누군가 버튼에 커피를 흘릴 거야.

1946

goal
[goul]

n 목표, 골, 득점

Our **goal** was a better future for the children.
우리의 목표는 아이들을 위한 더 나은 미래였습니다.

1947

spit
[spit]

v 침을 뱉다, 뱉다 n 침

Spit it out, man. You're gonna eat it? 그거 뱉어. 너 그걸 먹을 거야?

1948

trap
[træp]

n 덫, 함정, 올가미 v 덫을 놓다, 가두다

If this is a **trap**, I want to know about it. 만약 이것이 함정이라면, 그것에 대해 알고 싶어.

1949

badge
[bædʒ]

n 배지, 증표, 휘장, 신분증

I don't have to tell you anything unless you show me a **badge** or something.
당신이 배지 같은 걸 보여주지 않으면 전 당신에게 아무 말도 할 필요가 없습니다.

1950

allergy
[ǽlərdʒi]

· allergic a 알레르기가 있는

n 알레르기

I'm **allergic** to eggs.
저는 달걀 알레르기가 있어요.

1 아래 영단어의 한글 뜻과 한글 뜻에 해당하는 영단어를 써 보세요.

영단어	한글 뜻	한글 뜻	영단어
nasty 1903		ⓐ 습관적인 1904	
purse 1906		ⓥ 침입하다 1905	
intense 1912		ⓝ 시인 1908	
chill 1922		ⓐⓓ 내부에 1910	
angle 1926		ⓐⓓ 평소와 달리 1913	
desert 1936		ⓐ 일시적인, 임시의 1917	
exhausted 1940		ⓝ 음모, 공모, 모의 1927	
dismiss 1944		ⓝ 두개골, 해골 1931	
spill 1945		ⓝ 경제학 1934	
trap 1948		ⓐ 알레르기가 있는 1950	

2 아래 영문을 해석하세요.

It's the least we could do after all he did for the university. 1916

_____

Why haven't you answered any of my emails? 1932 _____

I don't have to tell you anything unless you show me a badge or something. 1949

_____

3 아래 문장을 영작하세요.

누구 제 지갑 본 사람 있어요? 1901 _____

그것은 사생활 침해처럼 보여요. 1905 _____

그는 너에게 동의하지 않을지도 몰라. 1914 _____

DAY 40

축하해요! 해내고야 말았군요

Top 1951~2000

1951

avenue
[ǽvənjùː]
·Ave. ⓝAvenue의 약어

ⓝ (도시의) …가, 길, 방법
You remember we used to lived on North **Avenue**?
우리가 노스 가에 살았었던 거 기억나니?

1952

capital
[kǽpətl]
·capitalist ⓝ자본주의자
·capitalism ⓝ자본주의

ⓝ 수도, 자본(금), 자산, 대문자 ⓐ 주요한, 자본의 , 대문자의
Consider it a **capital** investment.
그것을 자본금 투자라고 생각하세요.

1953

bat
[bæt]

ⓝ 배트, 방망이, 박쥐 ⓥ 배트로 치다
Shouldn't we just beat it to death with a **bat**?
우리는 그것을 그냥 방망이로 때려 죽여야 하지 않을까?

1954

slide
[slaid]

ⓥ 미끄러지다, 미끄러지듯 움직이다 ⓝ 미끄러짐, 슬라이드
But you do know I just can't let this **slide**.
하지만 너는 내가 이걸 그냥 내버려둘 수 없다는 걸 알잖아. (눈 감아주거나 봐줄 수 없다.)

1955

resign
[rizáin]
·resignation ⓝ사직, 사직서

ⓥ 사직하다, 사임하다, 물러나다
My **resignation** will be with you in the morning.
내일 아침에 사직하겠습니다.

1956

dial
[dáiəl]

ⓝ 다이얼, 숫자판 ⓥ 전화를 걸다, 다이얼을 돌리다
He's **dialing** the same number.
그는 같은 번호로 전화를 걸고 있다.

1957

pierce
[piərs]
·piercing ⓝ피어싱 ⓐ날카로운

ⓥ 뚫다, 찌르다, 피어싱 구멍을 뚫다
He was the one who wanted to **pierce** her ears.
그가 그녀의 귀를 뚫기를 원했던 사람이었다.

1958

bid
[bid]
· **bidding** ⓝ입찰
· **bidder** ⓝ입찰자

ⓥ 입찰하다, (경매에서) 값을 부르다　ⓝ 입찰, 호가

Opening **bid** will begin at $5,000.
공개 입찰은 5,000달러부터 시작합니다.

1959

prince
[prins]

ⓝ 왕자

She's about to meet the **prince**'s new business partner.
그녀는 왕자의 새로운 사업 파트너를 만나려고 한다.

1960

stretch
[stretʃ]

ⓥ 뻗다, 펴다, 늘이다　ⓝ 기지개, 스트레칭

Stretch your legs.
다리를 쭉 뻗어.

1961

transplant
[trænsplǽnt]

ⓥ 이식하다, 옮겨 심다　ⓝ 이식

Well, in this case, your **transplanted** hair is rejecting your body.
음, 이 경우는 이식된 머리카락이 당신 몸을 거부하고 있는 거예요.

1962

thrill
[θril]

ⓝ 전율, 흥분　ⓥ 황홀하게 만들다, 오싹하게 하다

I'm **thrilled** to have been asked to share my vision of the future, such as it is.
대단한 것은 못되지만, 제 미래에 대한 비전을 공유해 달라는 요청을 받고 흥분됩니다.

1963

horn
[hɔ:rn]
· **horny** ⓐ뿔의, 성적으로 흥분한

ⓝ 뿔, 경적

I'm also a **horny** devil.
나 역시 음란 마귀야.

1964

fraud
[frɔ:d]

ⓝ 사기, 사기꾼, 가짜

You are under arrest for **fraud**.
당신을 사기죄로 체포합니다.

1965

bounce
[bauns]

ⓥ 튀다, 튀어 오르다, 부도 처리되다　ⓝ 튀어 오름, 탄력

Let's **bounce**. We're gonna be late.　가자. 우리 늦겠어.

* 'Let's bounce.'는 친한 사이에 'Let's go.'와 비슷하게 사용하는 표현.

1966

despite
[dispáit]

prep …에도 불구하고

Despite the evidence, I just can't help thinking there's more to the story.
그 증거에도 불구하고, 나는 단지 그 이야기에 더 많은 것이 있다고 생각하지 않을 수 없어.

WEEK 01
WEEK 02
WEEK 03
WEEK 04
WEEK 05
WEEK 06
WEEK 07
WEEK 08

1967

appropriate
[əpróupriət]

a 적절한

I don't think it's **appropriate**.

나는 그것이 적절하다고 생각하지 않아.

·**appropriation** n 전용, 도용

1968

contest
[kántest]

n 대회, 시합, 콘테스트   v 경쟁하다, 논쟁하다

We are so gonna win the costume **contest** this year.

우린 올해 의상 대회에서 우승할 거야.

·**contestant** n 경쟁자

1969

battery
[bǽtəri]

n 배터리, 건전지

Why would somebody swallow a **battery**?

누군가가 도대체 왜 배터리를 삼키려고 할까?

1970

international
[intərnǽʃənəl]

a 국제적인, 국제의

It is one of the most traveled **international** airports in North America.

그곳은 북미에서 가장 많이 여행하는 국제 공항 중 하나다.

1971

legitimate
[lidʒítəmət]

a 합법의, 정당한, 적법한, 타당한

It was a **legitimate** question.

그것은 타당한 질문이었어.

·**legit**
a 합법적인 (legitimate의 속어)

1972

uncomfortable
[ənkəˈmfərtəbəl]

a 불편한, 불쾌한

Stop that. You're making me **uncomfortable**.

그만해. 넌 나를 불편하게 만들고 있어.

1973

permanent
[pə́:rmənənt]

a 영구적인, 영속하는

There must be another more **permanent** option.

또 다른 영구적인 선택이 있을 것이다.

·**permanently** ad 영구적으로

1974

rot
[rat]

v 썩다, 썩히다, 부패하다   n 부패, 부식

They smell like **rotting** water.

그들[그것들]에게서 물 썩는 냄새가 나.

·**rotten** a 썩은, 형편없는

1975

bruise
[bru:z]

n 멍, 타박상, (과일의) 상처   v 멍들다, 상처가 나다

A **bruise** is a lesson and each lesson makes us better.

멍은 교훈이고 각각의 교훈은 우리를 더 낫게 만든다.

1976
clown
[klaun]

n 광대

Is this a good **clown** or a bad **clown**?
이것은 좋은 광대인가요, 나쁜 광대인가요?

1977
inspect
[inspékt]
·**inspector** n 검사자, 경위
·**inspection** n 검사, 점검

v 점검하다, 조사하다, 사찰하다

Thank you for allowing us to **inspect** the school.
학교를 점검하도록 허락해 주셔서 감사합니다.

1978
castle
[kǽsl]

n 성

Different roads sometimes lead to the same **castle**.
다른 길들이 때때로 같은 성으로 이어진다.

1979
pile
[pail]

v 쌓다, 포개다 n 더미, 무더기

We can't wait for them here with nothing but a **pile** of stones to protect us.
우리를 보호하기 위해 돌더미 외에 아무것도 없이 여기서 그들을 기다릴 수는 없어요.

1980
cabin
[kǽbin]

n 객실, 선실, 오두막집

We'd stay in a **cabin** at night.
우리는 밤에 오두막에 머물 거야.

1981
bay
[bei]

n 만(灣)

I was in the **bay** for five hours.
나는 5시간 동안 만에 있었어.

1982
cellphone
[selfoun]

n 휴대폰

Why don't we tap that **cellphone**, even if we don't know who we're tapping?
우리가 누구를 도청하고 있는지 모르더라도, 그 휴대폰을 도청하는 건 어때요?

1983
culture
[culture]

n 문화

They, uh, come from a **culture** that values honor and respect.
그들은, 음, 명예와 존중을 중시하는 문화에서 왔습니다.

1984
reverse
[rivə́:rs]
·**reversal** n 반전, 전환

v 뒤집다, 반전시키다 a 반대의, 거꾸로 된

Mirrors show objects in **reverse**.
거울은 대상을 반대로[반전해서] 보여준다.

WEEK 01
WEEK 02
WEEK 03
WEEK 04
WEEK 05
WEEK 06
WEEK 07
WEEK 08

WEEK 01
WEEK 02
WEEK 03
WEEK 04
WEEK 05
WEEK 06
WEEK 07
WEEK 08

1985

hip
[hip]

n 엉덩이, 고관절, 둔부 a 유행에 밝은

You must be the least **hip** person there.

당신은 거기에서 가장 유행에 둔한 사람임에 틀림없어요.

1986

ashamed
[əʃéimd]

a 부끄러운, 창피한, 수치스러운

Yes, it's correct, but I'm deeply **ashamed**.

네, 맞아요. 하지만 저는 정말 부끄럽네요.

1987

ally
[əlái]

·**alliance** n동맹, 연합

n 동맹국, 협력자 v 동맹하다, 연합하다

I believe with all my heart that you and I are natural **allies**.

저는 진심으로 당신과 제가 타고난 동맹이라고 믿습니다.

1988

squeeze
[skwiːz]

v 짜다, 짜내다, 압박하다 n 짜기, 압박

You find his weakness and you **squeeze**.

그의 약점을 발견하고 쥐어짜는군요.

1989

fuel
[fjúːəl]

n 연료 v 연료를 공급하다

We've been having trouble with the **fuel** pump.

우리는 연료 펌프에 문제가 있어 왔다.

1990

constant
[kánstənt]

·**constantly** ad끊임없이, 항상

a 끊임없는, 지속적인, 일정한

Why am I **constantly** looking for reasons not to be happy?

왜 나는 항상 행복하지 않은 이유를 찾을까?

1991

fold
[fould]

·**folder** n폴더, 서류철

v (천, 종이 등을) 접다, (손, 다리 등을) 포개다, 감싸다

We can do it. You wash and I'll **fold**.

우리는 할 수 있어. 네가 빨래하면 내가 접을게.

1992

flame
[fleim]

n 불길, 불꽃 v 활활 타오르다

Just light the **flame**.

그냥 불을 붙여.

1993

exercise
[éksərsàiz]

n 운동, 연습, 훈련 v 운동하다, 연습하다

He's really big, so he needs a lot of **exercise**.

그는 정말 커서 운동을 많이 해야 한다.

1994

ceremony
[sérəmòuni]

· ceremonial ⓐ 의식의

ⓝ 의식, 의례, 예식

The most important thing is that you keep your eyes closed during the **ceremony**.

가장 중요한 것은 예식이 진행되는 동안 너는 눈을 감고 있는 거야.

1995

below
[bilóu]

prep 보다 아래에　ad 아래에, 영하로

Yet the sky is still above us, and the earth still **below**.

그럼에도 하늘은 여전히 우리 위에 있고, 땅은 여전히 우리 아래에 있다.

1996

sweep
[swi:p]

ⓥ 쓸다, 청소하다, 완승을 거두다

I'd **sweep** up the floors around here.

내가 이 근처 바닥을 쓸어버릴게.

1997

improve
[imprú:v]

· improvement ⓝ 개선, 향상

ⓥ 개선하다, 나아지다

What's your **improved** offer?

당신의 개선안은 무엇인가요?

1998

glory
[glɔ́:ri]

· glorious ⓐ 영광스러운, 즐거운
· glorify ⓥ 미화하다, 찬미하다

ⓝ 영광, 찬양

Where is the **glory** in that?

그 안에 영광이 어디 있습니까?

1999

commercial
[kəmə́:rʃəl]

· commerce ⓝ 상업, 무역

ⓐ 상업의, 민영의　ⓝ 광고

He's entering a **commercial** building one block south of you.

그는 당신으로부터 남쪽으로 한 블록 떨어진 상업 건물로 들어가고 있어요.

2000

harass
[hərǽs]

· harassment ⓝ 괴롭힘, 희롱

ⓥ 괴롭히다

My concern is that there's been sexual **harassment** claims.

성희롱 클레임이 있었다는 것이 우려스러워요.

WEEK 01
WEEK 02
WEEK 03
WEEK 04
WEEK 05
WEEK 06
WEEK 07
WEEK 08

DAY 40 Daily Checkup

1 아래 영단어의 한글 뜻과 한글 뜻에 해당하는 영단어를 써 보세요.

영단어	한글 뜻
resign 1955	
pierce 1957	
transplant 1961	
fraud 1964	
bounce 1965	
bruise 1975	
pile 1979	
reverse 1984	
ally 1987	
commercial 1999	

한글 뜻	영단어
n 자본주의 1952	
n 입찰 1958	
n 뿔, 경적 1963	
a 적절한 1967	
a 합법의, 정당한 1971	
ad 영구적으로 1973	
n 문화 1983	
n 의식, 의례 1994	
v 개선하다, 나아지다 1997	
v 괴롭히다 2000	

2 아래 영문을 해석하세요.

He was the one who wanted to pierce her ears. 1957 _____

Why would somebody swallow a battery? 1969 _____

Yes, it's correct, but I'm deeply ashamed. 1986 _____

3 아래 문장을 영작하세요.

나는 그것이 적절하다고 생각하지 않아. 1967 _____

그만해. 넌 나를 불편하게 만들고 있어. 1972 _____

학교를 점검하도록 허락해 주셔서 감사합니다. 1977 _____

알아두면 좋은
감탄사

감탄사	발음	뜻
ah(=aah, ahh, ay, argh)	[a:]	아, 아아(희로애락 제반)
aha	[a:há:]	아하
amen	[èimén]	아멘
aw	[ɔ:]	에이, 저런
aye	[ai]	네, 응
boo	[bu:]	우우(야유 소리)
bravo	[brá:vou]	브라보
dammit	[dǽmit]	제기랄, 빌어먹을
eh	[ei]	응, 예?
gee	[dʒi:]	야, 에이
geez	[dʒi:z]	쳇, 이런
goddamn	[gáddǽm]	제기랄, 빌어먹을
gosh	[gaʃ]	아이쿠
gotcha	[gátʃə]	잡았다, 알았어
ha	[ha:]	하, 야, 어마
hallelujah	[hæləlú:jə]	할렐루야
heh	[hei]	흥, 쳇, 허
hey	[hei]	어이, 이봐
hi	[hai]	안녕
ho	[hou]	여어!, 허어!
hola	[hou'lə]	안녕
howdy	[háudi]	안녕, 여어
huh	[hʌ]	응?, 흥!
lo	[lou]	야, 하, 자
oh(=ohh, ooh)	[ou]	오, 어머, 아이고
oof	[u:f]	으악, 으윽
oops(=whoops)	[ups]	이런, 아이고
ouch	[autʃ]	아야!
ow	[au]	아야, 악
roger	[ráddʒər]	알았다. (무선 통신에서) 알았음
shh(=sh)	[ʃ]	쉿, 조용히
ugh	[u:x]	윽, 악, 욱
uh(=uhh)	[ʌ]	음, 저, 그렇지?
um(=hmm)	[ʌm]	음, 흠, 에
whew	[hwju:]	어유, 휴
whoa	[hwou]	워, 기다려
wow(=whoo)	[wau]	와, 우와
yay	[jei']	야호, 앗싸
yikes	[jaik(s)]	이크
yo	[jou]	야, 어이

알파벳	단어	랭킹	페이지
A	a	6	12
A	abandon	1224	192
A	able	384	67
A	about	39	16
A	above	1286	204
A	absolutely	589	98
A	abuse	1176	186
A	accept	734	118
A	access	810	132
A	accident	654	108
A	according	924	147
A	account	691	112
A	accuse	1245	195
A	across	804	131
A	act	296	55
A	actually	187	37
A	add	846	136
A	addict	1465	229
A	address	738	119
A	administration	1645	256
A	admire	1820	283
A	admit	678	111
A	adopt	1368	216
A	adorable	1915	296
A	adult	1369	216
A	advance	1569	246
A	advantage	1644	256
A	advertisement	1392	218
A	advice	785	128
A	affair	1145	181
A	affect	1334	210
A	afford	1258	201
A	afraid	446	76
A	after	142	30
A	afternoon	957	152
A	again	143	31
A	against	378	67
A	age	729	118
A	agent	1065	170
A	ago	248	45
A	agree	430	74
A	ahead	529	90
A	aid	1446	226
A	air	510	88
A	airport	1469	230
A	alarm	1121	178
A	alcohol	1370	216
A	alert	1507	237
A	alien	1745	270
A	alive	427	74
A	all	34	15
A	allergy	1950	300
A	alley	1937	299
A	allow	601	101
A	ally	1987	306
A	almost	418	73
A	alone	329	60
A	along	598	99
A	already	243	45
A	alright	1663	259
A	also	311	58
A	although	1215	191
A	always	171	35
A	amazing	622	103
A	ambulance	1808	282
A	American	485	82
A	among	1515	238
A	amount	1419	223
A	analysis	1540	241
A	and	12	13
A	angel	895	143
A	angle	1926	298
A	angry	646	106
A	animal	975	154
A	announce	1254	200
A	annoy	1774	276
A	another	196	38
A	answer	345	62
A	any	108	27
A	anybody	521	89
A	anymore	380	67
A	anyone	270	52
A	anything	120	28
A	anyway	399	69
A	anywhere	683	111
A	apart	979	155
A	apartment	603	101
A	apologize	588	98
A	appear	763	125
A	apple	1930	298
A	apply	1132	179
A	appointment	1340	211
A	appreciate	644	106
A	approach	1076	171
A	appropriate	1967	304
A	approve	1387	218
A	April	1270	202
A	area	735	119
A	argue	976	155
A	arm	409	72
A	around	178	36
A	arrange	1186	187
A	arrest	918	147
A	arrive	970	154
A	arrow	1330	210
A	art	937	149
A	article	1755	274
A	as	69	21
A	ashamed	1986	306
A	aside	1636	255
A	ask	123	28
A	asleep	1251	200
A	ass	373	66
A	assassin	1709	266
A	assault	1623	253
A	asset	1919	297
A	asshole	1105	176
A	assign	1406	221
A	assist	930	148
A	associate	1236	194
A	assume	649	106
A	assure	1386	218
A	at	51	19
A	attach	1813	282
A	attack	698	113
A	attempt	1183	186
A	attend	567	96
A	attorney	1443	226
A	attract	1372	216
A	audience	1896	293
A	aunt	1110	177
A	authority	1052	169
A	available	1498	233
A	avenue	1951	302
A	avoid	1062	170
A	awake	1428	224
A	award	1897	293
A	aware	1033	165
A	away	156	33
A	awesome	580	97
A	awkward	1795	279
B	baby	175	35
B	back	71	21
B	background	1620	253
B	backup	1593	249
B	bad	138	30
B	badge	1949	300
B	bag	568	96
B	bake	1393	218
B	ball	702	115
B	bank	746	120
B	bar	540	91
B	barely	955	152
B	base	450	76
B	basement	1650	256
B	bastard	1008	163
B	bat	1953	302
B	bath	1616	252
B	bathroom	889	142
B	battery	1969	304
B	battle	1210	191
B	bay	1981	305
B	be	1	12
B	beach	1134	180
B	bear	931	148
B	beat	514	88
B	beautiful	421	73
B	because	87	23
B	become	424	73
B	bed	476	81
B	bedroom	1230	193
B	beer	942	149
B	before	127	29
B	beg	926	148
B	begin	523	89
B	behavior	1021	164
B	behind	419	73
B	believe	154	33
B	bell	852	138
B	belong	833	134
B	below	1995	307
B	belt	1803	281
B	bend	1877	291

알파벳	단어	랭킹	페이지
B	benefit	1574	246
B	besides	1044	167
B	bet	593	99
B	betray	1111	177
B	between	411	72
B	beyond	1367	216
B	bid	1958	303
B	big	166	34
B	bike	1484	231
B	bill	745	120
B	bird	961	153
B	birthday	736	119
B	bit	364	65
B	bitch	400	69
B	bite	1068	171
B	black	484	82
B	blade	1704	265
B	blah	1831	284
B	blame	761	125
B	blast	1725	267
B	bless	1195	188
B	blind	1133	179
B	block	759	125
B	blonde	1702	265
B	blood	281	53
B	blow	474	80
B	blue	832	134
B	board	662	109
B	boat	869	140
B	body	308	58
B	bomb	1504	237
B	bond	1441	225
B	bone	922	147
B	book	387	68
B	boot	1760	275
B	border	1796	279
B	bore	901	145
B	born	627	104
B	borrow	1500	233
B	boss	582	97
B	both	224	42
B	bother	897	143
B	bottle	1039	166
B	bottom	1172	185
B	bounce	1965	303
B	bound	1604	251
B	bowl	1506	237
B	box	586	98
B	boy	212	41
B	boyfriend	674	110
B	brain	543	92
B	brand	1739	269
B	brave	1415	223
B	breach	1863	289
B	break	251	50
B	breakfast	1108	177
B	breast	1717	267
B	breathe	445	76
B	bride	1848	286
B	bridge	1435	225
B	brief	1181	186
B	bright	1468	230
B	brilliant	1472	230
B	bring	179	36
B	brother	239	44
B	brown	1462	229
B	bruise	1975	304
B	buck	1054	169
B	buddy	668	110
B	budget	1833	284
B	bug	1383	217
B	build	355	64
B	bullet	1585	248
B	bullshit	873	140
B	bump	1554	244
B	bunch	892	142
B	burn	498	83
B	bury	913	146
B	bus	972	154
B	business	326	60
B	busy	675	110
B	but	32	15
B	button	1409	222
B	buy	319	59
B	by	90	23
B	bye	467	80
C	cab	1523	239
C	cabin	1980	305
C	cage	1361	215
C	cake	1228	193
C	call	85	23
C	calm	730	118
C	camera	695	113
C	camp	1639	255
C	campaign	1124	178
C	can	27	15
C	cancel	1169	185
C	cancer	909	146
C	candy	1510	238
C	cap	1792	278
C	capable	1466	229
C	capital	1952	302
C	captain	1158	184
C	capture	1846	286
C	car	235	44
C	card	558	95
C	care	159	34
C	career	1047	167
C	carry	705	115
C	case	216	41
C	cash	811	132
C	cast	1614	252
C	castle	1978	305
C	cat	871	140
C	catch	368	66
C	cause	189	37
C	celebrate	945	150
C	cell	1233	193
C	cellphone	1982	305
C	center	720	117
C	century	1557	245
C	ceremony	1994	307
C	certain	513	88
C	chain	1329	210
C	chair	1006	162
C	challenge	1394	219
C	chance	337	61
C	change	237	44
C	channel	1627	254
C	character	1284	203
C	charge	459	79
C	charity	1845	285
C	charm	1232	193
C	chase	802	131
C	chat	1424	224
C	cheap	1643	255
C	cheat	1079	172
C	check	241	44
C	cheer	912	146
C	cheese	1220	192
C	chemical	1375	216
C	chest	1126	179
C	chick	1624	253
C	chicken	1098	174
C	chief	711	116
C	child	259	51
C	chill	1922	297
C	chip	1662	259
C	chocolate	1720	267
C	choke	1718	267
C	choose	300	55
C	chop	1418	223
C	Christ	829	134
C	Christmas	728	118
C	church	914	146
C	cigarette	1840	285
C	circle	1209	191
C	circumstance	1511	238
C	city	299	55
C	claim	921	147
C	class	577	97
C	classic	1600	249
C	clean	406	71
C	clear	265	51
C	clever	1746	270
C	click	1938	299
C	client	559	95
C	climb	1687	262
C	clinic	1438	225
C	clock	1159	184
C	close	228	43
C	closet	1454	228
C	clothes	756	124
C	clown	1976	305
C	club	620	103
C	clue	1544	242
C	coach	1447	226
C	coast	1743	269
C	coat	1422	223
C	code	1589	248
C	coffee	617	103
C	coincidence	1641	255
C	cold	638	105

알파벳	단어	랭킹	페이지
C	colleague	1871	290
C	collect	1002	162
C	college	819	133
C	color	682	111
C	come	49	17
C	comfortable	896	143
C	command	713	116
C	comment	1675	260
C	commercial	1999	307
C	commission	1756	274
C	commit	825	134
C	committee	1761	275
C	common	1020	164
C	communication	1311	208
C	community	1217	192
C	company	457	79
C	compare	1579	247
C	compel	1911	296
C	competition	1355	214
C	complain	1162	184
C	complete	526	90
C	complicated	1012	163
C	compromise	1651	258
C	computer	733	118
C	concern	700	113
C	condition	990	156
C	conference	1335	210
C	confess	1037	166
C	confidence	1038	166
C	confirm	859	139
C	confuse	1046	167
C	congratulate	879	141
C	congress	1766	275
C	connect	610	102
C	consequence	1883	291
C	consider	541	91
C	conspiracy	1927	298
C	constant	1990	306
C	construction	1890	292
C	consult	1486	232
C	contact	648	106
C	contain	1351	214
C	contest	1968	304
C	continue	583	97
C	contract	1069	171
C	control	425	74
C	conversation	697	113
C	convict	1562	245
C	convince	853	138
C	cook	941	149
C	cookie	1565	245
C	cool	391	68
C	cooperate	1581	247
C	coordinate	1731	268
C	cop	1048	167
C	copy	737	119
C	corner	993	157
C	corporate	1513	238
C	correct	382	67
C	cost	960	153
C	costume	1832	284

알파벳	단어	랭킹	페이지
C	couch	1653	258
C	cough	1166	184
C	could	72	21
C	council	1642	255
C	counsel	1091	173
C	count	578	97
C	country	535	91
C	county	1543	241
C	couple	372	66
C	courage	1502	237
C	course	217	41
C	court	619	103
C	cousin	1143	181
C	cover	449	76
C	coward	1809	282
C	crack	1578	247
C	crap	639	105
C	crash	900	143
C	crazy	352	64
C	cream	1248	195
C	create	519	89
C	credit	885	142
C	creep	1290	204
C	crew	1676	261
C	crime	764	125
C	crisis	1751	274
C	critical	1762	275
C	cross	722	117
C	crowd	1147	181
C	crush	1341	211
C	cry	502	87
C	culture	1983	305
C	cup	1250	195
C	cure	1057	169
C	curious	1421	223
C	current	1155	183
C	curse	1102	176
C	custody	1859	289
C	customer	1587	248
C	cut	340	61
C	cute	822	133
D	dad	165	34
D	damage	872	140
D	damn	322	59
D	dance	570	96
D	dangerous	537	91
D	dare	1322	209
D	dark	504	87
D	darling	1388	218
D	data	1494	233
D	date	323	59
D	daughter	357	64
D	day	106	26
D	deal	234	43
D	dear	719	117
D	debt	1726	268
D	decent	1804	281
D	decide	332	60
D	deck	1666	259
D	deep	534	91
D	defeat	1827	284

알파벳	단어	랭킹	페이지
D	defense	546	92
D	definitely	547	92
D	degree	1457	228
D	delicious	1857	288
D	deliver	784	128
D	demand	1356	214
D	democracy	1697	263
D	demon	1084	172
D	dentist	1789	278
D	deny	1112	177
D	department	1524	239
D	depend	1202	190
D	deposit	1802	281
D	depressed	1474	230
D	describe	1103	176
D	desert	1936	299
D	deserve	629	104
D	design	1208	191
D	desire	1698	263
D	desk	986	156
D	desperate	1238	194
D	despite	1966	303
D	destroy	640	105
D	detail	824	133
D	detective	1120	178
D	determine	1626	254
D	develop	1114	177
D	device	1364	215
D	devil	1234	193
D	diagnose	1633	254
D	dial	1956	302
D	diamond	1834	284
D	dick	1051	169
D	die	94	24
D	different	303	57
D	difficult	982	155
D	dig	854	138
D	dinner	441	75
D	direct	490	82
D	dirty	836	135
D	disagree	1914	296
D	disappear	880	141
D	disappoint	1216	191
D	discover	1129	179
D	discuss	795	129
D	disease	1281	203
D	disgusting	1622	253
D	dismiss	1944	300
D	distance	1016	164
D	distract	1222	192
D	district	1688	262
D	disturb	1879	291
D	divide	1542	241
D	divorce	980	155
D	do	8	13
D	doctor	144	31
D	document	1403	221
D	dog	464	79
D	doll	1767	276
D	dollar	974	154
D	donate	1272	202

알파벳	단어	랭킹	페이지
D	door	223	42
D	double	884	142
D	doubt	774	126
D	down	96	24
D	downstairs	1481	231
D	dozen	1277	203
D	drag	1138	180
D	drama	1269	202
D	draw	781	127
D	dream	527	90
D	dress	579	97
D	drill	1787	278
D	drink	262	51
D	drive	317	59
D	drop	403	71
D	drown	1724	267
D	drug	436	75
D	dry	1096	174
D	duck	1822	283
D	dude	515	88
D	due	1078	172
D	dumb	1128	179
D	dump	927	148
D	during	779	127
D	dust	1683	261
D	duty	1072	171
E	each	346	62
E	ear	1024	164
E	early	494	83
E	earn	1357	214
E	earth	715	116
E	east	1041	166
E	easy	310	58
E	eat	338	61
E	economy	1934	299
E	edge	1525	239
E	edit	1889	292
E	educate	1549	242
E	effect	1028	165
E	effort	1631	254
E	egg	1164	184
E	either	383	67
E	elder	1295	205
E	election	1117	178
E	electric	1412	222
E	element	1891	292
E	elevator	1171	185
E	else	193	37
E	email	1932	298
E	embarrass	1042	167
E	emergency	995	157
E	emotion	956	152
E	employ	984	156
E	empty	1013	163
E	end	226	42
E	enemy	875	141
E	energy	1263	201
E	engage	1035	166
E	engine	883	141
E	English	919	147
E	enjoy	643	106
E	enough	194	38
E	enter	820	133
E	entertain	1870	290
E	entire	571	96
E	environment	1885	292
E	equal	1727	268
E	equipment	1784	277
E	escape	801	131
E	escort	1862	289
E	especially	865	139
E	establish	1882	291
E	estate	1816	282
E	even	115	27
E	evening	1036	166
E	event	1075	171
E	eventually	1390	218
E	ever	157	34
E	every	177	36
E	everybody	367	66
E	everyone	269	52
E	everything	151	33
E	everywhere	1101	176
E	evidence	1528	240
E	evil	1014	163
E	ex	1326	209
E	exactly	271	52
E	examine	1292	204
E	example	1708	266
E	excellent	1085	172
E	except	574	96
E	exchange	1396	219
E	excite	790	128
E	excuse	312	58
E	execute	1135	180
E	exercise	1993	306
E	exhausted	1940	299
E	exist	954	152
E	exit	1599	249
E	expect	482	81
E	expense	1323	209
E	experience	845	136
E	experiment	1668	260
E	expert	1464	229
E	explain	458	79
E	explosion	1116	177
E	expose	1249	195
E	express	1519	239
E	extend	1495	233
E	extra	959	153
E	extremely	1237	194
E	eye	304	57
F	face	258	51
F	facility	1459	229
F	fact	417	73
F	fail	613	102
F	fair	636	105
F	fairy	1867	290
F	faith	1030	165
F	fake	874	140
F	fall	354	64
F	false	1577	247
F	familiar	1337	211
F	family	186	37
F	famous	1461	229
F	fan	1130	179
F	fancy	1531	240
F	fantastic	964	153
F	far	336	61
F	farm	1201	190
F	fashion	1764	275
F	fast	472	80
F	fat	987	156
F	fate	1586	248
F	father	207	40
F	fault	561	95
F	favor	448	76
F	fear	772	126
F	federal	1777	277
F	feed	929	148
F	feel	110	27
F	fellow	1612	252
F	female	1104	176
F	fence	1806	281
F	fever	1819	283
F	few	285	54
F	field	809	132
F	fight	284	54
F	figure	334	60
F	file	862	139
F	fill	754	124
F	film	1534	240
F	final	414	72
F	finance	1408	222
F	find	80	22
F	fine	153	33
F	finger	851	138
F	finish	500	83
F	fire	314	58
F	firm	1056	169
F	first	128	29
F	fish	840	135
F	fit	777	127
F	fix	531	90
F	flag	1742	269
F	flame	1992	306
F	flash	1293	204
F	flat	1942	300
F	flesh	1850	286
F	floor	703	115
F	flow	1449	226
F	flower	1199	188
F	fly	468	80
F	focus	775	127
F	fold	1991	306
F	folk	1227	193
F	follow	388	68
F	food	536	91
F	fool	911	146
F	foot	525	89
F	football	1712	266
F	for	22	14
F	force	489	82

알파벳	단어	랭킹	페이지
F	foreign	1694	263
F	forest	1865	289
F	forever	748	120
F	forget	330	60
F	forgive	699	113
F	form	827	134
F	former	1309	208
F	fortune	1561	245
F	forward	798	129
F	foster	1307	207
F	foundation	1664	259
F	frame	1433	225
F	frank	1399	219
F	fraud	1964	303
F	freak	605	101
F	free	377	67
F	freeze	997	157
F	fresh	1032	165
F	Friday	1313	208
F	friend	137	30
F	from	66	20
F	front	453	78
F	fruit	1836	285
F	fry	1606	251
F	fuck	129	29
F	fuel	1989	306
F	full	401	71
F	fun	245	45
F	function	1837	285
F	fund	1271	202
F	funeral	1266	201
F	future	657	108
G	gain	1729	268
G	game	370	66
G	garage	1588	248
G	garbage	1728	268
G	garden	1509	238
G	gas	1000	157
G	gate	1278	203
G	gather	1328	210
G	gay	839	135
G	gear	1856	288
G	general	753	124
G	generate	1487	232
G	genius	1440	225
G	gentleman	768	126
G	get	20	14
G	ghost	868	140
G	giant	1477	231
G	gift	701	115
G	girl	161	34
G	girlfriend	658	109
G	give	83	22
G	glad	554	94
G	glass	799	129
G	glory	1998	307
G	glove	1929	298
G	go	26	15
G	goal	1946	300
G	god	116	27
G	gold	881	141

알파벳	단어	랭킹	페이지
G	gonna	57	19
G	good	47	17
G	gotta	256	50
G	government	1090	173
G	grab	645	106
G	grace	1490	232
G	grade	1244	195
G	graduate	1547	242
G	grand	996	157
G	grandfather	1316	208
G	grandmother	1034	166
G	grant	1262	201
G	grateful	1747	270
G	grave	1603	251
G	great	141	30
G	green	867	140
G	grey	1434	225
G	grieve	1530	240
G	gross	1665	259
G	ground	621	103
G	group	718	117
G	grow	469	80
G	guarantee	1583	247
G	guard	671	110
G	guess	215	41
G	guest	1040	166
G	guide	1812	282
G	guilty	916	146
G	gun	747	120
G	guy	84	22
G	gym	1750	270
H	habit	1904	295
H	hack	1723	267
H	hair	505	87
H	half	412	72
H	hall	1137	180
H	hand	183	36
H	handle	501	87
H	handsome	1597	249
H	hang	389	68
H	happen	105	26
H	happy	272	52
H	harass	2000	307
H	hard	231	43
H	harm	1261	201
H	hat	1168	185
H	hate	333	60
H	have	14	13
H	he	11	13
H	head	191	37
H	heal	1253	200
H	health	815	132
H	hear	122	28
H	heart	324	59
H	heat	1219	192
H	heaven	1229	193
H	heavy	891	142
H	hell	167	35
H	hello	267	52
H	help	101	26
H	here	41	16

알파벳	단어	랭킹	페이지
H	hero	858	139
H	hide	447	76
H	high	306	57
H	hill	1365	215
H	hip	1985	306
H	hire	740	119
H	history	634	105
H	hit	316	58
H	hold	199	38
H	hole	800	129
H	holiday	1817	283
H	holy	1015	163
H	home	146	31
H	homicide	1933	298
H	honest	528	90
H	honey	486	82
H	honor	518	89
H	hook	947	150
H	hop	1765	275
H	hope	233	43
H	horn	1963	303
H	horror	938	149
H	horse	886	142
H	hospital	473	80
H	host	1584	248
H	hostage	1892	292
H	hot	435	75
H	hotel	787	128
H	hour	229	43
H	house	170	35
H	how	54	19
H	however	1325	209
H	hug	1478	231
H	huge	981	155
H	human	442	76
H	humiliate	1842	285
H	hungry	939	149
H	hunt	573	96
H	hurry	951	152
H	hurt	294	55
H	husband	374	66
I	I	2	12
I	ice	793	129
I	idea	213	41
I	identify	606	101
I	idiot	766	125
I	if	44	17
I	ignore	1144	181
I	ill	1591	248
I	imagine	491	82
I	immediately	1073	171
I	important	405	71
I	impossible	1004	162
I	impress	842	135
I	improve	1997	307
I	in	17	14
I	inch	1851	288
I	incident	1658	259
I	include	893	143
I	increase	1706	265
I	incredible	1167	185

알파벳	단어	랭킹	페이지
I	indeed	1514	238
I	indicate	1460	229
I	industry	1878	291
I	infect	1071	171
I	inform	483	81
I	initial	1410	222
I	injury	1150	181
I	innocent	856	138
I	insane	1029	165
I	inside	363	65
I	insist	1592	248
I	inspect	1977	305
I	inspire	1736	269
I	instead	684	111
I	instruct	1611	252
I	insult	1861	289
I	insurance	1331	210
I	intelligence	1212	191
I	intend	925	147
I	intense	1912	296
I	interest	386	68
I	internal	1910	296
I	international	1970	304
I	Internet	1350	212
I	interrupt	1339	211
I	interview	905	145
I	into	119	28
I	introduce	1264	201
I	invasion	1905	295
I	invent	1874	290
I	invest	1378	217
I	investigate	1343	211
I	invite	679	111
I	involve	628	104
I	iron	1740	269
I	island	906	145
I	issue	689	112
I	it	9	13
I	item	1935	299
J	jacket	1518	239
J	jail	1136	180
J	jealous	1246	195
J	jerk	1427	224
J	Jesus	517	89
J	jewel	1886	292
J	job	197	38
J	join	562	95
J	joke	651	108
J	journal	1660	259
J	judge	533	90
J	juice	1242	194
J	jump	692	112
J	junior	1377	217
J	jury	1596	249
J	just	28	15
K	keen	1625	253
K	keep	114	27
K	key	538	91
K	kick	616	103
K	kid	136	30
K	kidnap	1336	211

알파벳	단어	랭킹	페이지
K	kill	206	40
K	kind	173	35
K	kinda	1420	223
K	king	594	99
K	kiss	556	94
K	kitchen	1086	173
K	knee	1221	192
K	knife	943	150
K	knock	1050	167
K	know	21	14
L	lab	752	124
L	labor	1873	290
L	lack	1714	266
L	lady	366	65
L	lake	1677	261
L	land	609	102
L	language	1425	224
L	large	1074	171
L	last	131	29
L	late	192	37
L	laugh	475	81
L	launch	1749	270
L	laundry	1630	254
L	law	315	58
L	lay	791	128
L	lead	349	62
L	league	1854	288
L	leak	1359	215
L	learn	444	76
L	leave	150	31
L	left	195	38
L	leg	707	115
L	legal	1342	211
L	legitimate	1971	304
L	lemon	1285	204
L	lesbian	1925	298
L	lesson	1324	209
L	let	68	21
L	letter	760	125
L	level	755	124
L	liberty	1610	252
L	library	1763	275
L	license	1241	194
L	lie	238	44
L	life	92	23
L	lift	1273	202
L	light	407	71
L	like	36	16
L	limit	1247	195
L	line	365	65
L	link	1391	218
L	lip	1275	202
L	list	497	83
L	listen	190	37
L	literally	1257	200
L	little	86	23
L	load	1206	190
L	loan	1801	281
L	location	773	126
L	lock	493	83
L	log	1684	261

알파벳	단어	랭킹	페이지
L	lonely	1568	246
L	long	139	30
L	look	58	19
L	loose	1182	186
L	lord	1807	281
L	lose	176	36
L	lot	164	34
L	loud	1003	162
L	love	98	24
L	low	635	105
L	loyal	1298	205
L	lucky	361	65
L	lunch	743	119
M	ma'am	495	83
M	machine	807	131
M	mad	650	106
M	madam	1404	221
M	magazine	1849	286
M	magic	599	99
M	maid	1907	295
M	mail	831	134
M	main	1429	224
M	maintain	1635	255
M	major	915	146
M	make	59	20
M	male	1170	185
M	man	76	22
M	manage	647	106
M	manipulate	1692	262
M	many	297	55
M	map	1366	215
M	march	1646	256
M	mark	1142	180
M	market	1125	179
M	marry	293	55
M	mask	1417	223
M	mass	1194	188
M	master	888	142
M	match	690	112
M	mate	1305	207
M	material	1730	268
M	math	1537	241
M	matter	295	55
M	maximum	1327	210
M	may	220	42
M	maybe	112	27
M	mayor	1748	270
M	meal	1629	254
M	mean	75	21
M	meantime	1826	284
M	measure	1791	278
M	meat	1437	225
M	media	1243	195
M	medical	770	126
M	medication	1744	270
M	meet	148	31
M	member	778	127
M	memory	665	109
M	mental	1496	233
M	mention	656	108
M	mercy	1552	244

알파벳	단어	랭킹	페이지
M	merry	1839	285
M	mess	549	92
M	message	520	89
M	metal	1493	232
M	middle	597	99
M	midnight	1735	269
M	might	180	36
M	mile	726	118
M	military	1637	255
M	milk	1455	228
M	mind	244	45
M	minor	1864	289
M	minute	200	38
M	miracle	1508	238
M	mirror	1655	258
M	miserable	1539	241
M	miss	204	40
M	mission	998	157
M	mistake	481	81
M	mix	1283	203
M	model	1180	186
M	mom	169	35
M	moment	398	69
M	Monday	1174	185
M	money	214	41
M	monitor	1231	193
M	monkey	1485	232
M	monster	855	138
M	month	301	57
M	mood	1380	217
M	moon	1452	228
M	morning	279	53
M	mother	209	41
M	motherfucker	1197	188
M	motive	1315	208
M	mountain	1575	247
M	mouth	673	110
M	move	152	33
M	movie	607	101
M	Mr.	158	34
M	Mrs.	487	82
M	Ms.	641	105
M	much	61	20
M	multiple	1445	226
M	murder	507	87
M	muscle	1672	260
M	music	393	69
M	must	222	42
M	mystery	1018	164
N	nail	1296	205
N	naked	1338	211
N	name	140	30
N	narrow	1852	288
N	nasty	1903	295
N	nation	1218	192
N	nature	806	131
N	near	591	98
N	necessary	1043	167
N	neck	977	155
N	need	62	20
N	needle	1872	290
N	negative	1439	225
N	negotiate	1442	226
N	neighbor	716	116
N	neither	826	134
N	nervous	788	128
N	network	1594	249
N	never	99	24
N	new	147	31
N	news	408	72
N	next	219	42
N	nice	201	40
N	night	135	30
N	nightmare	1550	242
N	no	25	14
N	nobody	440	75
N	noise	1426	224
N	none	576	97
N	nor	1800	279
N	normal	633	105
N	north	876	141
N	nose	1146	181
N	not	7	12
N	note	844	136
N	nothing	134	29
N	notice	614	102
N	now	55	19
N	nowhere	1226	193
N	number	341	61
N	nurse	904	145
N	nuts	1512	238
O	object	989	156
O	observe	1805	281
O	obsess	1456	228
O	obviously	552	94
O	occasion	1707	265
O	occur	1786	278
O	ocean	1681	261
O	odd	1654	258
O	of	15	13
O	off	104	26
O	offend	894	143
O	offer	466	80
O	office	289	54
O	officer	1348	212
O	often	1152	183
O	oil	1416	223
O	okay	48	17
O	old	172	35
O	on	23	14
O	once	282	53
O	one	50	17
O	online	1314	208
O	only	109	27
O	onto	1173	185
O	open	227	43
O	operate	600	99
O	opinion	1282	203
O	opportunity	1011	163
O	opposite	1310	208
O	option	944	150
O	or	73	21
O	orange	1902	295
O	order	347	62
O	organization	849	136
O	original	765	125
O	other	126	29
O	otherwise	1191	187
O	ought	1928	298
O	out	42	16
O	outside	451	78
O	outta	1821	283
O	over	103	26
O	owe	757	124
O	own	182	36
P	pack	750	120
P	package	1517	239
P	page	744	120
P	pain	480	81
P	paint	847	136
P	pair	1567	246
P	pal	1618	253
P	panic	1389	218
P	pants	1384	217
P	papa	1595	249
P	paper	595	99
P	paperwork	1680	261
P	pardon	1648	256
P	parent	413	72
P	park	532	90
P	part	275	53
P	particular	1332	210
P	partner	544	92
P	party	342	61
P	pass	456	78
P	passion	1788	278
P	past	499	83
P	patch	1754	274
P	path	1363	215
P	pathetic	1770	276
P	patient	428	74
P	pattern	1521	239
P	pawn	1628	254
P	pay	277	53
P	peace	835	135
P	pee	1467	230
P	pen	1715	266
P	penis	1776	277
P	penny	968	154
P	people	100	24
P	per	1860	289
P	percent	1432	224
P	perfect	410	72
P	perform	1148	181
P	perhaps	664	109
P	period	1667	260
P	permanent	1973	304
P	permission	1289	204
P	person	208	41
P	pet	1825	283
P	petty	1483	231
P	phone	218	42
P	photo	624	103

알파벳	단어	랭킹	페이지
P	physical	946	150
P	pick	318	59
P	picture	488	82
P	pie	1401	221
P	piece	508	88
P	pierce	1957	302
P	pig	1381	217
P	pile	1979	305
P	pill	1115	177
P	pilot	1855	288
P	pin	1772	276
P	pink	1909	296
P	pipe	1570	246
P	piss	838	135
P	pizza	1303	207
P	place	162	34
P	plan	253	50
P	plane	731	118
P	planet	1141	180
P	plant	1099	174
P	plastic	1794	279
P	plate	1276	203
P	play	240	44
P	plead	1679	261
P	please	111	27
P	plenty	1177	186
P	plus	857	138
P	pocket	1214	191
P	poem	1908	296
P	point	273	52
P	poison	963	153
P	police	659	109
P	policy	1423	223
P	political	994	157
P	pool	1256	200
P	poor	721	117
P	pop	1473	230
P	porn	1580	247
P	port	1333	210
P	position	782	127
P	positive	1265	201
P	possess	1413	222
P	possible	392	68
P	post	830	134
P	pot	1573	246
P	potential	1430	224
P	pound	1875	290
P	pour	1758	275
P	power	360	65
P	practice	783	127
P	pray	1010	163
P	prefer	1082	172
P	pregnant	714	116
P	prepare	828	134
P	present	596	99
P	president	680	111
P	press	477	81
P	pretend	771	126
P	pretty	255	50
P	prevent	1799	279
P	price	917	147

알파벳	단어	랭킹	페이지
P	priest	1884	291
P	prime	1185	187
P	prince	1959	303
P	princess	1686	262
P	print	899	143
P	prior	1300	205
P	prison	637	105
P	private	631	104
P	privilege	1895	293
P	probably	288	54
P	problem	232	43
P	proceed	615	102
P	product	866	140
P	professional	1161	184
P	profile	1701	265
P	profit	1921	297
P	program	1240	194
P	progress	1482	231
P	project	1005	162
P	promise	350	62
P	promote	1700	263
P	proper	1431	224
P	property	1301	207
P	propose	1187	187
P	prostitute	1876	291
P	protect	362	65
P	proud	712	116
P	prove	455	78
P	provide	1118	178
P	psycho	966	153
P	public	694	113
P	pull	356	64
P	pump	1824	283
P	punch	1160	184
P	punish	1100	174
P	pure	1647	256
P	purpose	1151	183
P	purse	1906	295
P	pursue	1783	277
P	push	551	94
P	put	125	28
Q	quality	1405	221
Q	quarter	1522	239
Q	queen	681	111
Q	question	250	45
Q	quick	542	91
Q	quiet	677	111
Q	quit	890	142
Q	quite	506	87
Q	quote	1888	292
R	race	923	147
R	radio	962	153
R	rage	1737	269
R	rain	1288	204
R	raise	655	108
R	random	1785	278
R	range	1492	232
R	rape	1297	205
R	rare	1529	240
R	rat	1107	176
R	rate	1154	183

알파벳	단어	랭킹	페이지
R	rather	741	119
R	reach	727	118
R	react	1302	207
R	read	348	62
R	ready	276	53
R	real	67	21
R	reason	313	58
R	recall	1732	268
R	receive	805	131
R	recently	882	141
R	recognize	903	145
R	recommend	1475	230
R	record	415	72
R	recover	1163	184
R	red	569	96
R	refer	1204	190
R	refuse	1149	181
R	regard	1546	242
R	register	1398	219
R	regret	1203	190
R	regular	1354	214
R	reject	1869	290
R	relate	431	74
R	relax	780	127
R	release	813	132
R	relieve	1458	229
R	religion	1753	274
R	remain	877	141
R	remember	202	40
R	remind	776	127
R	remote	1924	297
R	remove	983	155
R	rent	1066	170
R	repair	1790	278
R	repeat	1207	190
R	replace	1157	183
R	report	420	73
R	represent	1092	173
R	request	686	112
R	rescue	1374	216
R	research	1045	167
R	reservation	1771	276
R	resident	1055	169
R	resign	1955	302
R	resist	1685	262
R	resource	1716	266
R	respect	630	104
R	respond	932	148
R	responsible	706	115
R	rest	395	69
R	restaurant	1119	178
R	result	988	156
R	retire	1444	226
R	return	545	92
R	reveal	1576	247
R	revenge	1371	216
R	reverse	1984	305
R	review	1560	245
R	rich	992	156
R	rid	1060	170
R	ride	566	95

알파벳	단어	랭킹	페이지
R	ridiculous	1027	165
R	right	40	16
R	ring	710	116
R	rip	1491	232
R	rise	1321	209
R	risk	585	98
R	river	1184	186
R	road	688	112
R	rob	1345	212
R	robot	1757	274
R	rock	709	116
R	role	1619	253
R	roll	724	117
R	romantic	1123	178
R	roof	1397	219
R	room	225	42
R	roommate	1553	244
R	root	1894	293
R	rose	1304	207
R	rot	1974	304
R	rough	1200	188
R	round	1131	179
R	route	1407	222
R	row	1734	268
R	rub	1613	252
R	rude	1815	282
R	ruin	818	133
R	rule	503	87
R	rumor	1649	256
R	run	149	31
R	rush	1312	208
S	sacrifice	1252	200
S	sad	749	120
S	safe	325	59
S	sail	1527	240
S	sake	1077	172
S	salt	1893	292
S	same	210	41
S	sample	1306	207
S	sand	1682	261
S	sandwich	1555	244
S	satisfy	1853	288
S	Saturday	1541	241
S	save	260	51
S	say	46	17
S	scan	1346	212
S	scar	1699	263
S	scared	404	71
S	scene	670	110
S	schedule	973	154
S	school	302	57
S	science	786	128
S	score	1536	241
S	scratch	1538	241
S	scream	530	90
S	screen	1411	222
S	screw	560	95
S	scrub	1847	286
S	sea	1373	216
S	seal	1308	207
S	search	660	109
S	season	1448	226
S	seat	704	115
S	second	236	44
S	secret	433	75
S	secretary	1205	190
S	section	1814	282
S	security	1225	192
S	see	53	19
S	seek	1479	231
S	seem	291	54
S	seize	1582	247
S	select	1779	277
S	self	669	110
S	sell	381	67
S	send	249	45
S	senior	1255	200
S	sense	422	73
S	sentence	1349	212
S	separate	1001	162
S	series	1670	260
S	serious	339	61
S	serve	376	67
S	session	1898	293
S	set	331	60
S	settle	850	136
S	several	1259	201
S	severe	1741	269
S	sex	280	53
S	shadow	1615	252
S	shake	1007	163
S	shall	739	119
S	shame	1109	177
S	shape	1436	225
S	share	581	97
S	sharp	1294	205
S	she	19	14
S	sheet	1703	265
S	shell	1887	292
S	shepherd	1823	283
S	sheriff	1605	251
S	shift	1189	187
S	shine	1533	240
S	ship	548	92
S	shirt	971	154
S	shit	205	40
S	shock	1192	187
S	shoe	841	135
S	shoot	353	64
S	shop	816	132
S	short	612	102
S	should	93	24
S	shoulder	1402	221
S	shout	1858	289
S	show	181	36
S	shower	1022	164
S	shut	351	64
S	sick	496	83
S	side	369	66
S	sigh	1566	246
S	sign	343	62
S	signal	1095	174
S	silent	1139	180
S	silly	1607	251
S	silver	1733	268
S	similar	1939	299
S	simple	604	101
S	sin	1352	214
S	since	292	54
S	sing	463	79
S	single	652	108
S	sink	1673	260
S	sir	198	38
S	sister	375	66
S	sit	290	54
S	site	1070	171
S	situation	696	113
S	size	928	148
S	skill	1395	219
S	skin	985	156
S	skip	1545	242
S	skull	1931	298
S	sky	1520	239
S	slave	1602	251
S	sleep	307	57
S	slide	1954	302
S	slight	1769	276
S	slip	1089	173
S	slow	653	108
S	small	563	95
S	smart	584	98
S	smell	618	103
S	smile	934	149
S	smoke	789	128
S	snow	1179	186
S	so	33	15
S	sober	1943	300
S	social	863	139
S	soft	902	145
S	soldier	1661	259
S	solid	1835	284
S	solve	834	135
S	some	81	22
S	somebody	371	66
S	someday	1866	289
S	somehow	1153	183
S	someone	155	33
S	someplace	1797	279
S	something	88	23
S	sometimes	426	74
S	somewhere	602	101
S	son	221	42
S	soon	327	60
S	sorry	95	24
S	sort	539	91
S	soul	821	133
S	sound	274	52
S	soup	1941	299
S	source	1097	174
S	south	933	148
S	space	794	129
S	spare	1451	228
S	speak	211	41

알파벳	단어	랭킹	페이지
S	special	454	78
S	specific	823	133
S	speed	1019	164
S	spell	952	152
S	spend	379	67
S	spill	1945	300
S	spin	1608	252
S	spirit	1113	177
S	spit	1947	300
S	split	1213	191
S	sports	1548	242
S	spot	792	129
S	spread	1382	217
S	spring	1652	258
S	spy	1551	244
S	square	1590	248
S	squeeze	1988	306
S	stable	907	145
S	staff	1059	170
S	stage	1190	187
S	stair	1868	290
S	stalking	1721	267
S	stand	309	58
S	standard	1674	260
S	star	723	117
S	stare	1317	208
S	start	145	31
S	starve	1782	277
S	state	358	65
S	station	965	153
S	status	1918	297
S	stay	168	35
S	steal	608	102
S	step	470	80
S	stick	443	76
S	still	118	28
S	stink	1775	276
S	stock	1844	285
S	stomach	1453	228
S	stone	1198	188
S	stop	121	28
S	store	666	109
S	storm	1344	211
S	story	328	60
S	straight	611	102
S	strange	732	118
S	strategy	1659	259
S	street	461	79
S	stress	1156	183
S	stretch	1960	303
S	strike	758	125
S	string	1572	246
S	strip	1239	194
S	strong	452	78
S	struggle	1601	251
S	study	575	97
S	stuff	321	59
S	stupid	429	74
S	style	1678	261
S	subject	1360	215
S	success	936	149

알파벳	단어	랭킹	페이지
S	such	396	69
S	suck	676	111
S	sudden	910	146
S	sue	1280	203
S	suffer	898	143
S	sugar	1695	263
S	suggest	708	116
S	suicide	1810	282
S	suit	751	124
S	summer	1094	173
S	sun	1080	172
S	Sunday	1558	245
S	super	978	155
S	supply	1165	184
S	support	667	110
S	suppose	261	51
S	sure	107	26
S	surgery	625	104
S	surprise	465	79
S	surround	1711	266
S	survive	672	110
S	suspect	590	98
S	suspend	1638	255
S	swallow	1920	297
S	swear	623	103
S	sweat	1476	231
S	sweep	1996	307
S	sweet	439	75
S	sweetheart	1031	165
S	swim	1671	260
S	swing	1488	232
S	switch	1178	186
S	sword	1516	238
S	symptom	1400	219
S	system	512	88
T	table	642	106
T	tag	1738	269
T	tail	1696	263
T	take	60	20
T	talent	1640	255
T	talk	78	22
T	tall	1503	237
T	tank	1693	262
T	tap	1843	285
T	tape	860	139
T	target	717	117
T	task	1526	240
T	taste	935	149
T	tattoo	1657	258
T	tax	1358	215
T	tea	1193	187
T	teach	437	75
T	team	394	69
T	tear	887	142
T	technology	767	126
T	teenager	1291	204
T	tell	56	19
T	temporary	1917	297
T	tend	1780	277
T	term	949	150
T	terrible	661	109

알파벳	단어	랭킹	페이지
T	terror	864	139
T	test	432	74
T	testify	1798	279
T	text	870	140
T	than	133	29
T	thank	89	23
T	Thanksgiving	1778	277
T	that	10	13
T	the	4	12
T	theme	1899	293
T	then	79	22
T	theory	991	156
T	therapy	1083	172
T	there	37	16
T	they	24	14
T	thief	1376	217
T	thin	1838	285
T	thing	74	21
T	think	38	16
T	this	18	14
T	though	423	73
T	threat	693	112
T	thrill	1962	303
T	throat	861	139
T	through	174	35
T	throw	402	71
T	Thursday	1923	297
T	ticket	999	157
T	tie	762	125
T	tight	1009	163
T	till	587	98
T	time	65	20
T	tiny	1287	204
T	tip	1088	173
T	tired	632	104
T	tissue	1900	293
T	title	1571	246
T	to	5	12
T	toast	1501	237
T	today	230	43
T	toe	1880	291
T	together	242	44
T	toilet	1535	241
T	tomorrow	359	65
T	ton	1621	253
T	tone	1811	282
T	tongue	1379	217
T	tonight	320	59
T	too	102	26
T	tool	1713	266
T	tooth	1067	170
T	top	522	89
T	torture	1830	284
T	toss	1793	278
T	total	492	83
T	touch	471	80
T	tough	808	132
T	tour	1235	194
T	towards	1223	192
T	tower	1773	276
T	town	434	75

알파벳	단어	랭킹	페이지
T	toxic	1559	245
T	toy	1563	245
T	trace	1025	165
T	track	553	94
T	trade	1023	164
T	tradition	1710	266
T	traffic	1274	202
T	tragedy	1532	240
T	trail	1319	209
T	train	564	95
T	transfer	1188	187
T	transplant	1961	303
T	transport	1691	262
T	trap	1948	300
T	trash	1353	214
T	trauma	1122	178
T	travel	796	129
T	treat	511	88
T	tree	920	147
T	trick	817	133
T	trigger	1656	258
T	trip	742	119
T	trouble	479	81
T	truck	812	132
T	true	188	37
T	trust	305	57
T	try	97	24
T	Tuesday	1759	275
T	tunnel	1781	277
T	turn	184	36
T	TV	663	109
T	twice	953	152
T	twin	1470	230
T	twist	1598	249
T	type	803	131
U	ugly	1499	233
U	unbelievable	1881	291
U	uncle	814	132
U	uncomfortable	1972	304
U	under	335	61
U	understand	203	40
U	unfortunately	1049	167
U	uniform	1818	283
U	union	1705	265
U	unit	1061	170
U	united	1719	267
U	universe	1279	203
U	university	1916	297
U	unless	524	89
U	unlike	1690	262
U	until	264	51
U	unusual	1913	296
U	up	45	17
U	update	1564	245
U	upon	1175	185
U	upset	797	129
U	upstairs	1058	170
U	urgent	1471	230
U	use	124	28
U	usually	687	112
V	vacation	1480	231
V	value	1017	164
V	vary	1669	260
V	vehicle	1320	209
V	version	1634	254
V	very	130	29
V	victim	1617	253
V	video	837	135
V	view	1211	191
V	village	1841	285
V	violate	1632	254
V	violence	1026	165
V	virus	1260	201
V	vision	1087	173
V	visit	572	96
V	voice	557	94
V	volunteer	1450	226
V	vote	626	104
W	wait	113	27
W	wake	509	88
W	walk	247	45
W	wall	592	98
W	wallet	1901	295
W	wanna	254	50
W	want	43	17
W	war	516	88
W	warehouse	1722	267
W	warm	1053	169
W	warn	908	146
W	warrant	1196	188
W	wash	1093	173
W	waste	725	117
W	watch	246	45
W	water	462	79
W	wave	1505	237
W	way	91	23
W	we	13	13
W	weak	848	136
W	weapon	555	94
W	wear	390	68
W	weather	1768	276
W	wedding	550	92
W	week	252	50
W	weekend	948	150
W	weight	1064	170
W	weird	460	79
W	welcome	478	81
W	well	52	19
W	west	843	136
W	wet	1689	262
W	what	16	13
W	whatever	298	55
W	wheel	1318	209
W	when	70	21
W	whenever	1497	233
W	where	77	22
W	wherever	1829	284
W	whether	958	153
W	which	163	34
W	while	266	52
W	whisper	1063	170
W	white	438	75
W	who	63	20
W	whoever	878	141
W	whole	257	50
W	whore	1414	222
W	why	64	20
W	wide	1556	244
W	wife	287	54
W	wild	1299	205
W	will	31	15
W	win	132	29
W	wind	1127	179
W	window	769	126
W	wine	1081	172
W	wing	1268	202
W	winter	1752	274
W	wipe	1489	232
W	wire	1106	176
W	wise	1347	212
W	wish	397	69
W	witch	1140	180
W	with	29	15
W	within	940	149
W	without	268	52
W	witness	1362	215
W	wolf	1463	229
W	woman	160	34
W	wonder	385	68
W	wood	967	154
W	word	283	53
W	work	82	22
W	world	263	51
W	worry	286	54
W	worth	565	95
W	would	35	16
W	wound	969	154
W	wrap	1267	202
W	write	344	62
W	wrong	185	37
Y	yard	1385	218
Y	year	117	28
Y	yell	950	150
Y	yellow	1828	284
Y	yes	30	15
Y	yesterday	685	112
Y	yet	278	53
Y	you	3	12
Y	young	416	73
Z	zone	1609	252

나만의 행복한 취미를 갖고 싶은 사람을 위한

한빛라이프 소원풀이 시리즈

나도 기타 잘 치면 소원이 없겠네
왕초보를 위한 4주 완성 기타 연주법

김우종 지음 | 이윤환 사진 | 240쪽 | 16,800원

나도 우쿨렐레 잘 치면 소원이 없겠네
왕초보를 위한 4주 완성 우쿨렐레 연주법

한송희 지음 | 212쪽 | 16,800원

나도 피아노 잘 치면 소원이 없겠네
한 곡만이라도 제대로 쳐보고 싶은
왕초보를 위한 4주 완성 피아노 연주법

모시카뮤직 지음 / 232쪽 / 16,800원

나도 피아노 폼 나게 잘 치면 소원이 없겠네
어떤 곡이든 쉽게 치고 싶은 초중급자를 위한
4주 완성 피아노 연주법

모시카뮤직 지음 | 224쪽 | 16,800원

나도 손글씨 잘 쓰면 소원이 없겠네
악필 교정부터 캘리그라피까지,
4주 완성 나만의 글씨 찾기

이호정(하오팅캘리) 지음 | 160쪽 | 12,000원

나도 손글씨 잘 쓰면 소원이 없겠네 핸디워크북
악필 교정부터 캘리그라피까지,
4주 완성 나만의 글씨 찾기

이호정(하오팅캘리) 지음 | 160쪽 | 8,800원

나도 드럼 잘 치면 소원이 없겠네
한 곡만이라도 제대로 쳐보고 싶은
왕초보를 위한 4주 완성 드럼 연주법

고니드럼(김회곤) 지음 | 216쪽 | 16,800원

나도 수채화 잘 그리면 소원이 없겠네
도구 사용법부터 꽃 그리기까지,
초보자를 위한 4주 클래스

차유정(위시유) 지음 | 180쪽 | 13,800원

나도 영어 잘하면 소원이 없겠네
미드에 가장 많이 나오는 TOP 2000 영단어와
예문으로 배우는 8주 완성 리얼 영어

박선생 지음 | 320쪽 | 13,800원